自由經濟
是如何變成民主社會最迫切的威脅？

# 黑暗資本

# Crack-Up Capitalism

Market Radicals and the Dream of a World Without Democracy

昆恩·史洛伯迪安 著
Quinn Slobodian

吳書榆 譯

導讀

# 探索市場激進與民主解體的隱秘脈絡

國立政治大學經濟學系特聘教授
莊奕琦

自由與民主是人類文明進步的基石和重要動力和精神支柱。自由是尊重人的價值；民主是追求公平正義的公共利益。沒有自由就沒有思想，沒有思想就失去人為萬物之靈的價值，奴役、剝削、壓迫永無止境。自由是人類的解放，保障思想的多樣性，促進文化、藝術和科技的交流與競爭；民主制度是為了社會福祉的公共利益，更是鞏固自由權利的保障。兩者的結合，成為多元文化繁榮與推動社會公平、正義的重要引擎。然而，弔詭的是，兩者間存在二元悖論。

本書強調奉行自由放任的經濟自由，發展出的資本主義，以效率至上，做為快速累積大量財富的途徑。當沒有錢買不到的東西時，自利淪為自私，以鄰為壑的結果，公共利益蕩然無存。因此需要有民主制度來保障個人自由的同時，也要規範自由的界線，以確保公共利益的福祉與穩定的社會秩序。書中的核心論點認為，一些市場激進主義者並非僅僅主張放鬆政府管制，而是積極追求一個完全脫離民主約束的世界。他們認為傳統國家和民主制度中的規範限制了市場的真正自由。因此，這些激進自由主義者試圖設法創造出不受國家法規、免受民主制衡的自由空間，以便使資本主義能夠完全按照其自身邏輯發展。

於是為了規避民主制度的規範，崇尚經濟自由主義至上的資本家，竭盡所能的製造法外之地的自由烏托邦。隨著全球化的不斷推進，傳統的國家邊界和法律體系逐漸被打破或重組。書中舉出許多案例，比如自由港、避稅港、經濟特區等，這些地方成為資本主義實驗室，讓市場規則能夠在無需接受民主監督的情況下自由運作。透過這些「例外區域」，超級資本家得以追求他們夢想中的無國家、無民主、完全市場化的治理形態。作者利用豐富的歷史事件和地緣政治案例，從一九七〇年代的香港，到南非末期的種族隔離時代，再到美國南部的新保守主義運動，以及倫敦城內部的金融實驗等，展示了這種極端市場模式如何在不同地區、不同時代出現並演變。這並非個別事件，而是全球經濟與政治轉型過程中出現的一種新常態。

當全球各地成立琳瑯滿目的例外區域，其結果是腐蝕民主的基礎、破壞社會秩序、甚至動搖國本。當市場力量完全脫離國家與民主的約束後，權力與經濟利益會更加集中，進而產生嚴重的不平等和社會撕裂。這種過程不僅有悖於傳統國家的公共責任，也可能為未來全球治理帶來深遠的負面影響。諷刺的是，極端的自由主義結果最後還會反噬毀棄自身。為了取得資本家個人利益的最大化，在這些法外之地遂行的卻是獨裁式的奴役與剝削勞工，實行嚴格的階級統治，使個人自由蕩然無存。

本書挑戰了我們對自由市場自動帶來繁榮與效率的傳統信念，提醒讀者在追求市場自由化和效率的同時，不應忽視民主制度和社會公平的重要性。對未來提出預警：在極端資本主義推動下，人類社會是否會最終失去保障普遍民主與公民權利的基石？本書帶給我們的啟示是，在當前全球化趨勢下民主與市場關係的深入反思，需要重新審視自由與監督的平衡。當市場力量脫離民主約束時，究竟誰能保障公民的權利與社會的公平？

個人認為這種極端自由主義的例外區域，本質上是特立獨行的，是封閉與局限的，它們並不會自然融合，亦即不會逐漸整併乃至吞食整個民主國家、破壞社會秩序。因其影響範圍往往限制在金融、貿易或特定法律領域內，這種模式更多的是在國際競爭中搶奪規範優勢，而非通過政治力量直接顛覆民主結構。套用作者以蕾絲來比喻這些法外飛地，筆者以為它終究只會是鑲嵌在整套衣服邊緣的華麗但空洞的蕾絲邊。

然而，本書忽略了另一個重要的迴力面向。過度的民主，如民粹主義，常以公共利益為名吞蝕了自由的根基。當民主制度內部發生質變、走向民粹主義甚至獨裁化，才是瓦解民主和顛覆公共利益的最大惡魔。那就不再是資本玩法的邊緣實驗，而是直接對公共利益和制度正當性形成內部瓦解。民粹式獨裁通常透過簡化複雜議題、煽動情緒以及強調所謂的人民意志來正當化權力集中，削弱制衡機制和法律規範。這種過程容易讓政治決策風險增大，並導致公民權利被侵蝕。因為當民主淪為民粹工具時，整個政治體系便失去了申訴、抗衡及合作的基礎，最終可能將公共利益置於次要位置，更遑論保障個人的自由。

儘管例外區域與民粹獨裁看似來自不同的機制，但在全球化與民主治理變遷的背景下，兩者也有可能互相影響。一方面，例外區域的存在可能促使一些國家在整體規範與法律約束上的鬆動，甚至為民粹領袖提供了可以仿效或借力的成功樣版；另一方面，民粹獨裁的興起往往削弱了國家對全球市場的監管能力，從某種程度上也會給那些尋求經濟自由、排除民主干預的市場例外區域讓步的空間打開後門。不過真正瓦解民主與損害公共利益的，更多在於從內部腐蝕民主機制的民粹霸權，而非那些相對封閉、追求經濟效益與自由的例外實驗室。

當民主制度因民粹主義而轉向極端集中或獨裁時，那種自上而下的權力侵蝕往往比市場邊界中的孤立試驗帶來更深遠、更危險的破壞。這樣的轉型破壞了民主制度原有的制衡機制和公民參與的基礎，更容易導致政策走向偏頗及對公眾利益的忽略。

民粹式民主容易讓政治競爭變成情緒對抗與零和遊戲，忽略了理性資訊的交流與事實的查核。這種做法使得政治爭執不再是討論如何改善公共政策，而變成一場情緒化的對抗。當這樣的情況持續發生，便可能出現「民主退化」的現象。在缺乏深入辯論和批判精神的環境下，民眾更容易被簡單化的標語與情感動員所左右，進而使得原本豐富多元的公民政治空間縮減為一幕幕極端而零散的行動。這類民粹式行動在一定程度上也會削弱長期政治共識與制度信任。一旦民主淪為民粹，民主制度岌岌可危矣！民粹式的霸凌更易侵害個人自由。

總之，過度的自由會破壞民主的公共利益，但民主制度下的民粹或民主獨裁，反過來也會侵害個人自由，失去自由，一切的文明將倒退，這種二元悖論揭示出自由與秩序、個人權利與公共利益之間難以徹底劃清界線的根本矛盾。過度的市場自由可能會侵蝕公共利益與民主制度的穩定，而民粹或民主獨裁又可能在名曰民意的幌子下壓迫個人的真正自由。要解決這個難題，必須考慮建立一個多層次、相互制衡的制度架構，包括建立堅固的憲政與法治基礎、強化權力分散與制度制衡、培養公民理性與民主文化、推動自我修正的制度彈性與持續改革，讓自由與秩序互相激盪出更成熟的民主治理模式，真正體現自由與民主的人類文明價值。

導讀

# 到底錯的是資本主義自身、人類的貪念、還是政府對資本主義與人類的貪念的放任呢？

美國聖湯瑪斯大學
國際研究講座教授兼系主任　葉耀元

當初收到皇冠出版社的邀請，希望我幫昆恩・史洛伯迪安（Quinn Slobodian）的新書《黑暗資本》（*Crack-Up Capitalism: Market Radicals and the Dream of a World Without Democracy*）撰寫導讀，我其實充滿了期待。原因有三：其一當然是久仰史洛伯迪安教授在世界史以及資本主義發展史上相關的造詣，可以藉由這個機會拜讀他的大作；其二是因為《黑暗資本》這本書的內容對於我自身在國際關係與國際政治經濟學的教學內容上，可以提供新的素材；其三則是因為在意識形態的左與右上常常被歸類為右派的我，希望從左派的著作中找到彼此可以借鏡學習的部分。不過，在閱讀完這本《黑暗資本》之後，我心裡面卻出現了一個五味雜陳的感覺。

這本書是一個典型的歷史學家的著作，以各個案例為基礎，慢慢將一個龐大的故事與背後的邏輯串起來。要了解本著作的核心論述，就要超越各個案例的敘述，用一個更為宏觀的角度來看《黑暗資本》所希望傳遞的訊息。因為造成黑暗資本（也就是所謂有錢人（資本家）可以將財富規避到一個不會被課稅、更可以錢滾錢的投資環境大量的累計自身的財富）存在的原因，其實不是單一國家、單一行為人、甚至是單一個理論原則所造成的，而是三者相輔相成所創造出一個幫助資本家累計財富的天堂。

簡單來說，資本主義假設透過私有化市場的形成，每個人都希望在自由的市場上競爭，以此極大化個人財富的累積。但因為這個遊戲規則很容易造成富者恆富、貧者恆貧，畢竟每個人之間的貧富差距就代表彼此的起跑點距離有多遠。是此，當代國家為了平衡這之間的距離，提出了社會福利制度以及累進稅制，希望在資本主義金字塔的頂端的勝利者可以透過高額的稅金，讓政府進行一定程度的財富重分配。但我們反過來去思考一個簡單的問題，尤其是從實質上要繳納高額稅金的這些富人的角度來思考，為什麼他們辛辛苦苦取得的財富（辛不辛苦都是個人感官，這裡不贅述），要透過政府轉交給窮人呢？有沒有其他的方式，可以讓他們留下這些應繳納給政府的財富呢？

資本主義市場強調的競爭原則，自然而然就會讓人類的貪念越發萌芽。而當這個念頭興起了之後，下一步就是去尋找可以避稅並且錢滾錢的場地。這些「好地方」當然不會從天上掉下來，因為制度的起源是人類，只有人類才可以並且會去制定出符合自己利益的制度。搭配著眾多國家與社會對於資本的渴望，畢竟這些資本可以幫助當地創造更多的商業機會以及工作機會，所以一個由菁英與執政者創制出的「經濟特區」就如雨後春筍般到處萌芽，從英國殖民時期的香港、被政府微觀控制的新加坡、甚或是在虛擬世界中透過虛擬貨幣交易脫離政府干預的市場，就一一地浮現。這就是黑暗資本的遊戲場所，也是富人逃避財富重分配的天堂。

換言之，要讓黑暗資本得以生存，資本主義市場、人性的貪念、以及政府在背後對於前述兩者的支持（不管其原因是政府自己需要資本的投入或是政府本身就是由富人所控制的）。這個邏輯說起來很簡單，但要細部去尋找三者錯綜複雜的關係，以及它們在歷史的推進之下如何創造黑暗資本的天堂，就是史洛伯迪安教授這本《黑暗資本》的工作了。讀者在看完本書之後，應該就可以將我說的框架套用在各個案例，再從中尋找每個「特區」之間的異同。

我開頭的時候說過，看完這本書我自己心裡的感受可以說是五味雜陳，其原因並不是因為我不認同作者的看法，或是本書的分析並不如同我想像中的精彩。真正讓我有複雜心情的原因，是我在看完《黑暗資本》之後，並不知道我到底應該要去批判這些「合乎法治」的黑暗資本天堂，還是應該去思考是否我們應該研擬政策方針來處理這些黑暗資本？因為就現實面來說，黑暗資本是一個資本主義市場、人性的貪念、以及政府在其中推波助瀾的結果。而歷史已經證明了，就算我們想要去干涉這股浪潮，總會出現新的工具（如網路世界與虛擬貨幣）讓黑暗資本得以不同的形式繼續生存。

或許我更想知道的事情是，我們的社會應該要鼓勵所有民眾極大化自己財富的累積，還是應該極大化同理心，進而以他人的利益為己利，不要總是想著「自掃門前雪，休管他人瓦上霜」呢？左派的思維對總體經濟發展自然會有負面影響，但可以讓財富分配更為平等；右派的思維雖然除了可以讓自己持有更多財富，同時間又可以推動整體經濟的發展，但卻會加大社會中的貧富差距。到底哪個方向是正確的？我作為國際關係的學者教書了十餘年，到了今天也還沒辦法在我自己的心中下定奪，但我想這個問題就留給每位讀者在看完這本書之後，自己去思考了。

獻給我的姊妹

瑪雅娜（Mayana）

但到了二十一世紀初，這個世界顯然已經無法讓每個人長久維持西方的生活水準，到了那時，最富有的一群躲進他們固若金湯的豪宅，買下政府或讓政府無能採取對抗他們的行動，栓起大門靜靜等待某個理論上稍微比較好的時間來臨，他們還真的在餘生等到了這個時機，如果他們夠樂觀的話，他們的孩子也可以活過這個時機，但再之後，就像法國人說的：**我死之後，哪管洪水滔天**（après moi le déluge）。

金．史丹利．羅賓遜（Kim Stanley Robinson）

《未來部》（*The Ministry for the Future*）

CONTENTS

## Part 2 系出同門 — PHYLES

Part 3

## 特許加盟國家

FRANCHISE NATIONS

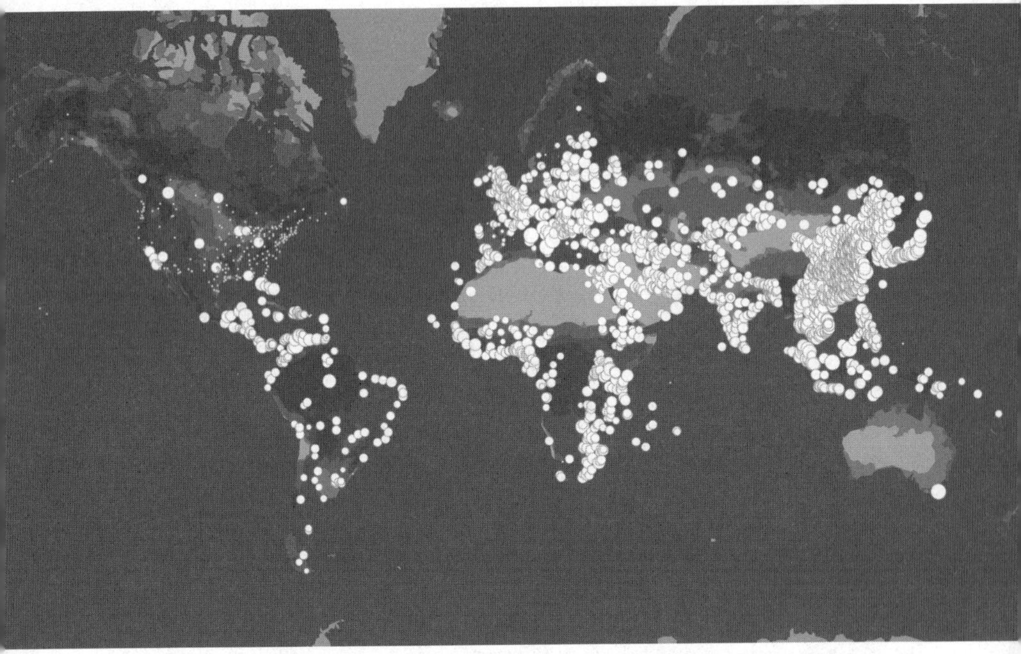

這是全世界的經濟特區。點的大小對應的是每個經濟區涵蓋的範圍。本地圖有互動式版本，請見 openzonemap.com。

感謝阿德里安堡集團（Adrianople Group）慨然允用。

引言
# 粉碎地圖

如果不用電腦手機查的話，你知道全世界有多少國家嗎？不確定？答案是大約兩百上下，可能多一點或少一點。現在，把時間快轉到二一五〇年。到了那時候，全世界有多少國家？比兩百多？還是少一點？如果有一千國會怎樣？如果只有二十國呢？如果是兩個呢？或者，只剩一個？這樣畫出來的地圖意味著怎麼樣的未來？如果這個問題的答案會決定一切，那會怎樣？

二〇〇九年提出這個思考實驗的人，是四十一歲的創投人彼得・提爾（Peter Thiel）。他靠著創辦PayPal與早期投資臉書（Facebook）賺了一小筆錢，但在金融危機前一年遭到重創。他現在心裡想著一件事：如何逃離徵稅的民主政體。「我再也不相信自由和民主彼此相容，」他寫道，「自由意志主義者（libertarian）[1]的最重要任務，是找到退路逃離所有政治形式。」國家的數目愈多，你就可以有愈多地方放錢，而且，由於擔心嚇走會生金蛋的金雞母，每個國家都愈不可能加稅。「如果想提高自由度，」他說，「就要增加國家的數目。」提爾提出了一個由數千個政治體構成的世界，這是關於未來會怎麼樣的烏托邦夢想。他沒提到的是，他所描述的未來實際上從很多方面來看已經存在。

標準的全球地圖上顯示的是很不平均的色塊，歐洲和非洲的色塊比較密集，然後慢慢緩和，來到亞洲和北美洲，變成分布面積比較大的色塊。這是大家都很熟悉的世界，我們從小學開始就學這個版本，這也是提爾講到想要逃離的世界：每一片土地都有自己的旗幟、自己的國歌、自己的國家服裝與料理。每幾年，奧運的開幕式就會展現這個版本的世界，一再向我們保證這是一個小小的世界。

但如果我們僅用這幅以各個國家拼起來的地圖來看世界，那就錯了。事實上，學者一再提醒我們，現代世界坑坑疤疤、千瘡百孔、破破爛爛、四分五裂、針扎尖刺。在國家領域之內，還有一些非常態的合法空間、非常態領地與特別管轄區，也有各式各樣的城市國家、避稅港、飛地（enclave）、自由港、高科技園區、免稅區和創新中心。這個由國家組成的世界裡充滿各種特區（zone），而，我們直到現在才要開始理解由這些特區定義的政治現實。

什麼叫一個「特區」？從最基本的來說，「特區」是被一個國家劃分出來的飛地，不受一般的規範限制。在這些「特區」的範疇內，國家下放一般的徵稅權力，讓投資人高效地自行決定規則。「特區」是準境外（quasi-extraterritorial）的概念，制度上隸屬於母國，但又與母國截然不同。「特區」有百百款；一位官員算過，至少有八十二種。在各式各樣的「特區」裡，比較有名的有經濟特區、出口加工區和對外貿易區。在政治經濟光譜上的一端，「特區」可以是跨境製造網絡裡的節點；這種「特區」通常用加刺鐵絲網圍起來，是支付低薪從事生產製造的場域。在另一端，有另一種版本的「特區」：讓跨國企業藏匿獲利的避稅港。經濟學家加柏列・祖克曼（Ga-

1 譯註：簡單來說，自由意志主義（libertarianism）主張大市場小政府，偏向右派，自由主義（liberalism）則相反，立場偏向左派。

briel Zucman）把這些被藏起來的利潤稱之為國家的隱藏財富（hidden wealth of nations）。企業把利潤放到這些低稅率甚至零稅率管轄區，讓光是美國一國，一年就損失了七百億美元；這類境外避稅區大約握有全世界八．七兆美元的財富。在加勒比海某些小島，註冊在案的企業數目還多過當地居民人數。歐巴馬（Barack Obama）第一次參選美國總統時，點名開曼群島（Cayman Islands）的阿格蘭屋（Ugland House），在這棟大樓裡登記了一萬兩千家企業。他說：「此地要不就是史上最大型的建築物，要不就是最大型的稅務詐騙。」事實上，這麼做完全合法，在全球金融體系下再尋常不過了。[2]

全世界有超過五千四百個「特區」，比提爾幻想中構成未來世界的千個政治體制多很多。光是前十年，就出現了一千個新的「特區」[3]，有些區不比一座工廠或倉儲大多少，是全球市場物流迴路上的一個轉接點，或是一個用來儲存、組裝或精修產品以避開關稅的地方。[4]有些則是超大型城市專案，例如南韓的松島新都（New Songdo City）松島國際商業區；沙烏地阿拉伯的新未來城（Neom）；還有日本的藤澤市（Fujisawa），這裡像是私有的城邦，根據自己的規定運作。二〇二一年，美國內華達州的議員提出了一個類似概念，指出他們或許可以讓遷到該州的企業自訂法律，回歸一世紀以前的企業城（company town），只是轉個彎改名為「創新特區」。在英國，保守黨政府為了在脫歐（Brexit）之後「提振」去工業化的北方，提出了一套以一連串的免稅區和自由港為重點的計畫。這套計畫的狂想目標是什麼？和杜拜一九八五年成立的傑貝阿里自由貿易區（Jebel Ali Free Zone）一較高下；在杜拜此區，企業享有五十年的免稅假期（tax holiday），還可以取得海外勞工，用簡陋宿舍安置他們，並支付連英國最低工資都不到的薪資就好。

我以穿孔為比喻來講資本主義的運作方式：在國家體制的領土中打洞，創造適用法律不同而且通常不受民主監督的例外特區。哲學家格列瓦・薩瑪友（Grégoire Chamayou）還有另一個比喻，他用一項天牛的專門技能來比喻各種私有化專案：從內部啃食，破壞社會架構。我們可以再去看另一個比喻：

2 常有人指出，美國自己就是全世界最大的避稅港之一。

3 二〇一九年，聯合國貿易和發展會議（United Nations Conference on Trade and Development，簡稱UNCTAD）提議把所有的「特區」稱為經濟特區。這還不包括跟特區很像的避稅港。

4 美國有接近三百個這類對外貿易區。

把紗線織在一起並在當中留空隙，就成了一片蕾絲，最後呈現的花樣，是空白處襯托出來的樣子，業內人士稱為**挖空花樣織法**（voided patterning）。要理解世界經濟，就需要學著去看懂空掉的部分。

全世界的各種特區多數都在亞洲、拉丁美洲和非洲，光中國就有近半數；歐洲和北美加起來不到10%。然而，之後我們會看到，某些最大力支持這類特區的人士都在西方，這些人大力鼓吹用特區來做我稱之為**微定序**（micro-ordering）的實驗，白話來說，也就是設立小規模的另類政治體制安排。支持特區的人指出，透過脫離與分裂，在國家之內與之外創造不受拘束的自由領地，對其他體制展現教化與示範效果，或可達成自由市場的烏托邦。一九八二年時，美國傳統基金會（Heritage Foundation）的史都華·巴特勒（Stuart Butler）寫道：「因地制宜的自由可以腐蝕掉周邊不自由體制的基礎。」推動這類穿孔行動的人誇張地自命為「右派的游擊隊」（guerrillas of the Right），透過成立一個又一個特區，收復並解構國家體制。理論說，當資本流入新的低稅率、無規範特區，原本不肯妥協的經濟體就會被迫仿效這些例外狀況。這些從小規模啟動的特區，變成最終的體制新模式。

本書要講一個我稱之為**裂隙式資本主義**的故事。這個詞，既可以用來描述過去四十年來，民間為了追求利潤與經濟安全，在各個心甘情願的政府配合之下，這個世界陷入的種種雜亂無章，同時也指稱一種審慎的意識形態。裂隙式資本主義這張標籤說的既是世界運作的方式，也是某些特定人士希望繼續導引世界改變的方向。這個詞描述的世界既比過去更緊密聯繫，分裂也更嚴重。裂隙式資本主義者察覺到信號發現社會契約出現變化，便自問他們能否加快分解的動態，並從中獲利。這一群人都是學生，學的是美國作家蘭諾・絲薇佛（Lionel Shriver）在她二〇一六年的小說《下顎》（*The Mandibles*）裡講的「最近萌生的新一類末日經濟學」。

「特區」不僅出現在外面的世界裡，創造特區這種事，一般人家的屋簷下就有。對多數人來說，創造特區指的不是完全脫離或創建新體制，不是去掌握最大的權力，而是展現一些小小的拒絕行為，慢慢累加。有一個市場激進派人士說這叫**軟脫離**（soft secession）。我們有很多種方法脫離國家，比方說讓小孩離開公立學校、把法定貨幣換成黃金或加密貨幣、搬遷到稅率比較低的地方、取得第二本護照或移居到避稅港。我們可以搬進有門禁的社區並創造小型的私有政府，藉此脫離國家（很多人也確實這麼做了）。在新的千禧年之前，美國南部與西部約有一半的新開發案都是有門禁的總體規劃社區。圍起來的飛地是全球性的現象，從奈及利亞的拉格斯（Lagos）到阿根廷的布宜諾斯艾利斯（Buenos Aires）都有。在印度，有門禁的社區開始透過安裝柵欄占有公共道路，之後更變成圍繞著經濟特區聚集在一起的虛華總體營造「殖民地」。

一位曾為彼得・提爾效命的創投業者發明了一個很妙的詞彙來說明這種軟脫離，他說這叫**下拋**（underthrow）。他認為，最好的政治模式就是企業，我們可以選擇要不要成為顧客。不喜歡某個商品，就去別的地方買。沒有人會要求我們什麼，我們也不覺得對誰特別有責任。以半世紀前的經濟學家阿爾伯特・赫緒曼（Albert Hirschman）提出的古典二分法來說，我們仰賴的是叛離（exit）而非抗議（voice）。

每有一家企業用掛著黃銅招牌的瑞士或加勒比海公司藏起利潤，每有一次人民為了放牧權和聯邦機構對峙，每有一位被聘來負責巡邏、監禁與突襲的警衛保全、包商或傭兵，這每一種軟脫離行動，都是特區的又一次小小勝利，是整個社會裡的另一個小洞。當我們放棄共同責任，會有些人從中獲得最豐厚的利益，這些人就鼓勵我們生活在特區裡。百年前，強盜富豪（robber baron）[5]建立了公共圖書館，如今，大亨建造的是太空船。本書要講的這段歷史，是近代與我們深陷麻煩的現在：億萬富翁想著如何逃避國家體制，對「公共」這個概念深惡痛絕。本書要講的故事是這些人如何費時幾十年，在社會體制裡鑿出了洞，退出、脫離、背叛整個社會。

要理解裂隙式資本主義有何重要，我們要先往後退一步，回想一下過去幾十年學者不斷在講的大事。一九八九年十一月九日柏林圍牆（Berlin Wall）倒塌，開啟了全球化紀元。布魯斯・史特林（Bruce Sterling）在他自己的小說《網中群島》（*Islands in the Net*）提出了一個高度緊密相連版的世界：「全世界都裹在一張網裡，是一套全球性的神經系統，是數據世界的八爪魚。」最主要的想像畫面是連結方式：藍色的雷射束線把全世界最偏遠的地方都連

5 譯註：對十九世紀後半葉有錢有勢美國富豪的蔑稱。

起來了，變成一整串的交換機，當中的流動很順暢。當時的趨勢就是互聯互通：幾年之內，各種機構組織紛紛成立，比方說世界貿易組織（World Trade Organization）、歐盟（European Union）和北美自由貿易協定（North American Free Trade Agreement）等等。但如果你貼近看的話，也會發現同時間還有另一條線，這條線上呈現的分裂，不輸給整合。一九九〇年兩德統一，但隔年蘇聯解體。歐盟成立之時，南斯拉夫（Yugoslavia）分裂。索馬利亞（Somalia）陷入內戰，十餘年都沒有中央政府。

隨著冷戰（Cold War）結束，新藩籬取代了舊障礙。商品與貨幣得以自由流動，但人不行。世界各地豎起了高牆。有人估計，全世界有超過一萬英里（約一萬六千公里）的邊界都有路障加固。一九九〇年，美國在聖地牙哥（San Diego）裝上了第一道邊界圍籬。柯林頓總統（President Bill Clinton）鬆綁北美的貿易，但授權執行守門人行動（Operation Gatekeeper），進一步強化南境邊界。柏林圍牆倒下後兩個月，ＢＢＣ播出一個戲劇節目《向前走》（*The March*），講述的是一個蘇丹人召集了一群因為戰爭和貧窮而流離失所的人，跨越北非走向歐洲。最後一個畫面是浩浩蕩蕩的隊伍抵達西班牙南部一個度假小鎮，爬上一堵有武裝部隊鎮守的城牆，頭上則有直升機盤旋。一個戴著邁阿密海豚隊（Miami Dolphins）帽子的非洲少年被士兵槍殺，死在海灘上，象徵了世界主義的承諾破滅。光是二〇一四這一年，就有超過兩萬四千人為了試著逃到歐洲而命喪大海。全球化是向心力，也是離心力，把所有人都綁在一起，同時也把我們扯開。

本書以一九九〇年代為主體，這是一個政治分裂嚴重性遭到低估的時期，也是對國家與後國家的想像遭受嚴酷考驗的時期。我們必須把要講的這十年（這十年基本上以更廣泛的整合和更大型的經濟聯盟為導向）間的故事翻過來看，才能顯露出分離主義者的能量有多深，人們對微定序的實驗又有多狂熱。一九八九年政治科學家法蘭西斯・福山（Francis Fukuyama）推測將出現「歷史終結」（the end of history），他的意思是這個世界以自由民主模式為核心聚合，而且成為只有單一模式、不會遭遇任何競爭的安排全球秩序體制：一個單一的全球性經濟體，裡面仍有國家體制，每一個國家都有疆界，並保有自決，但透過國際公法緊密相連。然而，進行中的全球化資本主義演變改變了這幅樣貌。帝國終結與共產主義走到盡頭，催生出一群新的主權國家體制，另一種政治型態也正在成形。自一九九〇年代開始，新式的「特區」實體便如火如荼加入了國家體制的行列，直到今日。

「特區」幫助我們重新思考全球化：全球化是打破世界地圖，變成學者口中所說的「境外列島經濟體」（archipelago economy of offshore），各個地區進入了一場永遠的競爭賽局，爭取到處走走看看的客戶、存款人和投資人。托瑪・皮凱提（Thomas Piketty）和伊曼紐爾・賽斯（Emmanuel Saez）做出石破天驚的研究，巴拿馬文件（Panama Papers）和天堂文件（Paradise Papers）也揭露了讓人下巴都掉下來的內容，在這些之後，我們才開始慢慢更深入理解一種很特別的特區：避稅港。把這種特區視為「儲藏財富」的方法當然是沒錯，但也不僅是這樣而已；我們必須理解，對市場激進主義者而言，這種特區不僅是達成經濟目的的手段，還激發了全球整體政治重整。

避稅港對右派資本主義者來說，有很多好用的功能。避稅港這個幽靈，搭配資本出逃的威脅，對西歐與北美現有的社會體制來說，等同於一種勒索。避稅區也是一種替代性的想法，挑戰現代政權共同想像的核心，相信少了民主，資本主義也可以存在。兩德統一時，政治哲學家雷蒙・普蘭特（Raymond

Plant）觀察到「由於共產主義在東歐垮台，有人就認為資本主義和民主間的關係明顯之至，但事實上差的遠了；而且，有些在理性面向來最大力支持自由市場論證的人，現在相當擔心市場與民主之間的關係。」他指出「他們的論點是，在西方社會長成的民主，可能不利於壯大與維護市場。」有些人認為，像香港這種長期的化外之境殖民地，南非種族隔離時代的黑人家園（homeland）以及阿拉伯半島的專制主義飛地，都證明了政治自由實際上反而可能有損經濟自由。

不民主的資本主義，這個概念流傳的範圍比我們想像中更廣大。川普總統（President Donald Trump）的首席經濟顧問兼聯邦準備理事會（Federal Reserve Board）被提名人史蒂芬·摩爾（Stephen Moore），長久以來就是美國傳統基金會的研究員，也是右翼主流的知識分子，他就坦白說了：「資本主義的重要性遠高於民主，我甚至不那麼相信民主。」這話可不是爛笑話或是隨便講講，而是一個謹慎建構出來的立場，過去五十年來已經默默地向前推進，形塑了我們的法律、制度和政治抱負的高度。

粉碎世界地圖並非一夕之間便成事；背後一直有人不遺餘力鼓動推廣。

本書要講的，是在提爾之前與之後的那些人；他們看到了裂縫，大聲叫好。冷戰結束後，他們提出讓人意外的想法：資本主義或許早已在不知不覺間消失了。社會民主的超國家體制（superstate）填補了共產主義留下的空缺，政府支出只增不減。資本主義要得到真正勝利，必須更進一步。歷史終點處的局面如果不是在自由民主條件下存在的兩千餘個國家，而是幾萬個彼此競爭的各式各樣政治體制管轄區，那會如何？一位市場激進派人士就說了：「過去兩百年最強大的政治趨勢是政體權力集中化，如果二十一世紀捲土重來，那會如何？」如果我們需要創立新社會，那會如何？

一九七〇年代開始，「特區」成為時髦的替代品，取代了大眾民主的混亂與笨重國家政體的蔓生膨脹。本書要講的主要思想家，他們信奉分離主義，而不是全球主義。這本書追蹤全球這群市場激進主義者，檢視他們半世紀以來尋找理想資本主義容身處的足跡。這趟旅程從香港到倫敦碼頭區（London Docklands）再到城市國家新加坡，從後種族隔離時代的南非到美國新南方邦聯（neo-Confederate）與美國西部的前邊疆地區（frontier），從非洲之角（Horn of Africa）的戰爭去到杜拜與全世界最小的小島，最後再到虛擬疆界元宇宙

（metaverse）。支持分離是資本主義的人想望的是一種新的烏托邦：一座敏捷、永遠有行動力的資本主義堡壘，不會被尋求更平等的現在與未來的平民老百姓染指。

哈瑞伊・昆祖魯（Hari Kunzru）在他二〇二〇年的小說《紅藥丸》（*Red Pill*）裡講到一個男人寫了一篇宣言，倡導一個幻想體制，「這是一套終於發現完全無須排除公共政治管理、而且可以達到交易藝術境界的系統：一個黑盒子，無法監督，只有對手才看得見。沒有制衡與平衡，決策者做出的決定任何人都無權上訴，沒有任何『權利』，只有原始的行使權力。」這段話寫出了本書所描繪的世界：一種在沒有民主的世界裡的激進資本主義形式。

Part

# 1

# 島嶼

ISLANDS

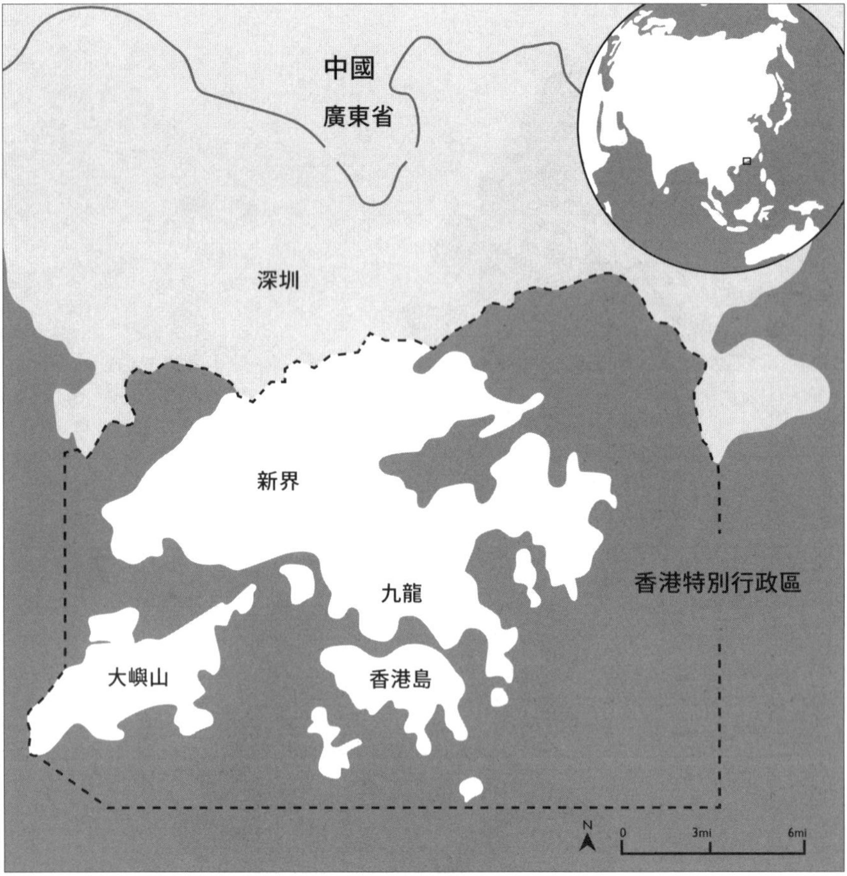


香港

Chapter 1

# 兩個、三個，好多個香港

當企業家彼得．提爾講到一個由上千個國家構成的世界，這並不是想像，而是一套商業計畫。他在某個場合中介紹了一個他資助的機構，其使命是要大幅增加全世界的領地數目。詳細說明內容的，是另一位和他一起上台的Google軟體工程師，年約三十出頭。「那麼，未來會是這樣。」他開了口，高談闊論他要把政治主權地變成營利事業的大計畫。他在別的地方寫道，自古以來，要創造新國家只有一個辦法：分割現有的國家，劃分土地，然後重新命名。這是很難辦的事，通常需要打仗。但如果可以創造出之前不存在的政治實體，那會怎麼樣？如果某個地方有無主地等著我們開發，那會怎樣？他的提案如下：賦予海上鑽油技術新使命，跨越地表大步拓展開發範疇，以大海為家。一國海岸線往外延伸兩百英里（約三百二十公里）是其「專屬經濟區」（exclusive economic zone）、亦即經濟海域，再過去就是可供私人探索與進行政治實驗的公海。提爾口中的「海上家園」（seastead）躲開徵稅與規範的政治實體，宣告具有獨立地位，然後引發他戲稱的「政府寒武紀大爆發」（Cambrian Explosion in government）。套用矽谷的術語，這些地方可稱為**「新創國家」**（start-up nation）。

台上的另一人是派崔．傅利曼（Patri Friedman）。派崔的祖父很有名，可能是美國最為人所知的經濟學家，他提出理性分析替形式更激進的資本主義背書，也兼差替獨裁者當顧問，也因為這樣，有人捧他也有人罵他，此人就是米爾頓．傅利曼（Milton Friedman）。爺孫的共通點，就是兩人基本上都不信奉民主。派崔寫道「民主不是答案」，只是「當前的產業標準」。他理想中的社會，要以企業為典範。他說：「當企業彼此競爭搶奪客戶，你能得到更有用的產品，勝過民主體制的運作結果。」老米爾頓的暢銷書《資本主義與自由》（*Capitalism and Freedom*）二〇〇二年推出四十周年紀念版，他在新版書中也表示同意前述觀點。「經濟自由是文明自由與政治自由的必要條件，」他寫道，「然而，雖然政治自由可能為人所喜，但並非經濟自由與文明自由的必要條件。」

米爾頓引用了他最愛的範例：香港。哪裡都比不上香港，此地讓他深信就算沒有政治自由，也可以享有資本主義的自由。台上的派崔與祖父相應和，他說他想看到的是一個「漂浮的香港」。在他的部落格標題裡，有一句改編自毛澤東名言的口號「讓千國齊放」，圖片放的是香港，標誌有一朵搖曳生姿的花，看起來非常像是香港特區旗幟上的洋紫荊。香港有何特殊之處，得以成為完美典範？要理解這兩位傅利曼先生的熱情，我們要回到幾十年前老傅利曼愛上這個資本主義天堂殖民地時說起。

## 1

一九七八年，美國通膨不僅很高，而且還不斷上漲，英國則進入了「不滿之冬」（winter of discontent），勞工抗爭行動多到破紀錄，醞釀出一股反動，最後以工會打手瑪格麗特·柴契爾（Margaret Thatcher）上台掌權畫下句點。

伊朗騷動不安，當地鼓吹革命的左派學生和革命意識沒這麼強烈的同伴結合在一起，打著神和人民的名號，握拳伸向空中，聯手推翻政府。南美三個最大國家都受到軍事統治，疲弱不振。越南入侵柬埔寨，中國打算入侵越南。有一群包括薩謬爾．杭亭頓（Samuel Huntington）在內的政治學家，在一篇極具影響力的報告裡講到這個世界正陷入「民主危機」之中。報告的作者群在問，這個世界是否已經變成「無法治理」，各國政府是否因為社會生活太複雜與民粹壓力太大而無能妥善處理。他們引用西德總理威利．勃蘭特（Willy Brandt）的預言：「西歐的民主只剩下二、三十年了。」這份報告的封面，是一面被來福槍瞄準的國旗。

愁雲慘霧籠罩這個世界，但香港陽光普照。一九七八年九月底，米爾頓．傅利曼一邊微笑，一邊用手比著這座擁有高聳白色摩天大樓的城市，在他身後的南中國海閃閃發亮。他保證，這個遠離一場場人民主權行動爆發的地方，就是危機的解方。他說，此地或許是全球資本主義最樂見的最終狀態。民族自決、一人一票或民權等概念裡，或許有太多通往奴役的岔路與鬧道，香港是一個無懈可擊的商業金融載體，有武裝可對抗人民的要求，但又可機敏回應市場的需求，根本是全速向前衝的資本主義大車，這就是未來。如果我們需要繞過民主的混亂才能確保市場能成功，那會怎麼樣？如果瞄準鏡裡的旗幟必須被打下來才能回復一個可治理的世界，那會怎麼樣？國家政體從一戰之後到一九七〇年代便主導政治目標，如果這段期間不過是暫時的波動，那會怎麼樣？「我相信，相對自由的經濟是民主社會的必要條件，」傅利曼在一九八八年一次訪談中說，「但我也相信有證據可證明，一旦建立民主社會後就會毀了自由經濟。」

香港的發源，說明了傅利曼的理想狀態如何成形：靠著槍桿子。英國一八四二年時簽下南京條約宣告永久擁有香港島的權利，作為第一次鴉片戰爭後的戰利品。這裡得天獨厚擁有又深又寬的港口，中生代超級火山爆發後形成的山脈保護港口免受颱風侵襲，城區以女王維多利亞（Victoria）命名，後來變成一個免稅轉口港，並靠毒品交易帶動經濟：在印度種植與加工的鴉片來到香港，之後運送給中國的顧客。

英國人希望，貿易能帶動「溫和友善的交流」，讓中國人和「我們稱之為文明世界裡更積極進取的人民」（指他們自己）融合在一起，但是這場交流不太溫和友善，這些人也說不上文明。英法兩國發動第二次鴉片戰爭，英國因此在一八六〇年時取得港口另一邊的九龍。一八九八年，日本打敗中國，搶走台灣當作戰利品。其他歐洲強權聞到中國疲弱的氣味，展開一場「割讓大混戰」，把中國海岸線當瑞士起司，劃分出超過八十個通商口岸、租界區和公共租界區。

讓給海外強權的海岸租界區在中國本土以及之外都有，租期從二十五年到永遠不等，這些地方是例外體制，或說是例外地區。住在這些地區的外國人享有治外法權。他們人在中國境內，還是受到母國的法律管轄，犯罪時也由母國的法庭審判。香港本身是一個混合實體。香港島和九龍由英國人掌握，內陸的農業區新界則在一八九八年時租賃給英國人，為期九十九年，讓殖民範圍擴大十倍。中國迫於法規，大規模開放經濟體。中國的主權正式來說仍完整，但各項條約約束中國政府採行低關稅的政策。「最惠國待遇」原則指的是要給某個強權（比方說美國）特權，俄國、德國與法國等等很快就得到這種權利。

這些法律在人們的記憶中叫「不平等條約」，這是中國「倍受羞辱世紀」

的核心。一九一二年時，一位一流的中國外交官說這些條約「是在槍砲輔助之下」才簽訂的。比較少有人看到的，是暴力、領土和法律的組合如何發揮作用，為下一個世界的經濟全球化立下範例。特別地區創作出半主權的大雜燴：貨櫃港和軍事基地根據長期租約讓給他國；像世界貿易組織這類貿易組織根據最惠國原則運作；條約容許外國投資人受母國法庭管束。各式各樣的化外之地不但不是過去的污漬留下的痕跡，反而預告著未來。

香港在新的法律體制之下欣欣向榮。一九四九年中共的紅軍勝利之後，逼使很多人來到香港這座城市，進入四處如雨後春筍般出現的小作坊和工廠，原本以通商口岸起家的香港，加速成為供應全球市場的製造業基地。當時約有百萬難民和移民（超過英國一九四五年從日本人手中拿回香港時殖民地的總人數）帶來勞力與資本，來自商業中心上海的人尤多。從一九四五年到一九五六年，香港人口多了四倍。香港的工廠規模小，沒有正統的組織架構，能快速回應顧客需求的變動。作坊順應需要開開關關，很多都設在政府為了提振貿易建造的六層樓「分層分戶工廈」（flatted factory）。香港放眼價值鏈的下游端，製造廉價商品以供出口：供應戰後嬰兒潮需求的消費品，從織品衣飾到塑膠花、玩具與罐頭食品，應有盡有。到了一九七二年，這片殖民地已經成為全球最大的玩具出口地。再來到一九七〇年代末，這裡又成為全世界數一數二的衣飾出口區。這片土地面積不到五百平方英里，[6]是全球第十大出口地，經濟每年以10％的速度成長。此地也從製造業中心快速成為亞洲金融中心，一九七〇年代銀行家數多了超過一倍以上，資產則成長六倍。

傅利曼也就是在此時來到香港。他獲得包括蓋蒂石油公司（Getty Oil company）和莎拉・斯凱夫基金會（Sarah Scaife Foundation）等保守派贊助者金援，到香港替美國公共電視台（PBS）拍攝後來聲名大噪的《選擇的自由》（*Free to Choose*）節目第一集。當時傅利曼已經六十四、五歲了，逐漸走向學術生涯的終點與名聲的頂峰；他在《新聞周刊》（*Newsweek*）的固定專欄全美有千百萬的家庭拜讀，一九七六年他贏得諾貝爾經濟學獎（Nobel Memorial Prize），明星光環再現。這部影集放送到全美各地，後來也在英國播映，同名書在《紐約時報》（*New York Times*）暢銷書榜單連續上榜長達五十一個星期，是一九八〇年代賣的超好的非小說類書籍。花個四千八百美元（以今天的幣值來算的話，約為一萬七千美元），就可以買下影片在家或在教室裡播放，看到這個被《紐約時報》暱稱為米堤大叔（Uncle Miltie）的男人。一位記者寫道：「到了現在，經濟學家米爾頓．傅利曼笑容可掬、像守護神一樣的形象，成為美國知識分子界的標準。」

電視上播出的這部傅利曼香港影片中，這位頑皮的經濟學家走過蔬菜攤和魚舖子，攝影機也捕捉到路邊做起修補生意的小販和後巷的象牙專賣店。電視先播放紐約中國城的畫面，隨後一轉，變成傅利曼讚揚起血汗工廠，懷想起他自己的母親過去在類似條件下工作的往事。自由意志主義雜誌《理性》（*Reason*）讚頌香港的「有用就雇、沒用就開除」（hire-and-fire）模式：小工廠可以聘人做一個月的工，時間到了就開除。在一位記者說的「米爾頓．傅利曼的夢想世界」裡，「勞動力必得跟著資本的指示，接受資本選擇支付的薪資。」傅利曼本人將香港稱「幾乎是一場實驗室裡的實驗，看看在政府僅限於展現適度功能之下會發生什麼事」：人民知道，當他們失敗時，「得自己承擔成本。」

這一集的劇名為〈市場的力量〉（The Power of the Market），但實際上

6 譯註：香港陸地面積約一千一百平方公里。

講的是要替國家政體套上手銬腳鐐。人如何防範政府擴大福利方案、延伸社會權利與把更多錢花在環保、醫療保健、公共教育與節約能源等新領域？傅利曼說，就是這些要求，再加上其他因素，才導致一九七〇年代通膨和失業率飆高。他認為，在南、北半球各國的民權主義種種要求之下，這段十年期被拖進毀滅的局面，香港是當中的一股清新氣象。人要不要離婚、要不要生養私生子女、要不要在大學校園裡閒蕩研究赫伯特・馬庫色（Herbert Marcuse）和卡爾・馬克思（Karl Marx），要應付這種種私人選擇讓政府預算吃緊。香港就不會放任這類嬌貴需求。

要形成這樣的社會紀律，首先也是最重要的是，不能有民主。沒有工會也沒有普選，勞工或人民就沒有手段可用。香港的財政司司長（financial secretary）就遠比總督重要。有一位欣賞此一制度的人說，這片英國殖民地的運作與其說是國家，還不如說像是「聯合股權公司」。傅利曼有一位同僚阿爾文・拉布希卡（Alvin Rabushka）任職於保守派的胡佛研究院（Hoover Institution），他推崇香港「簡直是教科書上的典範」，體現了「唯有缺少選民這種東西才能成就」的新古典經濟學，決策者「免於承受多數民主政治經濟決策中時時出現的選舉壓力」。拉布希卡讚美香港模式是「行政管理絕對主義」（administrative absolutism）與「無政黨行政管理政體」（no-party administrative state）。他寫道，就是因為香港「沒有政治」，才容下了「經濟自由度」。結果是什麼？這裡的生活不見得舒適安穩，人們根據「香港勞工接受了市場力量宣判」的原則過日子。拉布希卡也提到，香港的自由企業體系仰賴的是「延續殖民地地位的事實」。自一九五〇年代以來，倫敦當局就准許香港制訂自有的貿易與稅賦政策。香港與英國戰後建設福利國家的方針脫鉤，而且香港人沒有公民權，他們是子民而非公民，這些設計阻止了走向會造成破壞的自決。香港總督讓稅率維持在很低的水準，也沒有關稅這種事。一九七八年，英國最高級距的所得稅率是83%，美國則是70%，在此同時，香港不徵收資本利得稅或遺產稅，所得稅率一概都是15%。香港總商會（Chamber of Commerce）會長說香港是「地球上最後一個真正資本主義之地」，成就背後的秘訣是此地不屈從於去殖民化或民主化等魅惑人心的聲音。

傅利曼在拍攝《選擇的自由》時，還去香港參加另一項活動：朝聖山學社（Mont Pelerin Society）雙年會。朝聖山學社由奧地利裔英國經濟學家佛德列克・海耶克（Friedrich Hayek）於一九四七年創辦，宗旨是要抵禦悄悄發展中的社會主義與福利國家威脅，是一個由知識分子、政治學家、智庫人士與記者組成的私人俱樂部。（海耶克本人是創始會員，一九七〇年代初期擔任學社社長。）直到一九五〇年代，學社成員都自稱**新自由派**（neoliberal）。這個詞有很多不同的意義，本書使用新自由派當作方便好用的簡稱，用來指稱朝聖山學社相關人士以及和其相關的智庫。

在新自由派這個群體裡，有很多立場不一的思想家，但他們都集結在一個信念之下：在大眾民主的時代，資本主義必須受到保護，免受民主傷害。這些思想家中主要分幾群，本書最關心的，是自稱**自由意志主義者**（libertarian）的那一群。自由意志主義有很多學派和傾向，集結他們的共同信念是政體的角色是保護市場，而不是擁有財產、管理資源、指導企業或提供醫療保健、住宅、公用事業或基礎建設等服務。至於維護內部與外部的安全，以及保障私有財與尊重契約的神聖性，則是政府要扮演的主要角色。我們之後也會看到，這就是相信最小政體（有時候稱之為小政府主義者）與相信根本不應該有政體（有時候稱為無政府主義者）的主要差別。

如果一個人在一九七八年與香港社會相遇，一定很容易就愛上這個地方。香港氣候宜人，天空也還沒有被深圳的燒煤鍋爐煙霧遮蔽（灰濛濛後來變成常態）。參加朝聖山學社大會的人，入住此地兩家最豪華的旅館：怡東酒店（Excelsior）和文華東方酒店（Mandarin）。怡東酒店是一棟超過四十層樓、有著斜窗的華麗六角形建築物，坐落在「地號一號」（Lot Number One）上，這是指英國政府掌握這個島之後，第一片拿出來公開拍賣的地。文華東方酒店則是香港第一家五星級飯店，也是亞洲第一家每個房間都有浴缸和直撥電話的旅館。這家旅館極具指標性，是有錢有勢大爺的必訪之地，後來有一位記者就打趣說，來一趟這家旅館的大廳，就可以「寫出倫敦政治內幕專欄」。

兩家旅館的老闆都是英國公司怡和洋行（Jardine Matheson），也就是很多人口中的「Jardines」。怡和洋行是香港最初的商行之一，一八三〇年代靠賣鴉片給中國人起家。之後，洋行轉向零售、航運、餐旅，很早就進入中國（一九七九年便成立合資企業）也很早退出，把營運基地轉向百慕達（Bermuda），當地的稅率停留在極有吸引力的零稅率。朝聖山學社年會幾年之後，怡和洋行因成為「貴族之家」（Noble House）的原型更為人所知。詹姆士・

克萊威爾（James Clavell）以這家公司為主角寫出一千兩百頁的同名小說，小說號稱是「一封寫給香港、要價四英鎊的情書」，一九八一年時精裝本賣了五十萬本，幾個月穩坐《紐約時報》暢銷書排行榜高位。一位書評寫道：「香港擁擠過了頭，除了有錢人之外的每個人都緊緊挨著過日子，正象徵了現代世界。」《美國國家評論》（*National Review*）宣告這本書是「一九八〇年代的《阿特拉斯聳聳肩》（*Atlas Shrugged*）」，稱讚這本書頌揚了資本主義的競爭與個人主義。克萊威爾很滿意，他送了一本書給《阿特拉斯聳聳肩》的作者艾茵・蘭德（Ayn Rand）並寫上溫暖獻詞，說她本人是「市場女神」。NBC電視台改編《貴族之家》，在一九八八年的收視率調查周（sweeps week）[7]連播四晚，皮爾斯・布洛斯南（Pierce Brosnan）飾演「最高領導者」、也就是所謂的「大班」，從怡和大樓的頂樓怒視他的企業競爭對手。《城與鄉》（*Town & Country*）雜誌說，香港是「此時此刻最耀眼繁榮之城」。

飛抵啟德機場的旅客都會留下難以忘懷的經歷；這是一片填海造出來的陸地，從人口稠密的九龍半島（如果把香港島比做曼哈頓，那九龍半島可以說是布魯克林區）向外延伸。當乘客隨著飛機高度下降而緊張興奮，他們可以從窗戶窺見住商混雜的高樓大廈建築群，塞進了城裡不斷成長的人口。為了應付不斷湧入這座城市、住進低矮違建的新來者（並在一九六七年激烈抗爭之後滿足社會需求以平息眾怒），驅使政府投入公屋業務，再加上本來就有的公共教育和基本醫療服務，從一九七〇年到一九七二年，整體支出增加了50％。到了一九七三年，香港四百二十萬居民中有近三分之一住在政府公屋裡；香港有許多方面事實上並不符合純粹的自由意志主義模式，這就是其中之一。聯合供稿專欄作家約翰．張伯倫（John Chamberlain）一九七八年時從香港發稿寫道：「某些朝聖山學社純粹主義者很沮喪地從年會上提出的報告中發現，香港有租金控制，還有相當多的政府公屋。」

然而，比較讓人憂心的，是香港不確定的未來。新界九十九年的租約將在一九九七年到期，距離本次朝聖山學社年會已經不到二十年了。香港的殖民地地位將一年比一年奇特。在前一個世紀，英國已經從加拿大、澳洲和紐西蘭等「白色骨牌」（white dominion）國家開始放手，把控制權移交給海外

7 譯註：美國一年有四次收視調查周，調查收視率之後以決定廣告費率，是很重要的檔期。

領地。至於帝國王冠上的寶石印度，到了一九二〇年代，很多國內事務都已經由民選的全國性政府執行。一九四七年，印度完全脫離英國，亞洲與非洲其他國家也跟進。二十世紀中葉那幾十年，新主權政體數目大增。英國在加勒比海和非洲的殖民地多數在一九六〇年代取得獨立地位。到了一九七〇年代末期，原本是歐洲海外帝國眾星閃耀天空裡一顆明星的香港，變成了後殖民民族主義紀元最後的寂寞衛星之一。以當時流行的說法來講，香港是「在借來的地方用借來的時間苟延殘喘」。

新自由派很焦慮。毛澤東的繼任者會殺掉這隻金雞母取卵嗎？中國一九七一年要求聯合國（United Nations）從殖民地清單中移除香港，就已經預示了其打算。此舉隱含的意義是，香港向來是中國的主權領土，未來也將回歸。香港是一個暫時脫離的地方。香港在國家政體時代是一個殖民地，在強權分立時代是一小片領地。但，自由派人士認為，香港預告了未來。張伯倫從朝聖山學社年會發文寫道，香港「並非十九世紀的時代錯誤，反而是該被珍惜與擴大的東西。」怎麼做？在一個去殖民化是常識的時代裡，有可能擴大殖民資本主義下的香港實驗嗎？

朝聖山學社讚揚香港，但也有很多人擔心即將到來的政權移轉，早早把香港的本質放入行囊裡帶著走了。在年會之後的幾年與幾十年，傅利曼和他的合作夥伴打造了一個攜帶式香港（Portable Hong Kong），拆解內部衝突、複雜性和階級與文化的差異，然後具體而微呈現。他們把這變成一套行動樣板，不受限於地點，其他地方也可以實踐。香港是一個典範區，很有希望成為一條擺脫世紀中葉民主難題與壓力的逃逸路線。一九六七年，當時的越南還在追求解放的路上，反殖民行動來到高點，切．格瓦拉（Che Guevara）喊出了「兩個、三個、好多個越南」（two, three, many Vietnams）的口號，一九七九年，《理性》雜誌使個眼色，把這個口號改成終結國家的口號，喊出「兩個、三個、好多個香港」（two, three, many Hong Kongs）。

## 2

一八四一年，英國人以現代會稱之為「商業收購」的角度接掌香港控制權，自此之後，他們就盡力以完全資本主義形式來經營香港。大英帝國可能終結的局面，同樣也被視為商業交易的結果。某些英國政治人物看待他們剩下殖民地的觀點，就像顧問看待經營不善或破產的公司，盡力搾出資產的價值並找出造成拖累的負擔。政府裡有些聲音，有人認為要做到所謂財政穩健（fiscal prudence），就代表要放掉剩下的領地。但也有些人不管在情感上還是策略上都依戀著帝國，例如柴契爾本人。她打了一場勝仗，成功留下遠方阿根廷外海的福克蘭群島（Falkland Islands），拉高她的支持度，香港則是表現傑出的英國品牌海外分支。她一九八二年思考這片飛地的未來時，強調此地對中國來說仍是「寶貴資產」。如果中國人用經營公司的角度對待香港，把所有權和控制權分開，那會如何？如果中國收回主權，但由英國持續打理這片土地，那中國共產黨就像是股東，英國則是執行長。英國會確保「商業信心」，中國則可因國家領土重新整合而感到心滿意足。柴契爾希望能更新新界的租約。她還記得，她指出「英國政府的管理已經成功帶入中國特色，中國身為握有永久權的房東，能不能和我們另簽租約或是給我們一份行政管理合約？」另一個浮上檯面的選項，也是從商業界來的概念：簽署「售後回租」（leaseback）協議，香港歸還給中國，但由英國再次承租。中國回絕了這些概念。中國領導階層的目標之一，是要消除割讓領地給帝國主義的歷史污點，但他們也很清楚，他們必須要在無損殖民地利益之下做到這一點。經濟上，中國很仰賴香港。雖然西方觀察家將中國定位在「第二世界」[8]（Second World），但這個國家從一九六〇年代初期和已經蘇聯漸行漸遠，並在西方世界找到主要貿易夥伴，全球很多貿易都透過香港進行。對中國人來說，即便在移交之後，資本和商品持續在這片土地流入流出，透過特殊管道澆灌中國，是很重要的事。香港是中國的氣閥，香港對世界經濟體開放，代表中國仍可選擇性地得到保護，與世界經濟體保持距離。等香港回歸到中國的控制權之下，一切還是必須照舊。

中國要面對的第一項挑戰，是要想辦法安撫香港資本家「亟欲查探退路」的心情。一百五十年來，英國殖民政府保持平衡的方法是讓商業社群滿意，並安撫他們參與政府運作的要求，但不開啟大門讓一般大眾進來。這表示，當中有非正式的協商系統與不明言的權利，但也會直接指派精選菁英組成橡

8 譯註：用以描述國際社會主義與共產主義世界，與資本主義的第一世界相區別。

皮圖章殖民地政府，這一群人被稱為「非官員」（Unofficial），適得其名。

中國與殖民當局達成的解決方案之一，是在新管理制度之下由憲法盡可能保護資本主義裡的自由。總理趙紫陽很早就再三保證，中國會讓這片土地維持自由港與國際金融中心的地位。一九七九年，鄧小平把話講清楚，說香港回歸中國之後將以「特別行政區」（special administrative region，簡稱SAR）治理，可自由「實施其資本主義體系，我們則實施我們的社會主義體系。」一九八四年的〈中英聯合聲明〉（Sino-British Joint Declaration）把這些承諾寫成白紙黑字，中國承諾香港移交之後制度五十年不變，設定二〇四七年才完全融入母國。新的香港領導者將稱為特首（chief executive），這也是從企業界借來的用詞。香港人口中的「那家銀行」香港上海滙豐銀行（Hongkong and Shanghai Banking Corporation，簡稱HSBC）看到更多跡象認為一切將延續下去，一九八六年時啟用了由諾曼·福斯特（Norman Foster）設計的總部。一位新聞記者把這棟五十六層樓高的長型大樓描述成「臨海的鑽油井」，還有，更重要的，這是「價值十億美元的承諾，堅定不移地嵌入了金融區的核心地帶。」

後來發現，不管是中國共產黨菁英分子還是香港商業界，都和米爾頓・傅利曼有共通之處：明顯把經濟自由度放在政治自由度之前，移交的相關協商事宜也因此變得容易很多。為求平穩過渡，「統戰」策略的第一目標群體是企業菁英，在號稱香港小憲法的〈基本法〉（Basic Law）草擬委員會中，這群人就占了七成。能進會議室開會的大人物中，絕少有人會把心力放在有沒有可能擴大民主這件事上。據稱，有一位商界代表說，香港「多年來受惠於缺乏民主」，把一九五〇與一九六〇年代可以不理會最低薪資要求的功勞，都歸於沒有民主這件事。另一位商界代表則更直接了當地表達心聲，他說民主「出了錯」，在這套系統裡，「整體就是各部分的渣滓加起來。」想要確定本地保有一定控制權的人，都被晾到了一旁。新聞記者林慕蓮（Louisa Lim）就說了：「香港人民只能成為自身命運的旁觀者。」

〈基本法〉的核心可以說是「香港合約」，這套互惠協議是由當地大亨與未來中國統治當局之間的事，雙方平順地遵循「獎賞聯盟」行事，就像和之前的殖民統治者間的關係一樣。一九九〇年通過〈基本法〉時，這一點昭然若揭。這套法的條款保證平衡預算與低稅率，藉以保留舊香港的特色。一位律師觀察到這些條款讀起來「像是米爾頓．傅利曼寫的摘要」，他講這話並不過分，起草人確實直接引用了朝聖山學社裡的布坎南（Buchanan）和拉布希卡兩位成員的研究。

〈基本法〉對新自由派知識分子來說宛如天啟。之前他們很擔心中國共產黨會摧毀這片土地上的經濟自由基礎，但他們發現中國共產黨和香港商業人士要的東西是一樣的：法治、銀行保密、弱勢勞動法規、契約保障和穩定的貨幣。中共看起來比較像資本主自由的堡壘，而不是威脅。中國也在創新。中國總理提到他們正在開放南方海岸幾個部分，成為可自由發展自有海外貿易的「特區」，柴契爾沒什麼在聽，但這段離了題的內容影響重大。中國人在教英國人什麼叫資本主義的不斷改變特質。中國之所以能興起成為全球經濟強權，有一部分是因為把這個國家變成了許許多多的香港。

## 3

〈聯合聲明〉和〈基本法〉下的香港是一頭奇特的怪獸，非常貼近「政體中的政體」（a state within a state）這個概念。一位國際法律師試著理解狀況，提到香港的自主性高於省級或其他的聯邦單位、但又低於完整的國家政體。他必須回過頭去找可相類比的事物，把香港和十九世紀波蘭創造出來的克拉科夫（Krakow）自由城或組成聯邦之前的瑞士各邦（canton）相比。香港的法律地位奇特，對內自主統理，但對外要仰賴北京當局。國防部分由北京政府負責，香港可以自行掌控內政，包括貨幣、稅制、審判、警政和法院，也可以管轄部分對外事務，包括可以自行核發簽證，也有自己的移民程序。北京政府不能在香港徵稅，這片土地法律上規定仍是自由港與國際金融中心，保障商品與資本的自由流通。香港可以中國香港的名義獨立簽署某些國際協定，尤其是和貿易、航運與航空相關者。香港一九八六年成為關稅暨貿易總協定（General Agreement on Tariffs and Trade，簡稱ＧＡＴＴ）成員，甚至比中國早幾年就加入了世貿組織。簡言之，香港擁有經濟自由，並在無獨立國家地位之下享有法律上的自我管理權。

「一國兩制」是鄧小平對這種安排下的定義，最早講的是台灣，之後套用在香港。這句話雖然因為重複再重複使得每個人都能琅琅上口，但很值得講一講實際上這有多麼非比尋常。一九四〇年代末期到一九九〇年代主導世界政治的冷戰架構，被視為兩大壁壘分明系統下的集團間的衝突，這是資本主義對抗共產主義，只有其一會勝出。這裡的概念是，經濟系統要對應國境，這是不證自明的事，明顯到根本連講都不用講。中國是共產主義，美國是資本主義。「赤色」中國裡有一塊不是這個顏色，還可以局部容忍資本主義，這是什麼意思？鄧小平提議的是在國家政體之下再做區分，這和當代的想法並不相容。

住在文華東方與怡東兩家旅館的朝聖山學社知識分子少有人明白，他們抵達香港的時間點正是世界史的轉捩點，此時的中國重新整合了超過十億人口與強大潛在生產力的能量。當朝聖山學社成員為了政治上的學習與購物娛樂集聚一堂，鄧小平則正在準備一套後來名為「摸石頭過河」的改革計畫。這也大可說成是「摸著特區過河」。一九八七年鄧小平成為最高領導人（同時也獲選為《紐約時報》的年度風雲人物），之後就在南中國海上倚著香港的珠江三角洲成立了實驗性經濟特區，這是四個經濟特區中的第一個。奧古斯托・皮諾契特（Augusto Pinoche）一九七三年發動政變接掌智利之後展開休克療法，讓人苦不堪言，後共產主義的俄羅斯和東歐一夕之間推動物價改革，造成大衝擊（Big Bang），相比之下，中國使用「實驗性的循序漸進」模式，只打開水道閘門面對海外投資人和市場決定的物價，而不是炸開堤防讓水一次淹進來。

資本主義水利學實驗中第一道開啟的閘門是寶安區，位在隔開新界與中國的深圳河這一頭，距離中環十五英里（約二十四公里），但以一九七〇年代末期的生活水準來比，則相距一整個世界。越過國境的訪客說，中國的農民僅能糊口，住在簡陋的房子裡，在香港連窮人都負擔得起的大眾市場舒適便利，此地付之闕如。一九七九年一月，一位香港商業人士推銷特區概念（也就是後來的深圳），突破了這兩個世界之間的裂口。他帶來最貼近新自由派人士心意的香港進口品：15％的營利事業所得稅。到了該年春天，香港企業已經在珠江三角洲推動幾百件輕工業投資案，而且還有更多案子排著隊在等。「美國人利用香港低薪巧手的工廠女工在此地從事產品加工，藉以壓低成本，」一位新聞記者寫道，「從事精密度不高但勞力密集度高產業的香港資本家，如今也把投機的眼光放到了低薪的共產主義社會勞工身上。」有很多年，來到深圳彷彿來到另一個國家。這裡有尖刺鐵絲網圍籬，就算是中國公民，都需要簽證才能進入，此地是「獨立出來做經濟實驗的空間」。在深圳裡面，更進一步的行動正如火如荼。當地企業家有權自行組織，北京當局很少或甚至不會有任何指示，政府則採企業管理形式。深圳特區歡迎海外投資大量流入，並主動掀起一項重大轉型：把中國的土地和勞力轉化成商品。一九八二年開始，深圳開始訂定勞聘雇合約，打破了中國共產黨的終生僱用「鐵飯碗」傳統。他們說這叫**螞蟻理論**（ant theory）：用甜頭引來偵查蟻，之後投資大軍就會跟著來。這套模式之後散播到全中國。一九四九年革命之後，共產黨治理這片土地時奉行的是「三沒有原則」：「透過行政系統配置，代表著沒有補償，沒有明確任期，沒有市場交易。」一九八七年的深圳，在香港投資人施壓之下，這裡有史以來第一次引進了市場。

結果是引發了一場洪氾。整個中國感染了所謂的「特區熱」（zone fever），大量的農用與集體共有土地被吸進來，變更為長期租賃（long-term leasehold）的私有財產，是現代一次最大規模的公有財富移轉成私有化。從書面上來看，成就相當驚人，這是世界史上經濟成長最快速的場面之一。

一九八〇年，官員訂下目標，要在二〇〇〇年之前把約三十萬人帶進深圳；實際的數字是一千萬。到了二〇二〇年，深圳人口再度翻倍，達到兩千萬人，國內生產毛額高於新加坡和香港。此地成為「飛地中國」的樣板，有人說這是中國的「特區化」。

「如果說是哪一劑靈藥讓中國的經濟起飛，」一位學者寫道，「那便是香港。」堪稱特區大師的香港是一個原型，人們可在這裡研究自由化的限制與自由的相對用處，此地也是實驗樣板並證明了大量資金與商品可以透過小小管道流通。在開放之後的幾十年，中國的海外直接投資有三分之二透過號稱「南方閘門」（southern gate）的香港。自一九七〇年代末期算起，各式各樣的深圳市經濟特區多了好幾倍；這類特區一開始只是南方的特例，後來沿著海岸線繼續往北做實驗，最後在整個中國遍地開花。此外還有一些像特區一樣的小規模市場化行動，比方說得到許可、能為市場從事生產與銷售的「鄉鎮企業」[9]（town and village enterprise）。鄉下地方「去集體化」（decollec-

9 譯註：是由農村集體經濟組織或農民投資為主、在農村興辦的各類企業，政府不投入資金也不做指示。

tivization），創造出大量的移工儲備人力，這些人就在城市與鄉下之間來來去去，他們的勞力是重要的投入要素，創造出營造業領軍的繁榮。

當西方政治人物為了中國想要獨霸全球經濟的抱負發愁，有一部分，他們看的是移除香港模式後出現的改良版：這套網絡透過各特區構成的蜂巢流通投資與勞力，規定高於在地層級以上不准直接民選，以限制公民問責（public accountability）。香港以不完全的方式嵌入一般的主權架構，道出了主權本身的性質在資本快速流動與生產基地很容易移轉的時代發生了變化。

在自然界，一開始看起來很異常的事物，通常都是為了適應環境變化而出現的變異，基因上的畸形到最後成為優勢物種，香港也是一樣。在聯合國大會（General Assembly of the United Nations）不能和各主權政體一樣擁有一席之地，並不代表不能影響世界歷史。說到底，在《選擇的自由》節目中米爾頓·傅利曼看著香港天際線的畫面，和深圳著名廣告看板上鄧小平看著自家天際線的畫面，有一種很契合的對稱性。這兩人身高都不超過五英尺（約一百五十二公分），但他們擁護的相同信念讓他們顯得巨大：他們都認為，透過在一片封閉的領土中阻斷選民施壓，讓私有市場裡的參與者在願意配合的政體與法律協助之下大展拳腳，可於全球市場中取得競爭優勢。一九九〇年，傅利曼說，歷經國家社會主義後的東歐，適合的典範不是美國、英國或瑞典，而是香港。資本主義不需要民主就能運作，經由特區可走向通往成功之路。

## 4

一九九七年六月三十日午夜，英國國歌〈天佑女王〉（God Save the Queen）樂音響起，香港會議展覽中心的英國殖民政府米字國旗緩緩降下，取而代之的是中國的紅底黃星五星旗，下方則是香港特別行政區的洋紫荊旗。這場儀式終結了傅利曼口中「為期五十年的經濟政策實驗」，在實驗中，戰後的香港經濟成長速度快過以色列、美國和英國。傅利曼所講的實驗，指的是低稅率、保障私有財產、值得信任的法庭、輕度的規範和貿易低門檻，這些就是攜帶式香港的簡要大綱。但他沒講到香港無法重演的真實歷史：香港興起的根源，是中國難民的資本與勞力流入，此地對於孤立的中國大陸來說是重要的商品轉口港，這樣的地位加速了香港經濟的發展；之後，靠著協調投資活動帶入深圳特區，更是讓香港如虎添翼。他也沒提到兩邊的語言和血脈關係扮演的重要角色，這些因素有助於香港替中國工廠扮演起交換機與門面的角色，是帶動中國經濟繁榮的駕駛艙。

我們就來舉一個離鄉背井奮鬥的香港人實例：開發出第一個珠江三角洲特區的香港人本身也生於寶安，並在革命期間和共產黨人一起打過仗。他去申請開發特區時，就有他過去在軍隊裡的長官（這位長官後來成為中國的通訊部長）幫忙促成。香港並不是漂浮在南中國海上的孤島，即便政治上分離多年，香港還是連在中國的邊上。傅利曼並不梳理這些複雜的歷史，反之，就像他在香港大學（University of Hong Kong）對學生演講時一樣，他選擇去講民主的危險。他對他們說：「很可惜，政治民主有些元素會摧毀經濟自由。」

新自由派人士樂於把這片土地化約成諷刺漫畫的內容，把不同版本的攜帶式香港放進他們的隨身行李帶走。

其中一項是15%的單一稅率（flat tax），拉布希卡一九八〇年代就在國會裡大力鼓吹，一九九〇年代也向後共產主義的中東歐國家推銷，通常很成功。短短幾年內，前蘇聯陣營裡就有二十一個國家採取單一稅率。在香港的啟發之下，拉布希卡寫了《單一稅制》（*The Flat Tax*）這本書，被譽為稅務改革的聖經。

另一項是執行平衡預算（balanced budget）的憲法條款，這一條可防範凱因斯學派的擴張性支出，並對政府投資定下強硬的限制。德國把平衡運算條款稱為債務煞車（debt brake），二十一世紀最初十年，歐洲各地都訂有相關的修正案。

再來就是讚揚在沒有政治自由之下的經濟自由可能性，有些學者把這稱為自由派威權主義（liberal authoritarianism）。拉布希卡、傅利曼與其他人認為，冷戰時期過度強調自由世界定義下的民主，掩蓋了這種自由派權威主義模式的美好之處。傅利曼就說了，民主本身並非目的：「信奉自由的人從來不算人頭。」

自由派的非政府組織自由之家（Freedom House）編製出**全球自由度報告**（Freedom in the World）排行榜，拉布希卡和傅利曼拿來當成範本，一九八〇年代末期開設一系列的作坊研討會，設計出他們口中的**全球經濟自由度**（Economic Freedom of the World）指數，刻意地打破其中一位起草人所說的「對民主的這番迷戀」，改以稅賦、國際貿易開放度、做生意的難易度以及其他指標來為全球各地排名。香港穩坐第一，二十餘年高踞榜首。他們在計算分數時使用的自由度定義，意味著民主是好是壞是懸而未決的命題，貨幣的穩定性則至為重要，任何擴大社會服務的行動，都會導致排名下降。他們宣稱「食、衣、住、行、醫療、服務或最低工資的『權利』」是「要求『強迫勞動』」，並說重分配是「（如同為奴一般的）苦役」。徵稅是偷竊，簡單明瞭。這些作者說，「是透過投票箱偷竊，還是用武裝搶劫的方式直接搶」一點都不重要。新加坡緊追在香港後面，另外還有其他比較不知名的低稅率地區，例如第五名的模里西斯（Mauritius）和第九名的哥斯達黎加（Costa Ric）。別的地方也有一些看不太出來的優勝者。從歷史上綜觀，會指向一九八〇年時獨裁統治下的瓜地馬拉（Guatemala）是全世界自由度前五高的經濟體。經濟自由度指數是一張地圖，通向另一個與自由之家衡量政治自由度平行的宇宙。在經濟自由度的世界裡，各地排名的準則，取決於當地有多少管道可供某位參與這些作坊研討會的人所說的「水銀式資本」（quicksilver capital）流動。

這類指標用顏色區分國家，讚頌被標上鮮豔色彩的勝利者，給排名高的國家有理由開慶功宴，幫忙把經濟必須受到保障、免受政治過度干預的概念傳下去，某種程度上，甚至認為保障自由市場的威權政府還優於重新設計出自由市場的民主政府。著眼於經濟還不夠，指數背後的智庫還和嘉圖研究院（Cato Institute）合作，二〇一六年時首次發布全球「人類自由」指數。他們納入之前講到的所有指標，又把公民自由、結社權利、自由表達意見權以及其他幾十種權利化成數字指標，作為輔助。恐攻事件死亡人數和經歷陰部割禮（female genital mutilation）的女性比例有上榜，但有多個黨派參與選舉與全民普選則否。編製指數的作者群特別講明，他們把政治自由度與民主排除在外。香港再度位居榜首。這是自由世界的新定義，與自由市場（其重點為私有財產與所有權不容侵犯）相形之下，自由選舉無足輕重。我們可以說這是一個新自由世界（New Free World），其概念是以管理取代政府，以執行長取代理想的當選領袖。

但，一年一年下來，要讓香港處在沒有民主的狀態，需要的壓制力道就愈來愈強。一九九〇年，有十五萬人齊聚一堂，聲援天安門廣場遭到鎮壓的抗議行動。這項一年一度的遊行在接下來十年愈演愈烈，也愈多人對於〈基本法〉裡的用語施壓；〈基本法〉著眼的雖然是商業的穩定，但也納入了模稜兩可的條款，規定政府應該「以選舉組成……考慮香港的實際情況並以循序漸進的方式進行。」多年來，民主派人士嘗試透過這個小小的出口擠出他們的要求，但直接選舉加上間接選舉（由現有商界掌權人士偏愛的專業團體代表人組成）的大雜燴，讓他們一次又一次失望。一般香港居民無權選出自家領導者，但大企業卻可以透過執行長做到這一點，真是可悲的事實。自決要求的早期轉捩點，是所謂的二〇一四年雨傘運動（Umbrella Movement）。當時有一個人貫徹傅利曼的邏輯，他就是過去是房地產開發商的香港特首梁振英。當他被問到為何不能擴大直選範圍，他以事實如此、無須多說的態度來解釋限制選舉權的道理。他說，選舉就是「數字遊戲」。擴大選舉權會放大窮人的力量，導致有利於擴大福利國家的「那種政治」，而不是有利於商業的政策。對他來說，經濟自由與政治自由間的取捨，清楚明白。

# 5

透過香港來看最近的這個世紀，會讓一般用來描述近代的三種說法講不太下去。第一點講的是民主化浪潮興起應該是普遍又自然的現象。如果說薩謬爾．杭亭頓一九七〇年代下的診斷是民主遭遇終結的危機，那麼，到了一九九〇年代他會大聲歡呼說民主復興了。很多地方，比方中國，都進入了「改革開放」的過程，後共產主義下的俄羅斯也被認為正處於一場奔向完全民主的運動當中。轉型只是時間早晚的問題，這甚至還孕育出一個學術次領域：轉型學（transitology）。但，在接下來十年，轉型似乎停滯了。有些地方，比方說香港，即便當地激烈要求，但很可能永遠停留在「灰色地帶」。中國很成功，使得沒有民主的國家資本主義看來有可能變成致勝方程式。

第二點講的是全球從帝國的世界轉向國家政體的世界。這種講法的憑據，是把一個帝國看成一整團在世界上不斷脹大的東西，後來被切成一小塊一小塊的個別政體，用自決取代了外來統治。但帝國不是一整團東西，帝國很複雜，內部是彼此分離的有機體。帝國用不同的方式治理不同的人群和地區，有時候，帝國會併吞一個地方並直接治理，比方說香港就是這樣。有時候，帝國只會在當地建立一個小據點，例如中國沿岸的商埠。帝國內部住了自主治理的人民，主權當中還包覆了主權。歷史學家勞倫・本頓（Lauren Benton）就說，帝國是「一塊一塊的」，一點都不平順。國家體制的時代也一樣。帝國終結，新國家成立，但這些新國家之後會進一步分化，變成各式各樣的特區、城邦、區域、避稅港、飛地、通道和後勤走廊。歷史學家瓦妮莎・奧格爾（Vanessa Ogle）指出，這種合法的不均，複製的是帝國早期發展的某些特質。現代的全球化有著「鋸齒狀的邊緣」，我們熟悉的國家邊境輪廓，只講出了一部分的故事。

某些批評鄧小平的人，指控他開啟沿海城市接受海外投資與進行貿易，是重演十九世紀的商埠。從某些方面來說，他們是對的。中共比較喜歡用「特區」這個詞，因為這個詞很乾淨，象徵意義上可與相似性很高的歷史餘毒商埠切割。在此同時，「區」這個字在中文裡也有「地區」、「轄區」和「區域」的意義，可以解讀成那些實體非屬國土境外、但行政管理權又與境內有區分的地方。西方觀察家常把中國設定為龐然大物，但在改革時代的中國其實是透過「分裂的威權主義」（fragmented authoritarianism）運作。全球各種「特區」不斷冒出來，幫忙創造出一個「一國多制」的世界。從這個角度來看，只有當未來變得很古怪時，香港這個混合體才會顯得古怪，這也證明了從帝國時代走向國家時代並不是一條單行道。

我們講的第三點是，不管資本主義有什麼錯，仍創造出很多對人來說很有用的東西。但，永遠都會是這樣嗎？世界經濟自由指數裡少了一些東西，比方說生產力有沒有提升，投資的性質、失業率的高低、社會安全、人民福祉或經濟平等，簡單來說，這些是讓一地的人民可以在日常生活中體驗到經濟自由的事物。如果編製指數時有衡量這些因素的話，香港的模樣會大不同。

香港的財富集中度極高。香港前十名富豪的淨資產，占其國內生產毛額的35%，相較之下，美國的占比為3%。打從開港以來，香港就比較不像自由放任、任何人都可隨心所欲進入的市場，而是被握在一小群和政府關係密切商賈人家（後來的家族集團與大亨）手中。研究指出「香港十個最大的家族掌握了約三分之一的企業。」香港在《經濟學人》（*Economist*）雜誌的「裙帶資本主義指數」（crony capitalism index）名列榜首，這個成績就不像在經濟自由指數上名列前矛這麼受到讚揚了。這裡是少有競爭的資本主義者天堂。沒有遺產稅，意味著財富代代相傳，讓人沒什麼興趣挑戰現況。托瑪・皮凱提和楊利（Li Yang）發現，香港前15%的有錢人最不可能支持任何邁向更民主的行動。

說到底，香港模型的本質，並不是抽象的經濟自由概念，而是在法律上被劃分出來的一小片領土，沒有或少有民主，由商界菁英與政府緊密勾結，善用這個把經濟開放到極致與拉高稀有土地價值的紙醉金迷市場。

這些特色，也正是成就帝國的核心特色，也因此，把倫敦變成香港遠在天邊的雙胞胎。

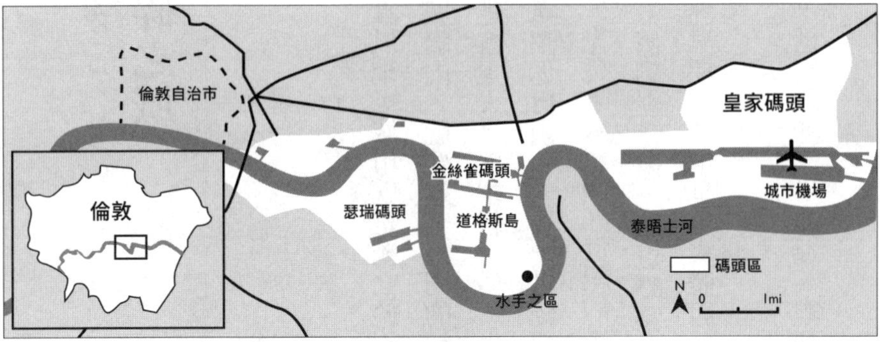


倫敦碼頭區

# Chapter 2 破碎之城

一直以來，城市就是獨立於周邊領土的享有法治權孤島。中世紀時，一旦進入城牆內，就要遵守不同的行為規範。有一段時間，奴隸可以藉由躲進城市裡逃離主人，追求新生活，也因此，有一句德國俗話是這樣說的：「城市的空氣讓你自由。」在中世紀與現代早期，歐洲遍布成千上萬不同的法治權特區。光是十八、十九世紀的神聖羅馬帝國（Holy Roman Empire），就有超過一千個獨立實體。歷史學家費爾南・布勞岱爾（Fernand Braudel）說，現代歐洲早期的城市是用實體與「法治權概念上的壁壘」圍起來的「自治世界」。

二十世紀歐洲大步前進，順利邁向國家政體，但有一種中世紀的飛地一直保留了下來，就坐落在現代倫敦的中心。泰晤士河（Thames）北岸俗稱「平方英里」（Square Mile）[10]的金融地區、也就是大家所說的自治市（the City），就不完全是國家的一部分。諾曼人（Norman）入侵時，[11]自治市擁有自己的財產、民兵部隊和市長大人（Lord Mayor）。自治市的治理單位成立時間還早於英國國會，稱為倫敦市法團（Corporation of London），直到最近才改名。就像新聞記者尼可拉斯．謝森（Nicholas Shaxson）提醒我們的，時至今日，當英國國君走進自治市，還是要去觸碰一下市長大人的劍。[12]自治市是很原始的特區，與周邊的政治管轄區劃開來，適用不同的治理法規。最值得一提的是，就像香港一樣，自治市在選舉時企業也有投票權，他們有三萬兩千張票，高於自治市內的九千名市民。有一位學者說倫敦自治市是現代早期的城邦，就像過去的熱內亞（Genoa）和威尼斯（Venice）一樣。另一位說

10 譯註：名稱的由來是此地的面積約一平方英里。

11 譯註：指一〇六六年法國諾曼第公爵入侵英格蘭。

12 譯註：劍代表自治市主權，市長大人主動遞劍，表示承認君主的管轄權，英國國君觸碰之後還給市長大人，代表歸還管轄權。

這裡是「倫敦自有的梵諦岡」，是資本主義的梵諦岡。

幾世紀以來，自治市代表了根植於金融與金錢力量版本的英國經濟。自治市和王室之間的緊張關係持續幾世紀，但兩方也緊緊相繫。自治市需要王室的保護，王室則需要自治市取得作戰和經營帝國所需的經費。戰後幾十年間，自治市有了新的重要性，這裡是以「境外」地位持有資金的地方，代表美國的監理單位管不到此地。個人、外國人擁有的銀行以及後來的石油出口大國如沙烏地阿拉伯、利比亞（Libya）和阿拉伯聯合大公國（United Arab Emirates）等，都把倫敦自治市當成存放資金與取得更大額貸款的地方。當英國海外帝國瓦解，一群避稅港興起，以「第二英國帝國」取而代之，其中包括開曼群島和百慕達這類英國屬地，以及過去的殖民地如新加坡、愛爾蘭和杜拜。倫敦自治市則是當中的中心。

一九三八年，美國歷史學家路易斯．穆佛德（Lewis Mumford）把資本主義比作布穀鳥，在這座有城牆圍起來的城市裡下了蛋占了巢，把自治市原居民的後代都推了出去。一九八六年，柴契爾推出所謂的金融大改革（Big Bang）鬆綁金融服務的相關法規，自治市掙脫了桎梏，在泰晤士河下游孵出了一模一樣的自我複製品，那裡玻璃帷幕大樓林立，名叫金絲雀碼頭（Canary Wharf）。金絲雀碼頭又被稱為泰晤士河畔的香港（Hong-Kong-on-Thames），這裡不只是一個新的金融區而已：此地是一種新式特區的原型，意在為開發商綁架政府，完全不管自治市一般居民的基本需求。

就像一八七一年巴黎公社（Paris Commune）[13]倒台之後在巴黎的最高處立起的聖心大教堂（Sacré-Coeur cathedral）一樣，金絲雀碼頭也是失敗的城市願景留下的遺跡。城市社會主義者的各種紅色倫敦（Red London）計畫被揚棄了、被拋下了、被拆除了，變成替超級富豪打造的投資工具，結果是，造成了一座破碎之城。

## 1

倫敦蛻變的故事可以從一個地方講起，那就是一九八〇年的黑幫驚悚片

13 巴黎公社是一八七一年成立的無產階級政權，曾統治巴黎，但僅維持兩個月。

《漫長美好的星期五》（*The Long Good Friday*）。這部電影一開場，本地的黑幫老大和由鮑伯．霍金斯（Bob Hoskins）飾演的未來開發商哈洛德．夏德（Harold Shand）就在他的遊艇上，穿著細條紋西裝，手裡拿著香菸和威士忌，端詳一組建築模型。這個地方是碼頭區，位在倫敦市中心東邊幾里遠處。這裡曾是世界上最繁忙之地，但到一九七〇年代末期碼頭業務已經銳減，工作人員也只剩下幾千人。貨櫃船的出現，預示著繁華末日已經開始倒數。把標準貨櫃從船上搬到輕軌火車和拖車上不需要太多勞力，只要有些人會開吊車把貨物吊起來就夠了。

夏德和妻子（由海倫．米蘭〔Helen Mirren〕飾演）坐在甲板上啜飲血腥瑪麗（Bloody Mary），背後是廢棄港口的生鏽機具。他們的遊艇滑過空蕩蕩的倉儲，河岸邊排排站的閒置吊車宛如殉葬品。「以前這裡一次就會有八、九十艘船，」夏德在通過塔橋（Tower Bridge）時在船頭慷慨激昂發表演說，「以前是全世界最偉大的碼頭，就這裡。」夏德從衰敗中看到了機會，他有什麼計畫？善用海外投資人，籌資興建供未來奧運使用的場館，再加上本地不正派的政治人物給的甜頭，這油水可滋潤了。

夏德常去一家煙霧瀰漫、鋪上紅色植絨壁紙的酒吧水手之臂（Waterman's Arms）；倫敦碼頭區就像掛在泰晤士河上的懸雍垂（uvula）[14]，這座酒吧所在的道格斯島（Isle of Dogs），也是碼頭區的一部分。電影裡，夏德的海外投資人計畫毀了，但，因緣際會之下，電影開拍前幾個月，同樣這一間酒吧見證了類似的情況真實上演，但順利多了。一群保守黨的政治人物在這家酒吧聚會，提出了一套和夏德的計畫沒有太大差異的方案：把倫敦一片一片拆開，允許投資人在某些地區免受稅賦和規範的限制，除此之外，還給他們補貼與獎助，把過去稱之為瀆職的行為變成新的國內法。這些地區會命名為創業特區（enterprise zone）。在碼頭區，這樣的特區會把勞動階級所在地變成第二個金融區。

水手之臂酒吧裡的會議主持人是傑佛瑞・侯艾（Geoffrey Howe），五十多歲的他一輩子都是政治人物，留著一頭波浪般的灰髮，方框玳瑁眼鏡之後是一雙水汪汪的眼睛；對諷刺漫畫家來說，他的形象可是好畫極了。保守黨

14 喉頭後方垂下的肉團。

隔年贏得突破性的大勝利，他是柴契爾保守黨中的影子財政大臣。他講話的當口，世界經濟正站在轉捩點上，歷史的走向看來正在轉變。自葡萄牙和荷蘭的武裝大帆船駛入印度洋，西班牙征服者打敗了美洲原住民帝國，五百年以來，世界上所謂「西方」一向站在全球階級的頂端，無人能挑戰。但到了一九七〇年代末期，有些人看到西方霸權動搖了。政治學家傅高義（Ezra Vogel）就寫了一本暢銷書《日本第一：對美國的啟示》（*Japan Is Number One: Lessons for America*）。英國在全球製造業中的占比下滑，在戰後的前三十年從四分之一跌至僅剩十分之一。一九七六年，英國懇求國際貨幣基金（International Monetary Fund）出借資金；這通常都是開發中國家才會做的事。有些人推測，英國的未來將非常悲慘。一家新自由派智庫寫出了一份策略文件，提問道：英國是否必須「從低薪的第三世界再出發，努力追上台灣、南韓、香港和新加坡？」

對英國來說，要接受自家其中一個殖民地或許可以教導母國資本主義是怎麼一回事，不啻是吞黃連，但香港的地位大起，既是製造中心又是境外金融服務據點，是不爭的事實。一九七〇年代後半葉，香港的國內生產毛額年成長率高達16.9％，英國最高就4％，後來幾年甚至是負成長。侯艾指出，香港是「創業與自律展場」，很諷刺的是，「這孩子的父母是英國和中國，兩國幾乎同時深深落入了國恥的谷底：一個是『歐洲病夫』，另一個則是文化大革命的犧牲者。」

中國已經在沿岸城市實驗中模仿了香港的各個方面。中國的經濟特區證明，你不用創建新的國家也能做實驗：把舊的切開來就好。在水手之區酒吧裡，侯艾一開始先講了地理學家彼得・霍爾（Peter Hall）的激進提案，他要做的也是相同的實驗。霍爾將把英國城市的死氣沉沉拿來和香港、新加坡、首爾和聖保羅的欣欣向榮相比較，他認為這些地方實行的是「不完美的西方民主」，但這一點或許有助於解釋他們的成就。他要推銷一套「不計畫」：與其事先決定要打造什麼，不如騰出一個真空空間，反而可能會促成新的東西出現。英國政治人物可以在國內隔離出一些城市地帶，把這些地方變成新的「直轄殖民地」（Crown colony），不去控制人員、商品與資金的流出與流入。在他的思考實驗中，他設定選擇加入的人會失去國家公民的身分與保障，但可以自由地從事建築、交通運輸和以物易物活動，不會受制於任何稅負或法規。這些特區會脫離歐洲經濟共同體（European Economic Community），在「內利物浦或內格拉斯哥裡面」重現香港。

柴契爾最親近的伙伴之一基斯．喬瑟夫（Keith Joseph）持相同論調。一九七八年時喬瑟夫在一家新自由派的智庫發表演說，當他被問到是否同意直接拿社會主義和自由主義做相同對比測試，在一個地方（比方說英格蘭南部外海的懷特島郡〔Isle of Wight〕）實行社會主義，然後在另一個地方推動完全的自由放任。他的回答是，保守黨正打算指定特定地點「不受女王王命管轄」：稅賦、勞動法律和健康安全規範通通都會撤掉。然而，他們考慮的不是境外離島，而是要使用「內陸城市裡的衰敗之地」。群眾報以熱烈的掌聲，歡迎這個構想。

美國傳統基金會的史都華．巴特勒設想出最有企圖心的特區目標，他也試著把特區帶到美國，打造出一家雜誌社所說的「哈德遜上的香港」（Hong Kong on the Hudson）。巴特勒說創業特區是「一種政治動物」，目標是要「在大城市中心打造出開拓性社群」，並在大政府時代啟動心態的改變。人民一旦切斷和權威機關的關係之後，就不得不因時因地找出自己的解決方案。內陸城市深處的貧窮，是另一個加分項。巴特勒寫道：「危機孕育出創業家。」這種特區，是創意交雜著絕望的實驗。政策企業家（policy entrepreneur）[15]誇張地自封為「右派的游擊隊」，一個區一個區攻城掠地，占領並解構城市。有一位評論家說，創業特區是「一把對著社會主義心臟刺過去的匕首」。

柴契爾的第一筆預算總共成立了十一個創業特區，全部都可免於遵守當地的規劃審核要求，十年免繳當地稅賦，商用建築物還可以適用資本支出免稅（capital allowance）。用歷史學家山姆・韋瑟瑞（Sam Wetherell）的話來說，這些特區「在英國國家經濟架構中刺出了洞，簡單來說，就是讓激進的自由市場資本主義和有規範的社會民主經濟從根本上涇渭分明。」即便有賣力的宣傳，結果仍讓人失望，少有證據指出有新投資。企業多半都是搬來搬去，為了獲得減稅優惠搬到特區；房東提高租金，希望從中獲得一杯羹；投資人則想方設法減輕稅金負擔。**買大樓不用錢**，這是一個吸引投資人前來特區的廣告標題。另一個標題是**如何打造避稅港**，拿避稅港來做宣傳，意味著這是

15 譯註：指利用機會影響政策以促進個人目標的企業家。

好東西。柴契爾的顧問艾倫・瓦特斯（Alan Walters）說（他也是朝聖山學社成員），他們想要把英國變成「一個大型的創業特區」。然而，如果要把從經濟體中某個部分徵得的稅金拿去花在另一個部分，那誰要留下來當支付補助金的人？政府自家的顧問也勉強承認「只有部分區域有優先權」。

這些特區比較像是櫥窗展示，是自由市場的空虛樣板門面。但，如果我們認真看待巴特勒的「政治動物」概念，那會怎樣？一位地理學家說，這是一種政治意味高於經濟的特區實驗。這種特區根本不叫「不計畫」，其本身就是一套計畫，創新之處在於這套計畫想出了辦法繞過了當地政府，把控制權直接交給了開發商。霍爾和侯艾最早提議要模仿的，是香港的其中一種草根性商業活動，但後來真正做成功的，是以房地產開發商與當地政府的密切關係為基礎，由兩者合力打造「高流動性金融資本的降落跑道」，這堪稱是更強韌版本的香港。歷史學家佩里・安德森（Perry Anderson）回想起有一次瓦特斯在世界銀行（World Bank）大讚香港是「全世界最自由的社會」，赫赫有名的統計學家安格斯・麥迪森（Angus Maddison）插嘴說那裡「甚至沒有選舉」，瓦特斯帶著「幸福的笑意」回答說：「對，我就是這個意思。」

## 2

一九八五年，《漫長美好的星期五》一開始的鏡頭變成真實人生，倫敦碼頭區舉辦一座複合園區的模型揭幕式，預定園址就在道格斯島的老西印度碼頭（West India Docks）上。此地廣達七十一英畝（約八萬七千坪），辦公室樓地板面積約一千萬平方英尺（約二十八萬坪），原始計畫是要蓋歐洲最高的摩天大樓，而且不只一棟而是三棟，是全世界造價最高的房地產開發案。這個案子還帶來了明星級的SOM建築設計事務所（Skidmore, Owings & Merrill）和貝聿銘（I. M. Pei），前者十年前在芝加哥打造出席爾斯大廈（Sears Tower），後者的中銀大廈（Bank of China Tower）剛剛在香港破土。此地名為金絲雀碼頭（Canary Wharf），以過去存放從金絲雀群島（Canary Islands）運來水果的倉儲為名。諸位建築師宣稱，他們要向倫敦傳統城市架構表態。巴黎、維也納、布達佩斯或馬德里都有以紀念碑、歌劇院或博物館畫龍點睛的豪氣大道，倫敦不一樣，倫敦比較像蜂巢；倫敦一看過去就都是廣場和小公園。

其他人拿不同的範本來比較。一位批評者說，這跟當時還在香港中環興建中的交易廣場（Exchange Square）根本是「一模一樣的副本」。超大型的建案彼此都很像，都是圍繞著開放空間蓋起一群群的玻璃帷幕大樓，而且室內配置也有很多相像之處。興建交易廣場，是為了因應香港交易所（Hong Kong Stock Exchange）改為電子交易。倫敦也有同樣的改變，促使人們從倫敦自治市裡狹小、受法令保護的歷史建築裡搬了出來；老建築建造時中間設為電梯間，無法容下「電子銀行」新世紀需要的裝設螢幕廣闊樓面與大型散熱系統。轉向電腦交易，需要的是更有彈性的配置並把地板架高，以裝設網路線並設置工作站。「如今的香港中環，就是碼頭區在第三個千禧年時要有的模樣。」一位評論家寫道，「這裡將會是新的金融城，是美國資金在歐洲的橋頭堡，一如半個世界之外的美國金融橋頭堡。」

他沒看出這兩個複合園區有更多相像之處。在「行政管理絕對主義」的香港模式中，受指派的官員與大企業的代表做決策時不會參考一般人民的意見，金絲雀碼頭也納入了同樣的機制。由於這裡是一處創業特區，由園區房地產業主組成的實體倫敦碼頭區開發公司（London Docklands Development

Corporation），可以跳過當地政府，不管一般的規劃許可，並忽略居民的住屋需求。該公司第一任董事長毫不避諱鄙夷地說現有的居民是「多出來的人」；他不用客氣。

開發商拿到的交易條件好到讓人難以拒絕：土地價格為市價的六分之一，再加上政府承諾投資基礎建設。一九八六年，第一批飛機在碼頭區新建好的城市機場降落。幾年後，一條新的鐵路線開通，不到十分鐘就可以把你從碼頭區載到自治市中心。

金絲雀碼頭為倫敦的未來畫下一筆，這裡代表了英國擺脫了二次大戰以來的地位：一個由製造業、甚至自給自足農業定義的國家。二戰之前，英國是全球化貿易的先驅。二十世紀之初，英國幾乎所有食物全賴進口，連雞蛋這種小東西也不例外，戰後，英國轉向提高生產以因應本地消費。倫敦皇家碼頭（Royal Docks）關閉的理由是貨櫃化，然而，本地種植小麥之後就不再需要圓筒穀倉，也是原因之一。這股自給自足的風潮一九八〇年代已經消退，英國的進口量又再一次高於出口量。這個曾經是「全世界製造業最密集的經濟體」的國家，開始做別的事，其中最重要的就是金融業。到了一九一一年，在辦公室裡工作的員工人數，已經超過製造業或農業生產從業人員。「曾經是交易貨物的倫敦，」一位歷史學家寫道，「變成了交易資金的倫敦。」

特區是一把刺向社會主義心臟的匕首，但社會主義不會毫不掙扎就倒下。反對最力的是代表大倫敦政府的機構大倫敦議會（Greater London Council，簡稱GLC），一九八一年左派的勞工黨政治人物肯恩・李文史東（Ken Livingstone）當選大倫敦市長之後，大倫敦議會便成為社會主義願景倫敦的掌門人。如果說柴契爾的政府是向遠東的經濟小龍取經，那麼，「城市新左派」（new urban left）的大倫敦議會實踐的就是另一種截然不同的國際主義，他們尋求的，是在倫敦的新移民社群和舊勞工階級創造出連結。大倫敦議會認為鄰里街坊是縮小版本，這些地方可以打造成什麼樣子，也就昭告了未來可以變成什麼樣子，這種取向有時候稱為預兆式政治（prefigurative politics）。他們早期的勝利出現在自治市金融區對岸的硬幣街（Coin Street），擋下了一家開發商的計畫，宣告這片土地交由公益信託，由當地居民根據自己的意向發展。這一群人組織起倫敦自治市的白領員工，甚至動員廢除統治金融區的落伍中世紀政府。

碼頭區是他們努力的另一個重點。大倫敦議會出資成立人民計畫中心（People's Plan Center），收集其他振興碼頭區的願景想法，和知名開發商的計畫互別苗頭。他們去接觸基層民眾，參加賓果同樂會、育兒團體和拜訪少數僅存的工廠，收集計畫的參考資料。一九八四年，最終版本送交給碼頭區的每一戶人家。人民計畫表達的期望是，「我們以及我們的孩子有更多的職場選擇，不要只是做行李員和廁所清潔人員，服務來來往往的商人」，他們想像的是要恢復小規模的製造業並振興碼頭，一家外部顧問公司也附議這項提案。

這是另一種模樣的倫敦願景，對柴契爾來說宛如一根刺。她的回應是反擊。在一九八三年的保守黨大會上，保守黨人在他們的宣言裡加入了一條新的要求：消滅大倫敦議會。黨主席諾曼・特彼特（Norman Tebbit）平鋪直敘講出了背後的道理：大倫敦議會代表「必須被擊退的分化版社會主義，因此，我們應該廢掉大倫敦議會。」另一位國會議員就講得比較生動。她說大倫敦議會已經長成「怪獸」，並補充說「面對怪獸的唯一方法是宰掉牠，殺了牠。」在此同時，另外五個城市的都市議會也遭到廢除，並對當地政府可以透過增稅提高稅收的額度設下限制。在地政府以及他們用來振興英國市政社會主義（municipal socialism）傳統的平台，遭到刻意的打擊。柴契爾主義（Thatcherism）通常是打破工會的同義詞，但同時也打破了在地政府。

我們常用政體與市場之間的糾結來思考一九八〇年代，但這完全無法捕捉到當時的動態。柴契爾政府和大倫敦議會兩者都是「政體」的一部分，兩者的差異，在於他們對於政體的目的為何有不同想法。城市新左派本來就對政府要做好人這種想法存疑，有時候，他們會說自己所做的事情是「身在政體內反政體」（in and against the state）。但重點是，做出決策的人是誰，以及，根據誰的利益做出決策。柴契爾廢除大倫敦議會，大筆一揮就讓歐洲最大的市政府消失了，這是上層發動的政變。在這之後，這個城市走向新願景的路就很清楚開展了，障礙也變得更少了。

## 3

到了世紀末，紅色倫敦計畫趴下了，金融站上優勢地位。一九八七年發生黑色星期一股市大崩盤，跌了這一跤之後慢慢爬起來的金絲雀碼頭，到了一九九〇年代中葉已經成為倫敦自治市的分身，是嶄新大都會閃閃發光的招牌。據估計，開發商利用創業特區的地位獲得一百三十億英鎊的減稅額度，以及所謂「自由市場都市更新典範」的基礎建設。此地最重要的建築物是加拿大一號廣場（One Canada Square），這棟五十層高的摩天大樓，樓頂是另一位當代明星建築師西薩．佩里（César Pelli）設計的金字塔。英國首相湯尼．布萊爾（Tony Blair）曾在大樓的三十八樓作東招待法國總統賈克．席哈克（Jacques Chirac），他們俯瞰著以著名美洲開拓者命名的街道，比方說哥倫布埕場（Columbus Courtyard）和卡伯特廣場（Cabot Square），也看到了布萊爾（就像夏德一樣）規劃中的奧運場館。

如果說倫敦之前從交易貨品變成了交易資金，那麼，如今這裡交易標的則變成了空間，房地產（尤其是住房）已成新的全球性資產。房屋所有權已經和「人」脫鉤，本身便是可交易標的，隨著全球的供給、需求與投機浪潮起起伏伏。到了新千禧年，看起來，除了向「市政商人主義」（municipal mercantilism）模式低頭，從城市裡割出更多地方並為新大樓提供更多的免稅額度與政府補助，也沒別的辦法了。身為左派的肯恩·李文史東後來又以大倫敦市長的身分回歸政府，成為特區裡私人大樓的首席推銷員，從這件事就可以清楚看出變化。

二〇〇〇年之後，這個世界忙著蓋高樓。在新世紀的前十五年，全球超過兩百公尺高的大樓數目多了超過三倍，這背後有部分的推力是因為資金要找地方放。二〇〇三年，英美兩國入侵伊朗，推高了油價，讓產油國賺飽了荷包，這些國家又透過大型主權財富基金投資房地產。到了二〇〇五年，俄羅斯的寡頭政治人物要把他們的財富放到海外，倫敦資本市場也因此得到一個綽號叫「倫敦格勒」（Londongrad）。蘇聯的寡頭政治人物羅曼·阿布拉莫維奇（Roman Abramovich）二〇〇三年買下西倫敦的卻爾西足球隊（Chelsea Football Club），是極具象徵性的一刻。中國鵲起，也代表了有更多錢要想辦法外流。二〇〇八年全球金融風暴（這本身就是過度以槓桿操作投機房市的產物），深化了波動性和動盪感。在零利率之下，資金很廉價，設法去找高利潤、低風險的標的（現在也一樣），政府樂見其成。

英國人更樂於背債。一些少數的富裕奢華地段，成為人們眼中無可爭論的流動財富「安全避風港」。倫敦「對超級富豪來說，是無與倫比的全球性房地產聯盟。」從二〇〇九年到二〇一一年，光是透過英屬維京群島（British Virgin Islands），被買走的倫敦房地產價值就高達八十億；到了二〇一五年，境外購買的金額達到驚人的一千億英鎊。二〇一二年，學者發現，「85%的倫敦高級住宅與50%的紐約高級住宅買家都是海外人士。」很多時候，這些都只是名義上的住家，因為很多人都是「買來放著」，房子裡空空蕩蕩。「我們打造了全世界最昂貴的保險箱，」一位房地產顧問在二〇一七年時說，「你只要在這裡放下你的寶貝錢，以後就不用再來了。」二〇一五年，一位工黨的國會議員痛斥「全球超級富豪」買下「倫敦的房子是把這些地方視為會增值的金條，而不是要住人的地方。」

這個特區從製造業變形成辦公大樓，再變成有錢人的立體銀行帳戶。有一個明顯可見的結果，是幾個全球性的都會區天際線不斷拉高。在紐約，高樓集中在中央公園（Central Park）南邊的億萬富翁街（Billionaires' Row）。這裡的風格，借鏡了一九八〇年代香港很流行的風格：鉛筆塔大樓；這種樓形平面面積很小，支撐起狹窄又高聳到不行的摩天大樓住宅。紐約這裡做了一點變化，那就是一層都只有一戶。最早的幾棟大樓裡有一棟的頂樓賣給了一位避險基金經理人，但他根本不打算搬過來；他想的是，轉手之前，他可以在這裡開幾場派對。另一棟大樓的頂樓，在二〇一九年以二．三八億美元賣給另一位避險基金經理人，成為史上最昂貴的公寓。他也沒打算搬進來住，此地是一處鍍了金的歇腳處。

一九九一年，社會學家莎士奇亞．薩森（Saskia Sassen）寫了一本書，大力抨擊她所謂的「全球性城市」（Global City）興起的現象；她指的是一小群控制全球經濟的「指揮中心」，這些地方有一小群人（多半任職於金融服務業），依靠一大群仰人鼻息的低薪下層勞工替他們燙衣服、裝前菜、調飲料，擦乾淨他們的健身啞鈴組，替他們開大禮車，打掃他們的房子。她認為，這是一種帶動不平等的新馬達，讓大都會區和後工業時代荒廢的內陸地方脫鉤，預告了未來將出現政治問題與經濟上的脫節。然而，在之後的十年，這番批評已經被沖得乾乾淨淨不見蹤影，「全球性城市」反而變成了經紀商推銷話術的用詞。

在這個「超頂級」房地產為王的二十一世紀美麗新世界裡，最知名的建築之一是倫佐．皮亞諾（Renzo Piano）設計的碎片大廈（the Shard）。碎片大廈是一九九〇年代中期提出的建案，在李文史東本人穿針引線之下才得以問世。這棟大廈是倫敦第一棟「超高」摩天大樓，有資格和杜拜的哈里發塔（Burj Khalifa）與上海環球金融中心成為同一等級。這棟大廈的名稱，一開始並不是一種行銷手法，而是一種批評：英格蘭遺產委員會（English Heritage）說這棟大樓「就像一片碎玻璃一樣劃破充滿歷史氣息的倫敦」。在英文裡，「shard」還有另一個意義，指的是昆蟲的外殼，具體來說是甲蟲翅膀上的殼狀外骨骼，這樣的定義也很恰當。像碎片大廈這樣的建築物是保護殼，通常是用來放流動財富的空箱子；很多時候，那都是透過所謂的借殼公司（shell company）帶進來的財富。二〇一〇年代，專為海外買家建造、一位批評者稱之為「小碎片」（shardette）的大樓，尋常可見。很多這類大樓都在中國和香港的房地產商展上成交，賣出時連蓋都還沒蓋呢。金絲雀碼頭一棟豪華的緬因大廈（Maine Tower）就辦了兩場展售會，一場在香港，五個小時內就賣了兩百個單位。卡達投資局（Qatari Investment Authority）握有碎片大廈95%的產權。

一九九七年時，柴契爾講起中國「把經濟自由與政治束縛結合在一起的險惡、但到目前為止很成功的實驗」。金絲雀碼頭被視為她「留給後世的政績」，此地的大房東卻是中國和卡達這兩個出色的無民主資本主義範例，可真是一大諷刺。柴契爾逝世那一年，大倫敦市長波瑞斯・強森（Boris Johnson）前往北京和中國開發商簽訂合約，要在道格斯島旁邊的皇家碼頭創業特區（Royal Docks Enterprise Zone）打造他所說的「首都的第三個金融區」。中國的民營開發商取得三十五英畝（約四萬三千坪）的土地，計畫花十億美元打造一個企業園區，這是在習近平鼓勵之下的海外投資攻勢，把新資金帶進了倫敦。強森試著要重彈金絲雀碼頭的老調，全部重來一次。「英國是一個小國，」一位中國的開發商說，「如果不及早抓住機會，就什麼都不剩了。」

一九八〇年代初，市場激進派開始動手扭轉倫敦，要變成一個具體而微的香港。三十年後實現的願景，可說是他們連作夢都想不到。學者稱香港是「大亨市」（tycoon city），因為當地政府陷入了與城市裡的億萬富翁（他們約有一半都是靠房地產賺大錢）共生的關係。政府仍握有對香港土地的最終控制權，但得拍賣長期租賃權，仰賴不斷上漲的房地產價格，透過收取價金與費用來支應自身的運作。潘慧嫻（Alice Poon）在她自己的一本暢銷書裡說，香港模式是一種「地產霸權」：這是一種立基於投機的經濟模式，房地產取代了其他的生產形式。同樣的，英國也成為一個大亨國，在最富有的一群中，有四分之一的人主要的財富來源是房地產。倫敦、香港與紐約等全球性城市的勞動市場分為兩層，拿走最多利益的，是上層的一小群人。政體的主要角色變成保護不斷上揚的房地產價格，提供必要的勸誘給流動資本，讓他們把自家城市當成暫時的家。

在「財閥城市」裡，市政府把出現超級富有的人視為城市健全的象徵，結果是城市裡出現兩股往不同方向拉扯的力道：富有的人被吸進來，拉高了房地產的價格，窮人則被推了出去。早期的社會住宅專案名為英雄之家（Homes for Heroes），提供給第一次世界大戰後從戰壕裡回來的士兵。二〇二三年，強森把那些超級富豪稱為「稅賦英雄」（Tax Hero），說前十大富豪應自動享有騎士爵位。如果說這個特區是一把刺向社會主義心臟的匕首，看來應該完美命中目標了。

另一個地方能實現創業特區原始夢想（一個無障礙吸引投資之地），則要歸功於「美國第一位開發商總統」唐納・川普（Donald Trump）。川普很早就迷上了特區。身為開發商的他，只會在能享有高額稅賦減免時才動工蓋大樓。他的大突破，是一九八〇年開幕、位在紐約市四十二街（Forty-Second Street）的君悅大飯店（Grand Hyatt），裡裡外外都金光閃閃。川普善用了一家和控制金絲雀碼頭的倫敦碼頭開發公司很相似的紐約機構：城市開發公司（Urban Development Corporation）。他的操作是，名義上用一美元把大樓賣給這家政府機構，之後又用很便宜的價格回租。紐約市做這番安排，花掉超過三・六億美元的稅收。跟倫敦一樣，這家公司可以不用管土地使用法規和建築法規。三年後，川普又去為另一棟金色大樓剪綵，並以自己的名字來命名，就叫：川普大樓（Trump Tower）。他控告市政府並勝訴，得到價值幾千萬的減稅額。

一九九〇年代，川普用一千三百萬美元買下紐約州新羅歇爾市（New Rochelle）外的一座小島，希望能在上面蓋兩千棟公寓，讓香港的有錢人搶在殖民地回歸中國前出奔紐約時有個避風港。川普設想中的小島上，到處都是亮晶晶的大樓，居民搭著水上飛機就可接駁到金融區，這個夢想雖從未實現，但特區概念可讓他受益良多了。一位英國記者觀察到，「他的成功方程式核心」和柴契爾在英國內地城市裡使用的方法是一樣的。

成為總統之後，川普仍惦念著開發商同僚，二〇一七年時，他把所謂的「機會特區」（Opportunity Zone）專案放進他的大規模減稅計畫中。這些特區就像柴契爾的特區一樣，目的都是靠著消除稅賦以鼓勵投資人把錢長期放進比較艱困的地區。一個人賣了股票或其他投資後，如果把資本利得投入指定特區並在那裡放十年，稅率可以低到川普說的「非常大、非常肥、非常漂亮的數字零」。這裡是小型的避稅港，是境外領地錢庫。

機會特區免除所有監管、核可與提報的規定。和川普關係密切的內圈人士，包括他的前任新聞秘書和女婿，馬上趁機撈一筆。用來興建豪宅的邁阿密特區與用來興建公寓大樓的西徹斯特郡（Westchester County），完工時還有愛犬水療設施。一位積極參與設計方案並幫忙選擇特區的顧問，二〇二一年時在國會面前講出了可怕的證詞。特區每年少收的稅收成本為十六億美元，這很糟糕，更糟糕的是特區的意義：這代表了政府最終背叛自身在社區總體營造中應扮演的角色。特區的規劃是根據免稅額度，負責開發的是僅計較利潤的開發商，在願景這部分完全真空。

一位紐約市議員抱怨這種情況，說「不應該讓億萬富翁買下天空，害整個城市都陷在陰影中。」但在千禧年的最初幾十年，大家就是這樣做的。亞馬遜（Amazon）二〇一七年提出要建新的總部，紐約市便提供了三十億美元的減稅額與政府部門的相關協助。哈德遜院（Hudson Yards）是美國有史以來規模最大綜合用途房地產開發案，要蓋好幾棟住宅大樓與辦公大樓、一棟占地七十二萬平方英尺（約兩萬坪）的購物商場，以及一座可供攀爬、暱稱為沙威瑪（Shawarma）的雕像，兩年後在曼哈頓西區開幕，獲得六十億美元的免稅額和其他政府相關協助。

《紐約時報》的建築評論家說哈德遜院是「新自由派的錫安山烏托邦」（neoliberal Zion），也是新自由派特區的新定義。這座園區蓋在全世界租金最高的地段之一，透過一套很特別的方案取得資金：賣簽證給願意把錢放在經濟艱困地區的海外投資人。為了拿到錢，開發商沿著彎彎曲曲的路線查探各個戶口區域，從經濟狀態確實堪稱艱困的哈林區（Harlem）各地，往南穿過中央公園，直到碰觸到紐約市租金最高地段之一的邊緣。哈德遜院就在這個地段冒出頭來，就像《紐約時報》說的，「宛如牆頂的玻璃碎片。」能催生出這個園區，靠的就是用不公不義的手法畫出來的創業特區。

倫敦這座碎片之城，二〇一七年時出現了一個讓人憤怒悲傷的反指標。當年六月，一場原本的星星之火變成了地獄烈火，吞噬了格蘭菲爾大樓（Grenfell Tower），這是一棟社會住宅，但坐落在倫敦市其中一個「黃金郵遞區號」地段，這個地段有10%的房子都被海外「保密司法管轄地區」（secrecy jurisdiction）的買家買走，此地居民平均年薪是十二萬兩千三百英鎊，但其中三分之一低於兩萬英鎊。這場大火奪去七十二條人命。委員會之前一直忽略居民對於大樓使用的廉價複合貼板有疑慮；這種工法會導致材料與外牆之間出現縫隙，最後就像做出真空管一樣，把火一路往上引。由於新建物要求標準降低，導致大樓裡也沒裝設灑水裝置和其他可用的救生設備。常受人誇讚引來開發商投入資金的「法規焚火台」，直接引起了這場煉獄之火。這棟大樓就這樣矗立著，彷彿是一座焦黑的墓碑，標示著已經死去的社會契約。

## 4

在《漫長美好的星期五》電影中，愛爾蘭游擊隊的手替夏德奉上末日。一九九六年，碼頭區成為愛爾蘭共和軍（IRA）炸彈攻擊的地點，兩人喪命，造成的損失高達一億英鎊。之後，金絲雀碼頭周邊就豎起「小型鐵環」，設立了路障、閉路電視，還有警察站崗。有些設施很快變成全英各地慣常的風景，比方說監視器。到了二〇一五年，倫敦共裝設了五十萬支監視器。金絲雀碼頭是行話簡稱為「POP」的私有公共空間（privately owned public space），可以拒絕一般的集會遊行與言論自由權利。運輸與雜物工工會（Transport and General Workers Union）想要舉行示威以抗議清潔人員的低薪，但遭到高等法院發出禁制令禁止，他們才發現有這種事。遭到驅逐，是讓人備感苦澀的諷刺。這個曾經是世界上規模最大的工會能誕生，一開始就是因為一八八九年有一群人在這裡的碼頭展開一連串的抗爭。

新聞記者安娜·敏頓（Anna Minton）觀察到，金絲雀碼頭這種有保全、有監控的空間，成為二十一世紀初期公、私建案的範本。柴契爾曾短暫搬進南倫敦一處有門禁的社區，加入了逐步回歸有圍牆城市的過程。到了二〇一〇年代，出現了高聳入雲的有門禁社區。人們往上避居，進入「由超高財富與銅牆鐵壁保全構築的奢華繭居」，一位地理學家說這叫「垂直分離」（vertical secession）。由溫哥華開創出來的「圓頂建築」設計蔚為流行，庭院設計在一樓以上的二樓，裡面設有各式各樣的設施，例如人工造景池和戶外酒吧，是街道之上的代用街道。二〇一一年碎片大樓完工時成為倫敦第一高樓，批評家歐文．哈瑟利（Owen Hatherley）反省，指出要讓「一群公有住宅或一棟國家健保局醫院成為天際線的地標之一」，根本連想都不敢想。從碎片大樓九十層頂樓公寓看出去，整個城市成為襯托的背景。

過去這四十年經常被說成資本主義掙脫桎梏、重獲自由的時代，也常有人講到無能治理金融的問題，他們說，資金流動太快，根本抓都抓不到。特區讓我們看到，這種特質是一開始設計時就被納入，在各種直接交給開發商的提振商業特區與其他形式地目下更加強化；有些人說這種模式叫「誘因激勵下的都市化」（incentivized urbanization），有些人則稱為「土地賄賂」（geobribery）。

地理學家一次又一次告訴我們，會出現縉紳化（gentrification）[16]並不是市場自由運作的結果，而是因為政體出手操作。

金絲雀碼頭是二十世紀末最出名的特區概念應用範例。到了二〇一二年，這裡的銀行家人數已經超過倫敦自治市。對支持者來說，這裡講出了一個結合了自由進入與實驗的激勵人心故事，是充滿吸引力的經濟自由神話。但，當權力更往上往外集中，這裡就利多出盡了。創業特區與倫敦碼頭開發公司露出真面目，他們代表的並不是一場自由參加的實驗，而是一條單向的輸送帶，把英國的土地送進全世界最富有的寡頭政治人物與主權財富基金的資產負債表上。柴契爾最成功的政策之一是「優先購屋權方案」（Right to Buy program），讓公有住宅的租戶可以用大幅折價買屋。她上任時，英國約有三分之一的房子是公有住宅，進入二十一世紀幾年後，公有住宅餘屋約有一半（大約兩百七十萬戶）賣了出去。這項大規模把公有住宅變成私人財產的方案，目的是要提高社會的自有住宅率。然而，自有住宅率在二〇〇三年達到高點之後，就開始下滑。房子從公有到進入自由市場，促使房子變成投機資產。小股東民主（shareholder democracy）的寓言故事，變成私人握有公共財富的現實。

從二〇二〇年代的金絲雀碼頭就看得出政體的力量有限，此時這裡已經不再建新的碎片大廈了，強森眼睜睜的看著他的超級房地產騎士英雄絕塵而去。曾是強森在大倫敦市長任內最重要成就之一的皇家碼頭專案，已經變成了「鬼城」，只剩落葉霸占住圍籬。他認定的另一項成就，是金絲雀碼頭一項有中國當靠山的開發案，一棟暱稱有點無趣叫「巔峰」（the Spire）的大樓；這本來應該是西歐第一高樓。脫歐之後的不確定性、疫情和中國過度槓桿操作房地產投資遭遇重大打擊，拖慢了巔峰大樓的營造工作。開發商遊說市議會，刪掉原來開發案中九十五個廉價社會住宅單位，以保障利潤率。截至二〇二二年，巔峰大樓還是只有地基洞。俄羅斯入侵烏克蘭之後，倫敦成為俄國寡頭政治人物境外存錢筒，也面臨愈來愈強烈的道德窘境。阿布拉莫維奇賣掉了卻爾西足球隊，政治人物很努力搞清楚盲目信託（blind trust）[17]葫蘆裡

16 譯註：也稱為中產階級化、貴族化。指太多的富有個人與企業湧入特定地區，改變了當地的面貌。

17 譯註：委託人把財產投資交給受託人，由受託人全權處理，不向任何人揭露投資情況且原則上不受委託人影響。

賣的是什麼藥，殷切點名可隱去房地產所有權人身分的境外空殼公司替他們服務，並好奇著如果他們真的去做的話，會對整個城市的經濟造成什麼影響。

當政府脫離促進工業或農業基礎的角色，轉為吸引到處來去的流動買家，這裡自然而然就成了一座碎片之城；資金乾涸時，會變成一座空洞之城，資金太骯髒，則變成了臭名之城。就是因為這些理由，我們該記住城市還可以有其他模樣，只是被壓下去了。近年來，出現了一些從一九八〇年代大倫敦議會政策中汲取靈感的革新性提案，有把焦點放在預防性照護並回應社區需求的健康緊急方案（Health Emergency）與倫敦黑人女性健康行動專案（London Black Women's Health Action Project），也有用於「社會有益生產活動」的科技網絡，以及勸阻單人駕駛者上路的相關作為；以現在來說，都是很先進的因應現代城市風險與機會方法。市政主義的復興，以及公有地信託和城市共同體（urban common）的概念，都講出了房地產、社區和政體角色之間可以有不同的關係，不只是造成一座碎片之城而已。

一九九四年，地理學家大衛．哈維（David Harvey）說金絲雀碼頭是「隨著泰晤士河的潮水從自治市漂到下游來的失落方舟」。這個故事很值得用一幅對抗畫面來作結。一個名叫為碼頭區爭民主（Democracy for Docklands）的團體，想方設法要宣傳他們針對此地提出的替代性開發計畫，有一位居民提到他擁有並經營一艘小平底船，當地的藝術家為行動想出一個標誌：一條龍的身軀彎成流經各碼頭的泰晤士河形狀，然後把這幅圖作成大型的紅色海報，貼在平底船上。一九八四年，這艘平底船領著一大隊的船隻，共一千位民眾參與了第一次的人民大隊走向國會（People's Armada to Parliament）行動。在接下來幾年，有愈來愈多大隊共襄盛舉。他們要走到國會，比哈維所想的「失落的方舟」從自治市順流下來費力多了。和金絲雀碼頭不同的是，人民大隊得要跋涉過洶湧浪潮。

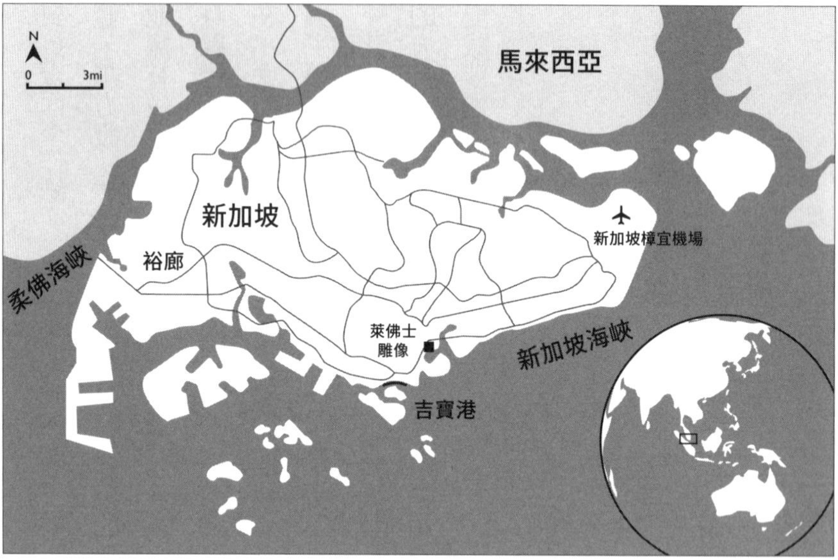


新加坡

Chapter 3

# 新加坡的解決方案

香港模式一九八〇年代飄洋過海來到倫敦，幫忙把倫敦變成了一座大亨城。而，到了千禧年快結束時，另一座不同的大都會在市場激進派的想像中更加火熱。柴契爾曾寫信給一位朋友，說她認為英國應該遠離歐洲，成為「一個奉行自由貿易與非干涉主義的『新加坡』」。四分之一個世紀後，她的後繼者做到了，在脫歐公投之後帶領國家退出了歐盟。有一個人寫道：「就把新加坡當成我們的典範。」同樣的，中國也尋求「向新加坡學習」。自一九九〇年以來，有超過兩萬中國官員去這個城市國家朝聖。二〇一二年，時任副主席的習近平交代電視台去拍攝十集電視影集，談中國可以從新加坡學到什麼。

不管用什麼標準來看，新加坡都是一個非比尋常的地方。這是一個城市國家，是中世紀時很興盛的形式。新加坡的面積大約與大倫敦相等，不到中國廣袤土地的0.1％，但此地完全獨立，在聯合國有一席之地。這個在政治地緣上非常特例的彈丸之地，能讓面積更大、歷史更悠久的強權國家學到什麼？講到新加坡模式，只會讓人想要問究竟新加坡模式是什麼意思？是指這是一個獨裁福利國（welfare dictatorship）嗎？是自由放任的天堂嗎？是資訊經濟裡的一個節點嗎？是國家領導的工業化大獲全勝嗎？是公有住宅與綠地並存的可長可久烏托邦嗎？是一個凡事監督的偏執政體嗎？還是以上皆是？新加坡這個微型國家是一個萬花筒，從每個角度來看都不同。即便有些曖昧不清之處（或者說，就因為有這種特性），新加坡仍是重新改造政治經濟時的北極星，從哈薩克到巴西，從中國到英國，都有人仰望。

新加坡和香港雙雙高踞各種新自由派經濟自由指數的榜首，遠遠看起來像一對雙生子，但兩者並非一模一樣。和香港不同的是，新加坡自一九五九年以來就自治，一九六五年開始便享有完整的國家主權。以米爾頓·傅利曼來說，他對這兩個大英帝國產物的愛並不相同。一九六三年他首度前往新加坡，對政府積極導引發展嗤之以鼻。「當你在看這兩種模式、或者說方案，可以說一邊是小孩在辦家家酒，另一邊則是藝術家在塑造作品。」他說，「二十年後再回來看看發生什麼事，會很有意思。」傅利曼一九八〇年回到新加坡，看到一個興盛的城市每年以10%的速度成長，他很爽快地把自己的話吞掉。但即便接受事實，他仍說這個城市國家「即便有政府大量的干預」，還是成功了。

這搞反了。一位經濟學家就說了，能解釋新加坡成就的是「政體伸長了干預的手臂」，而不是「自由市場那隻看不見的手」。私人利益形塑了香港，政府扮演的是輔助的角色，在新加坡，政體是重心。新加坡政府打造了產業園區，並用大規模的填海造陸計畫在海岸線邊多增加了幾百英畝的新土地。新加坡很多最大型的企業所有權都屬於國家，最大型的財富主權基金在本地和全球投資新加坡人的儲蓄。

新加坡的解決方案，指的是使用政府力量在全世界市場裡找到利基，這是該國的外交部長拉惹勒南（S. Rajaratnam）一九七二年提出的策略。藉由「把手伸進」跨國企業，把海外更先進的科技帶回國，在發展上一下子就往前跳了好幾十年。新加坡不再需要腹地：「我們的港口把全世界變成我們的腹地。」新加坡不再需要國內的公共空間：「透過衛星，不管倫敦、東京和雅加達發生什麼事，我們幾秒鐘之後就可以在自家電視上看到與聽到相關動態。」有了空運，代表從新加坡到香港比從新加坡到百里外的馬來西亞城市還方便。拉蕊勒南說，「透過科技的觸角」，幾個大都會「可以建構出城市鏈，在現代憑藉各自不同的重要性形塑並導引全球經濟體系。」過去，政體概念要成立的前提，是要能用自家領土的產品讓人民衣食無缺，但新加坡扭轉了這個模式。這個國家擁抱全球的機會，即便代價是要仰賴全球，也在所不惜。如果可以善用全球市場，那麼，你為何還需要自家的礦場、自家的農地，尤其是，為何還要留著自家麻煩的勞動階級？小就是美，經濟需求的風向一變，你就可以快速轉向。

拉蕊勒南提出的新加坡解決方案，有一個面向是非公民待遇（treatment of noncitizen）。這個城市國家對待海外勞工的態度，就像對待任何其他資源一樣：召之即來，揮之即去。這個國家公社的繁榮，仰賴的是深不見底的過剩勞工庫。到了一九七〇年代中期，這個城市國家最多曾有二十萬海外勞工，約占其人口的10%；到了二〇〇八年，外國人占人口的22%，到了二〇一七年占比則接近40%。「非居民」不能享有任何公民的權益與權利，當市場走下坡，他們則要承受無情的裁員。身為新加坡公民，代表有權享受各式各樣服務，包括擁有強制性的存款帳戶，公民可以用來存退休金、支應醫療照護和買房子。如果是海外勞工，代表不僅是有用就雇、沒用就開除，而且一被開除就遣返。

新加坡的解決方案也代表不用太堅守民主。新加坡的選舉有多黨參與，但很難說是自由選舉。自國家成立以來，一直是同一個黨掌權，自一九五九年到一九九一年更是由同一個人李光耀（Lee Kuan Yew）領導政府。在最近之前，新加坡沒有示威的自由，反對派的政治人物還常被告，因此禁聲、入獄或是被迫流亡。報社必須定期更新出版執照，越過雷池、踏出容許揭露範圍以外者，就會被趕出這一行。最受肯定的政治自由度指標，一直把新加坡排在「部分自由」的位置。在這個以華人為主的國家，據稱容許用一定程度的家長式統治來換取穩定和秩序，「實用主義」是集權控制的理由，但也訴諸文化上特有的「儒家共同主義」。

一直有人講到福山宣告自由民主是「歷史的終點」最後剩下的模式，但我們也要把焦點拉到他之後隨即發表的言論，他說，他發現「西方自由民主有一個潛在的競爭者」，他稱之為「柔性威權主義」（soft authoritarianism），見於東亞和東南亞。新加坡便是其中一個出色範例。透過新加坡解決方案的各個面向窺探，可以幫助我們理解，在這個小小的「新創政體」長久成為各國模仿對象（絕對不是出於對遠地的好奇心）的時代，人們在改革、逆轉或加速全球資本主義等方面看到了多遠的未來。

## 1

新加坡非比尋常的特質，始於其鄰近麻六甲海峽（Strait of Malacca）；麻六甲海峽是印度洋、南中國海和爪哇海（Java Seas）交會之處，幾世紀以來都是長程貿易要道，讓中東、南非和南亞銜接上東亞。在哥倫布（Christopher Columbus）啟航前往新大陸之前，中國的將軍鄭和就已經開著比**妮娜號**（Niña）、**娉塔號**（Pinta）和**聖塔瑪莉號**（Santa María）[18]大四倍的船經過新加坡，展開直達非洲海岸的探索與宣揚國威旅程。

但這早已是過去的事了，新加坡的官方歷史起始點比較近代一點，始於一八一九年英國東印度公司（British East India Company）官員史丹佛・萊佛士（Stamford Raffles）到來，與馬來蘇丹簽署條約，把這個港口作為貿易之用。萊佛士的雕像今日仍矗立在岸邊，雙臂交抱，頭抬得高高的，擺出蔑視土地所有權的模樣。雕像的基座銘刻了官方說法，說到萊佛士如何「憑藉才幹與見識改變了新加坡的命運，從不起眼的小漁村變成了大型的海港與現代化的大都會」。萊佛士將新加坡變成免稅的自由港，吸引南中國海各地的中國商人。一八五九年蘇彝士運河（Suez Canal）開通，讓運輸量大增。新加坡是英國皇家海軍的一處燃料供應站，和香港、亞丁（Aden）[19]與加拿大的新斯科細亞（Nova Scotia）等港口連成一線，讓皇家海軍得以捍衛優勢海權，一位殖民官員說這些是「地表上的策略點」。

18 譯註：這三艘船均為哥倫布首航艦隊中的船名。

19 譯註：英國的亞丁殖民地，在今葉門（Yemen）。

軍事路線也是毒品和軍火貿易的路線。新加坡跟香港一樣，經濟的發展基礎都是鴉片，一九〇〇年之前，鴉片占營收的三分之一到一半之間。在二十世紀，東南亞供應新的產品，包括各大陸間鋪設海底電報電纜時作為隔絕之用的杜仲樹膠、用於輪胎的橡膠、做魚罐頭的錫和供應給海軍的油料（皇家海軍的燃料在第一次世界大戰前已經從煤炭轉變為油料）。橡膠是另一種從樹木中取得的物質，透過泛世通（Firestone）和固特異（Goodyear）這些早期跨國企業的子公司出口到國外。皇家殼牌石油公司（Royal Dutch Shell）開始在荷蘭殖民地蘇門答臘（Sumatra）鑽油之後（這家公司的名稱中，講出了某一位原始股東曾經從亞洲進口貝殼到倫敦的歷史），在新加坡建造儲油設備。

橡膠、錫和石油不僅是消費經濟的要素，對戰爭經濟來說也至為必要。許多軍事規劃專家都明白他們要仰賴這個地區的產品，其中有一批是一九三〇年代的日本獨裁主義者，他們痛恨英國、美國和荷蘭等帝國扼住了這個地區。日本陷入二次大戰，而且戰事規模很大，為的就是要掌控此地的原物料。炸彈落在珍珠港（Pearl Harbor）的那一天，同樣也落在了新加坡、香港和馬尼拉。一九四二年新加坡被攻陷，日本人把此地設計成他們亞洲帝國裡其中一個新省分的首都。

終戰後美國出來制定國際秩序，目標之一是要擺脫殖民帝國的焦點。美國一九四六年退出其在東南亞掌握的據點菲律賓，並替英國各殖民地大力爭取權利。新加坡一九五九年轉為自治，第一位領導人李光耀說，這個微型國家需要做到兩件事才能活下去：讓自己成為周邊更大型鄰國吃不下去的「有毒小蝦米」，並向大魚靠攏。這個城市國家建立自己的軍隊，以坦克和裝甲車武裝自己。新加坡也緊緊依附過去的帝國母國；即便一九六五年完全獨立之後，英國海軍在新加坡仍是一個大單位，雇用很多人。新霸權美國在新加坡北方六百里處開打越戰時，這個小國也助其一臂之力。李光耀之後說，這場戰爭為他的國家帶來了「附帶的好處」，讓新加坡有機會開始追趕工業化程度高相當多的日本。有一位學者陰鬱地意有所指，說「亞洲奇蹟」（Asian Miracle）建立在「亞洲屠殺」（Asian Massacre）之上。

當英國宣布遣返海軍，聯合國一位來自荷蘭的顧問阿爾伯特・魏森梅斯（Albert Winsemius）提出了兩點建議，第一項就是要壓制共產主義者，這李光耀之前已經開始做了，限制了反對黨和非法黨派與獨立的產業工會。魏森梅斯希望更進一步。「我不管你對他們做什麼，」他之後簡單扼要地說，「你可以把這些人關進大牢，把他們驅逐出境，你甚至可以把他們殺光光。身為經濟學家，我對你怎麼做不感興趣，但我可以告訴你，如果你不把他們從政府、工會、大街上清光光，就別想發展經濟。」第二項建議是讓萊佛士仍屹立在原地。印尼的自由鬥士毀掉了在征服印尼群島時屠殺原住民的荷蘭殖民官員塑像，新加坡人不要犯相同的錯誤。萊佛士雕像證明了「新加坡承襲了英國的傳統」，也會成為指引招來西方企業。

新加坡的領導者接受了這兩項建議。一九七二年，他們又接受了另一項建議，成為亞洲第二個（接在日本之後）改造港口以容納貨櫃的國家；扼殺倫敦各碼頭的，也正是貨櫃這項科技。幾乎是一夜之間，新加坡就成為全球第四繁忙的港口。一九七〇年代，如果有訪客搭乘新裝設的電車往來這座島，就會看到吊車在商業區吊起新大樓的高聳白色箱體，與新貨櫃港的門式起重機和堆高機相映成趣。有一棟很讓人讚嘆的建築物，是出自無所不在的貝聿銘之手的五十九層高華僑銀行大廈（OCBC Tower），這棟粗獷主義長型大樓籠罩著其他低矮的紅磚屋頂、繫在岸邊的捕魚小舟以及萊佛士的雕像（此時已經用人造大理石更新並加大了）。

獨立當時，新加坡的其中一個典範是美屬波多黎各（Puerto Rico），這裡是出口加工區的先驅，二戰之後用減稅吸引投資人籌資設立簡易工廠，裡面大部分都是由女工縫製內衣和其他服裝，引發了一陣工業活動熱潮。到了一九八〇年代，新加坡從紡織業走向高科技，移動到價值鏈的上方。魏森梅斯出手幫忙，很早就把飛利浦（Philips）等電子公司引到這座島上。到了一九六九年，全世界最大的半導體製造商德州儀器（Texas Instruments）在這裡啟用一座工廠，一九八一年時蘋果公司（Apple）也跟進。

新加坡也師法倫敦自治市，打造自己的金融業。魏森梅斯想起金融家可以掌握全世界，指出這個島的位置剛好在舊金山的市場收市與倫敦的市場開市的中間。新加坡成為境外金融中心，這代表新加坡的銀行在一九六八年之後可以用美元做生意和放款。十年後，新加坡完全撤銷對買賣外幣的控制。

幾世紀以來，商品貿易都經過新加坡海峽，現在，有大量的資金交易加入了商品的行列，隨便敲個鍵就是天價。

## 2

到了一九九〇年代，新加坡的經濟已經成長了幾十年，成長率在全世界無人可匹敵。獨立時，新加坡的人均國內生產毛額僅有前殖民母國的三分之一，一九九四年首次超越英國。新加坡的成功秘訣是什麼？經濟學家約翰·肯尼斯·高伯瑞（John Kenneth Galbraith）一九七七年替美國公共電視台拍了一套後來激發出了《選擇的自由》的系列節目，他在片中若有所思地說，「在這個時代，非常不流行用種族或是族裔出身來解釋經濟發展」，但他還是「把新加坡很多成就，歸功於種族融合得很好。」他走在時代的前端。文化本質論在一九九〇年代成為受人青睞的解釋新加坡成就理由。新加坡是一個多種族的城市國家，組成比例相對穩定，其中75%是華人，14%是馬來人，8%是印度人，商界與政府的領導地位均由華人主導。華人替之後所稱的「儒家資本主義」（Confucian capitalism）定了調。

「亞洲價值」的講法接受了傳統的東方主義概念，然後逆轉。東方本質上就和西方不同，而這是好事。西方學者長久以來把儒家視為阻礙中國資本主義發展的煞車，現在重新定義為推進火箭的燃料，不僅促進了社會的和平，還鼓舞了勤勉、對雇主忠心耿耿以及在職場內講求合作。最大力支持這套論點的人就是李光耀。一九七〇年代，他為了因應這個城市國家出現反西方文化風格的跡象，首次把話題轉向傳統。國家對搖滾樂、男性留長髮與同性戀等設限，提出的解釋是堅稱不管是享樂主義還是個人主義，都與儒家講的家庭價值相衝突。他後來諮詢一群學者（很諷刺的是，這些人幾乎都來自美國的大學），並在一九八八年發表一份「共同價值」（Shared Values）白皮書，就正式轉了彎。李光耀說，亞洲價值的重點不在個人，而在於「大家庭、氏族，這些都是個人的救生筏」。組成新加坡這個國家是各個扎根於傳統、原本就緊緊相繫的家庭，而不是西方那種原子化個人（atomized individual）。[20]

李光耀本人不算是文化底蘊的代言人。他生於新加坡，是華人後代，但他僅把中文當成第三語來學；他從小到大講的都是英語，在倫敦政經學院

20 譯註：將個人視為如原子一般，孤獨且獨立地存在。

（London School of Economics）受教育，後來在劍橋成為出庭律師。年輕時，他公開承認「華人心智的特殊運作方式」讓他很困惑，但到了中年，他高談闊論韓國、日本、中國與越南的「中華」文化，為什麼？你可以說，亞洲價值對李光耀來說有雙重妙用，這些可以是新加坡模式的成功秘方、或者說無可複製的因素，讓很多人講起新加坡時除了「這個國家就像企業一樣運作」之外，還有別的可講。亞洲價值也是這個城市國家壓制公民自由時方便好用的理由。李光耀抱怨，就因為英國熱衷於「把民主輸出到各地，希望能在某個地方生根」，害他們「困住」民主這套系統裡。如果他可以自己做決定，政府會運作得更順暢。幾年之後，他說，「我相信，一個國家要發展，紀律比民主更重要。」

新加坡解決方案將經濟開放結合政治控制，這種作法不僅讓資本主義全球化這個精靈不用回到瓶子裡，還可以大顯身手一番。一九六〇年代與一九七〇年代出現各種青年運動與游擊隊起義行動，擾動全球，之後，全世界的菁英分子想要找到方法重新奪回控制權。中國或許最能套進這樣的道理裡，毛澤東在一九六六年之後發動為期十年的文化大革命，鼓勵連根拔起所有形式的權威，從軍隊到在地市長與中學老師，無一倖免。

一九七〇年代末期中國開始開放經濟，帶來了漸進式的繁榮，但也轉向讓人不樂見的發展方向，知識分子之間養出一股政治自由主義熱潮，高潮是一群學生占領天安門廣場爭取政治自由，以匹配新近得到的經濟自由。一九八九年暴力鎮壓抗議行動解決了一半問題，但留下了另一半：領導階層可以使用哪種新語言來說明他們的美好社會願景？那必須不同於美國的自由與蘇聯的「開放政策」（glasnost）；對身為統治者的中國共產黨看來，這兩套辦法都是自殺，只是死法不同而已。新加坡成為了模式。

「成長必須先於分享，」一九七四年時李光耀如是說。「讓一部分的人先富起來」，是鄧小平幾年之後講的話。這兩個國家都接受用中期的貧富不均去換取長期的成長。關於如何抑制過程中可能會造成干擾的效應，新加坡看來很有心得。一九九二年，鄧小平出訪新加坡，盛讚該國「公共秩序良好」。「我們要向新加坡學習，」他說，「而且在這方面要做的比新加坡更好。」香港教會中國空間分區的概念（深圳就採用這套辦法）以及把低稅負和土地私有化當誘因，新加坡的重點則比較放在中國知識分子所說的「良好治理」

（good governance）上。

如果說香港製造出「特區熱」，那麼，新加坡就餵養出了「文化熱」，促使知識分子去討論西方與中國傳統的相對價值。一九九〇年代的諸多事件，激發出很多後者的支持者。中國人眼見美國提供的建議導致前蘇聯的私有化出現「電擊療法」式的混亂，西方苦於經濟不平等、生態浩劫、選民冷漠以及菁英掌握民主流程等等問題，北約（NATO）以維護人權之名在巴爾幹半島（Balkan）展開空戰，期間還炸了中國位在貝爾格勒（Belgrade）的大使館。在這些讓人喪氣的局面之下，「中華」亞洲何不走自己的路？

新加坡很快成為主要的外國模式，光一九九二年一年，就有四百位中國代表出訪這個城市國家。中國各種實驗性特區複製了新加坡式的管理與規劃，有成都新川創新科技園、中新廣州知識城和中新吉林食品區，還有，最重要的就是南方城市蘇州的工業園區。這座中國—新加坡蘇州工業園區規劃讓六十萬家廠商進駐，聘用三十萬員工，有一位學者稱，這座工業園的發展過程就像是新加坡裕廊（Jurong）工業園區的「複製品」。西方描繪新加坡時總是一再出現該國天際線的照片，投射出一個緊實狹窄大都會的形象，但新加坡一如香港和倫敦，實際上是全世界綠化程度最高的城市之一，約有一半的面積都劃為綠地。中國版的新加坡取向強調人與自然之間達成受控的平衡，蘇州工業園區便打造了綠帶，並保護自然空間與湖泊。

每一個植入中國的迷你新加坡都有自己的法律、規範甚至福利系統，契合改革開放期間在國家層次之下做實驗的特色。新加坡提出了一套有效率的亞洲資本主義現代化，結合了殷勤款待跨國投資人、但限制了跟著他們進來的不討喜價值觀。這是一種光鮮亮麗版的房地產繁榮，完全套上了濾鏡，只有襯著藍色天空的玻璃帷幕和超現實綠意。

遵循新加坡的儒家資本主義模式，巧妙地讓中國拋下了社會主義，而且比較像是實踐了土生土長的理想，而不是仿效別處輸入的概念，也替透過經濟特區分區的策略添上了文化註解。這些新加坡模式不再只是具體而微呈現香港殖民地或複製加工出口區，反而展現了部分的中國傳統農村在地主義，也是帝國統治分權化後的傳承。

儒家資本主義開啟了所謂「多重現代化」（multiple modernities）的可能性；這個概念講的是世界不見得每個地方都往相同的方向發展，而且，這樣可能最好。

一九七七年，國際關係學者赫德利．布爾（Hedley Bull）出版經典之作《無政府社會》（*The Anarchical Society*），他在書中大加撻伐「既有概念的專制」（tyranny of existing concepts）。他說，問題在於我們對於政體應該是什麼模樣的想法非常狹隘。我們在成長過程中，已經甘於接受數量極少的人類政治組織選項。即便這個世界已經擺脫了限制，我們還是屈從於熟悉的類別，用二分法來思考：要不就帝國，要不就國家政體。新加坡是聯合國唯二的城市國家之一（另一個是摩納哥），打破了既有概念的專制。新加坡模式進入鄧小平統治下的中國，孕育出各式各樣有彈性的特區，是「中國特色」的資本主義變化形。

## 3

一九六五年，快捷半導體公司（Fairchild Semiconductor）其中一位創辦人戈登．摩爾（Gordon Moore）觀察到，積體電路上可容納的電晶體數目，每隔兩年會增加一倍，這條後來人稱摩爾定律（Moore's law）的法則，說的是即便硬體尺寸不斷縮小，其可以處理的數據量卻大增。新加坡就在最前線，是最適合微晶片時代的國家。新加坡是全世界第一個自稱「智慧城」（smart city）的地方，一九九〇年代便啟動智慧島專案（Intelligent Island），試著在全國架設寬頻網路，並讓家家戶戶都有電腦。新加坡不但在晶圓廠生產貨真價實的硬體，也生產被稱為「軟體」的法律制度，出口到如中國沿岸等其他地方。新加坡認同「剪下後貼上」的想法，認為一個政府的運作系統可以複製，在其他地方落實。

微型國家新加坡的發展方向，看來和其他經濟趨勢背道而馳。科技產品尺寸縮小的同時，經濟領域卻開始擴大。北美自由貿易協定（North American Free Trade Agreement）以加拿大、美國和墨西哥建構出了一個貿易集團，世貿組織把全球經濟變成了新的制度實體，馬斯垂克條約（Maastricht Treaty）將歐盟編進了更緊密的商品、服務與勞動共同市場。多數觀察家把這些條約視為跨國資本主義的勝利，帶動了外包生產，讓各國更能取得便宜的消費財。但有一小群右派人士認為這些是左派做出來的特洛伊木馬，把社會主義和生態政策夾帶到國家無法控管的法律系統裡。英國保守黨裡有所謂的疑歐派（Euroskeptics），在他們看來新加坡成為一股不可思議的力量，代表了小而美的信念，而且有可能創造出一個更激進的資本主義世界。

疑歐派的守護神是柴契爾，她是最不遺餘力拉抬新加坡的人之一。她在掌權的那幾年不斷讚頌這個城市國家，一次又一次把新加坡拿來和綁住英國的死氣沉沉歐洲相比較。她完全接受李光耀的亞洲價值說法，指華人是「自然而然的資本主義者」與「天生的貿易商」。在她看來，新加坡是很讓人開心的混合體，也得利於「盎格魯薩克遜世界」的價值。「告訴我，你們能締造偉大成就的秘訣是什麼？」她這樣問新加坡的友人。「所有關於自由創業的心得，我們都是從你們那邊學來的，」她聽到的回答這麼說，「只不過你們都忘了，而我們學起來！」

新加坡看來保留了維多利亞時代自助與堅苦卓絕過生活的原則。一位新加坡人細數從很小時候就已經深入骨髓裡的講法：「這個世界不欠你，自己的生活自己過。」新加坡沒有公費醫療，新加坡人都要開立強制性的個人存款帳戶，從帳戶提取資金支應醫療保健、退休和買房等需求，英國的保守黨人很欣賞這項措施。在儒家的孝道說法支持之下，政府卸下了很多照護工作的責任，回歸家庭。幾位奉行柴契爾主義的人，包括後來的首相莉茲．特拉斯（Liz Truss），一起寫了一本書，稱讚新加坡人每天的平均工時比英國人多了兩小時又二十分鐘。對保守黨的疑歐派人士來說，新加坡結合了新與舊：有保守黨的社會價值，也願意因應世界經濟的要求扭曲變形成新的樣子。當英國社會累積動能面對二〇一六年的脫歐公投時，「泰晤士河畔的新加坡」（Singapore-on-Thames）變成流行語，用來描述英國離開歐盟之後其中一幅可能的願景。支持者與批評者都用這個詞。除了反對公費醫療之外，這個詞還隱含著低稅率、法規鬆綁以及侵害勞工的權利：這正是境外避稅港與血汗工廠的組合。這個說法也暗暗讚揚了新加坡能快速竄起，成為國際金融中心。人們講到這個詞時，常把重點放在倫敦自治市脫歐之後可能會有更多機會。《經濟學人》主張，離開歐盟的倫敦可以成為「某種打了類固醇的新加坡」（a sort of Singapore on steroids）。一些支持脫歐的人很認同這種講法。英國一位最高薪的廣告界高階主管讚美著美好的前景，期能成為「打了類固醇的新加坡，創造出規範很少、稅率很低的英國經濟，以我們前所未見的方式打開大門做各種生意。」

對放眼全球的脫歐派人士來說，搬出新加坡這個典範，就像是懷抱著樂觀希望去買股票。新加坡已經蛻變，人們說這裡從「布滿蚊蟲的沼澤地變成閃閃發光的城市國家」，這是一個激勵人心的故事，講的是結合國家主權與堅守自由貿易會得到的成果。有一位英國保守黨的政治人物把英國脫歐拿來和新加坡獨立之時相比較，直接引用拉惹勒南的話，說這也是英國得以嵌入「國際經濟網格」（international economic grid）的大好機會。另一人寫道，英國就和新加坡一樣，決定一切的因素只有「大不大膽」。財政大臣承諾將會重演柴契爾的法規鬆綁時刻，推動「金融大改革2.0」。

強調脫歐的優點時，某些捍衛意識形態的保守黨人言談間透露，歷經快速變遷的金融世界對他們影響甚深。以金融來說，你確實只有等到退場時才能落袋為安。在適當的時機出脫部位，通常是大賺一筆的關鍵。一位主張脫歐的保守黨人曾在新加坡賺了三年，擔任德意志銀行（Deutsche Bank）的常務董事，一年收入約為三百萬英鎊。他誇耀地說，長大之後，他每兩年就會重讀一次艾茵・蘭德在《源泉》（*Fountainhead*）裡描寫的場景。另一位則去了香港歷練，後來經營一檔在新加坡與杜拜運作的避險基金。

但，保守黨人很快就發現，新加坡解決方案不太像買了股票馬上就賺這種事，而是一段長達幾十年、把材料磨成新型態的過程。強森擔任首相後第一次發表演說時，他宣布了政府要在全英國發展媒體所謂的「新加坡風格的自由港」。這背後的想法，是要在英國海岸邊隔出一些地方，放寬一般的規定、勞動法規和稅賦，讓這些境外地區更能吸引海外投資。自由港遵循的是柴契爾時代的創業特區範例。事實上，參與這兩個案子的是同一批的智庫人士。「自由在一九八〇年代扭轉了倫敦碼頭區，」特拉斯擔任國際貿易大臣時宣稱，「自由港將會為全英國的鄉鎮市施展相同的力量。」脫離歐盟看來替英國創造出機動運作的空間，但政府很快就發現世貿組織的法律同樣造成束縛限制。

政治哲學家以撒・柏林（Isaiah Berlin）曾提出一種很有名的分法，區別負面自由（negative freedom）與正面自由（positive freedom）。脫歐陣營裡市場激進主義者犯的錯誤，是純粹用負面自由來思考新加坡，所有必要的限制都是多一點不如少一點。但，新加坡解決方案並不是消除稅賦與規範的負面自由方案（在脫歐之時，英國和新加坡兩國的營利事業稅僅相差幾個百分點），而是一種意在創造安全、健康和能力的正面自由方案。就柴契爾來看，新加坡與亞洲其他小龍的成就「並不是由政體的偉大方案創造出的結果，而是成千上萬努力改善自身命運而且大獲成功的個人與企業總和。」但新加坡的成功正是政體的偉大方案創造出的成果。一九六三年，新加坡在聯合國的建議下發展出「環形城市新加坡」（Ring City Singapore）的母計畫，在整個島上興建環形交通運輸基礎建設，平均區分各個由高樓大廈組成的新城區。之後的方案以此為基礎往上疊，加上了工廠、休閒設施和擴建的住宅區。這些和柴契爾的「不計畫」創業特區幻想天差地遠，反倒是透過中央指揮控制嚴謹打造出來的成果。

新加坡解決方案的重點不只是要打造出讓人眼睛一亮的高聳天際線，更在於透過提供住宅與基礎建設來改善老百姓的生活，以累積出民意正當性（popular legitimacy）。在大型戰時動員計畫與戰後國家化的驅策之下，新加坡在獨立後第一年就幾乎徵用了每一片國土。土地被國家拿去使用，原本的居民搬離店屋（shophouse）和茅草頂村屋（這類鄉村聚落稱為甘榜〔kampong」，源出於英文中的compound，意指「院落或社區」），搬進高聳的大樓社區。到了一九六三年，新加坡的「住者有其屋」（Housing for the People）方案每四十五分鐘就可蓋出一個新單位。該國新發行的貨幣，圖樣便是排得密密麻麻的現代化街區，代表了誓言照顧人民。

到了一九七七年，60%的新加坡人住在公屋裡。二十五年後，這個比例提高到80%。即便90%的人都以長租租約持有住屋單位，但持有土地的仍是政府，因此，政府可以享受房價上漲的好處，如果母計畫有需要的話，也可以出手干預。決定房地產的不僅是市場。住宅社區緊密整合種族和社會經濟層面，不同種族有不同的報價系統（這樣的設計也是為了減緩族群為反對新加坡政體而動員起來），也混合了不同大小的公寓，這私人利益驅動下形成種族與階級分離的英國城市大不相同。

脫歐之後的英國，在兩種版本的新加坡之間搖擺不定：一種需要鐵腕領導、低關稅與大方免稅額度的自由港（下巴外揚的萊佛士便矗立在自由港口），另一種版本是審慎規劃的版本，後者也自有支持者。脫歐行動背後的重要策士多米尼克・卡明斯（Dominic Cummings）除了盛讚新加坡的小規模政府之外，也鍾愛其中央控制、菁英統治公務體系、偶爾嚴酷的法律與公共秩序體系、軍隊的整備，以及在政體支持下應用研究結果、以找到國家經濟成長的新利基。他稱新加坡是「高效能的新創政府」（high performance start-up government）。他和其他人認為，要改善英國境內區域不平等的問題（這也是選民所欲見的），就需要像新加坡這樣由政府投資基礎建設與其他的工業發展政策，不管是正面自由或負面自由，都無所謂。

爭論新加坡代表什麼意義，是辯證資本主義的未來將如何這個更大題目的一部分。未來要繼續進行以低稅率、低薪資和寬鬆規範為基礎的跳樓大拍賣，還是，要以高薪和重大投資為基礎的追求巔峰取而代之？無論是哪一種，都有盲點遮住了視野。首先是氣候變遷問題。看看新加坡，我們很清楚理解，沒有哪一條路可以讓我們脫離地球。這個城市國家非常仰賴空調系統與進口用水，還從比較貧窮的鄰國抽來沙子，填海造陸新建更多房地產，這使得新加坡成為人類拒絕承認極限存在的寓言故事。新加坡在赤道北方一度，嚴重暴露在潮汐變化與極端氣候中，成為未來氣候災難的大目標。

第二個問題是人。幾十年前，經濟學家保羅・克魯曼（Paul Krugman）

嚴詞批評新加坡的成長模式，他主張，新加坡的經濟不見得比其他地方更有效率或更有生產力，而是就像一九四〇年代和一九五〇年代興盛一時的蘇聯，只是用比較快的速度投入資源。新加坡並沒有打造出更好的引擎，只是投入更多燃料，才讓火燒得比較旺。燃料指的不只是政府的資金或原物料，也包含了新來的人。在新加坡，勞工多半來自南亞、中國、泰國和緬甸，約有一半受雇於營造業，剩下的有很多都是家務傭工，有一小部分是專業人士和高階主管。勞力工作者長年被排除在公有住宅系統之外，他們住在宿舍裡，用圍籬與城市的其他部分隔離開來，只有小路進出，靠著接駁往來工作地點與住宿地方，以及到小印度區（Little India）飛地購物和休閒。二〇一三年，一名印度籍建築工人死亡，之後勞工的不滿就從小印度區擴散出去，引發半世紀以來新加坡第一次的大規模暴動。

在全球化大機器下，勞動力就像是沙子一樣。英國在二〇一〇年代因為移民政策而發生激烈震盪，新加坡也一樣。二〇一一年，由於進入新加坡的非公民人數暴增，執政黨在選舉中創下有史以來最低的得票率。同樣的，投票支持脫歐的人，最想要的也是縮減移民人數。脫歐派提出的第一個口號是

「走向全球」（Go global），但真正贏得投票的口號是「奪回控制權」（Take Back Control）。說到底，英國不會因為變得像新加坡一樣就解決所有問題，因為新加坡自己也有類似的問題。新加坡也跟其他工業化地區一樣，陷在人口陷阱裡。即便輸入必要的新勞工以維持系統運作愈來愈刻不容緩，但老年人口心心念念的是要保護自己的社會權益。

新加坡看來是裂隙式資本主義萬神廟裡的英雄，向世人示範只要有相當的紀律、決心並臣服於全球化的力量之下，什麼都有可能。但這裡也呈現了資本主義各種棘手的衝突：無視於限制追求無盡的成長、憑藉著排除愈來愈多人來為某些人創造社會安全，以及隨著經濟的好處分配愈來愈不平均，要取得被統治者的同意（consent of the governed）愈來愈難。以富裕的地方來說，新加坡貧富不均的嚴重程度僅次於香港。新加坡有一本暢銷書，書名直指作者對這個城市國家的看法：《不平等的樣貌：新加坡繁榮神話背後，社會底層的悲歌》（*This Is What Inequality Looks Like*）。

到頭來，新加坡根本不是一座島；新加坡無所不在。

Part

# 2

# 系出同門

PHYLES

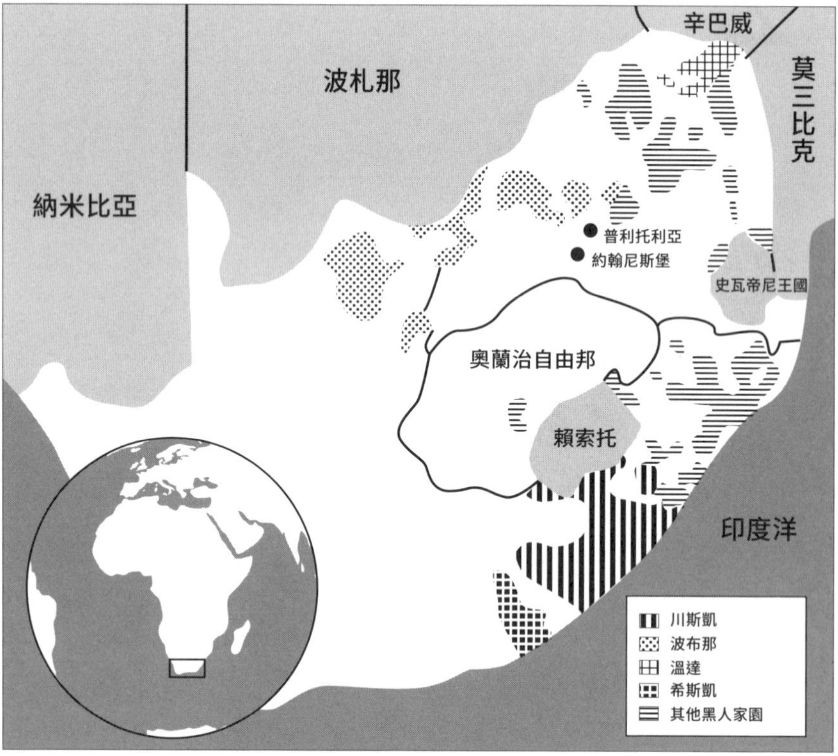


種族隔離時代後期的南非

Chapter 4

# 自由意志主義者的班圖斯坦

一直有人說，城市是一座倒錯的礦藏。香港、金絲雀碼頭和新加坡這些地方，靠的是探勘與採擷遠方的礦藏，之後加以煉製和處理：鐵用來製鋼板，沙用來做玻璃帷幕牆，銅用來做水管，沙岩和大理石用來做金碧輝煌的大廳。全球化城市善用跨越整個世界的廣大海路與陸路網絡，以及落入這套網絡裡面的地窖、豎井和幫浦。在此同時，讓這一切能動起來的人工勞力，卻得靠著節衣縮食和忍受高壓體制活下去。

如果說，一九八〇年代的價值鏈一頭是香港、倫敦和新加坡，那麼，另一頭的就是南非。這兩端在實體上大不相同，少有地方能相比。香港是一個深水港，在一座覆蓋著茂密森林的山下。這裡的建築空間很稀有，因此形成了一座垂直型的城市，到處都是渴求平面面積能大一點的細瘦摩天大樓。金絲雀碼頭像是大倫敦蔓生擴張向上長出來的刺，新加坡則是從塞滿船隻和郵輪的藍綠色海峽中冒出來的。

反之，南非的東開普省（Eastern Cape）把營造工程的軸線轉了九十度，把建築物帶回地面上。這裡的建築物低矮，用煤渣塊製成，建築形態追求的是通風、有裝飾與經濟實惠。以鋼筋混凝土建成的多樓層大廈為特色的城市地區在南非少之又少；一排排無趣的街燈映出柏油路的輪廓，道路逐漸消失，沒入大草原上正在轉黃的草地、荊棘灌木叢以及矮樹叢裡。泥土路的盡頭是一群覆蓋著茅草屋頂的圓形泥屋，或是以鐵皮波浪板為頂的方形屋。雖然聽起來不太可能，但一九八〇年代時，此地就像香港、倫敦和新加坡一樣，都是新自由派的實驗場。就是這片內陸地方和這裡的勞工，加上這裡的避稅港地位以及在此匯集的有錢有勢人物，象徵著資本主義的美麗新未來。這兩方面的條件，都吸引了自由意志主義人士蜂擁而至。《理性》雜誌大聲疾呼要求創造出「兩個、三個、很多個香港」多年之後問道：「要取得南非的公民權有多困難？」這份雜誌更發表讓人驚訝的宣言，指稱「過去十年，很有可能沒有任何國家比南非更快步朝著自由意志主義社會邁進。」

米爾頓・傅利曼一九七六年時在開普敦大學（University of Cape Town）對兩千名聽眾發表演說，他宣稱，人對民主的評價過譽了。他說，市場比民主更確定能邁向自由之路；用錢投票比用選票投票更好。要得到自由，關鍵並不是自由選舉，而是政體權力本身要分權。一九八〇年代，南非的自由意志主義人士遵循這樣的思維；然而，這直接背叛了他們自己向來的論調，因為，他們在南非推動的這個激進資本主義版本，完全仰賴政體的紀律（以及補貼）之手。希斯凱（Ciskei）「黑人家園」位在白人統治的南非，這裡是一個被人忽略的落實新自由主義概念案例，顯示某些類型的經濟自由仰賴的是剝奪政治權利。

## 1

米爾頓・傅利曼發表演說之時，實行種族隔離制度的南非正遭遇一場合法性的危機。自一九五〇年代末期以來，非洲大陸升起一面又一面新國旗。

這裡一度飛揚的是英國星條旗和法國的紅白藍三色旗（Tricolore），如今換成了肯亞（Kenya）的麥賽盾旗（Masai shield）、烏干達（Uganda）的冠鶴旗（crane）以及迦納（Ghana）的黑星旗（black star）。葡萄牙在一九七〇年代末期終於退出非洲，其殖民地安哥拉（Angola）在國旗上放了一把大柴刀，另一處殖民地莫三比克（Mozambique）則選擇另一種武裝鬥爭的象徵：AK-47步槍。羅德西亞（Rhodesia）在一九七八年成了辛巴威（Zimbabwe）[21]，南非的少數白人統治體制顯得更不正常。這個種族隔離體制在非洲廣袤大陸的南端生根，孤單且危機四伏。南非政府在找解決方案時，選出的版本很契合傅利曼的建議：捨民主選分權，根據毫無道理的概念（出自於殖民人類學）創造出一系列所謂的黑人家園，認定某些人就屬於某些地方。很多黑人家園都是非連續性的，使得地貌變得很破碎，反種族隔離的運動人士因而把這些地方稱之為班圖斯坦（Bantustan），把南非的非洲人集結在同一個類別之下，統一取用前例巴基斯坦（Pakistan）的字尾；巴基斯坦被殖民強權分裂成西巴基斯坦和東巴基斯坦（後稱孟加拉〔Bangladesh〕），分立於獨立印度的兩邊。「分離統治」（divide and rule）這套辦法不斷擴大，有些班圖斯坦甚至成為沒有任何政體承認的偽獨立國。第一個取得名目上獨立地位的，是東開普省的川斯凱（Republic of Transkei）。在一場脫離殖民的滑稽表演中，儀式裡安排了政體新任首長發表演說，還有一百零一響禮砲向新建體育場裡稀稀落落的民眾致敬。唯一到場的外賓，是烏拉圭（Uruguay）獨裁軍政府裡的一位將軍，這位特使的母國，施行南錐體（Southern Cone）[22]自創的無民主資本主義版本。南非努力證明自己跟上了自決與終結帝國的潮流，創造出了四個假國家，川斯凱打頭陣，接著是一九七七年的波布那（Bophuthatswana）、一九七九年的溫達（Venda）和一九八一年的希斯凱（Ciskei）。在班圖斯坦政策下，南非黑人失去了他們的南非公民身分，成為黑人家園公民，但很多人連去都沒去過這些地方。有多達三百五十萬人被迫遷徙，尤其是老弱婦孺、失業者和反體制的人。背後的想法，是要讓南非本身愈來愈白，同時還能獲得集中在分裂地區的流動勞動力。決策者想要促成的願景是：只有少數

21 譯註：過去曾為英國殖民地。

22 譯註：南錐體指南迴歸線以南的南美洲，一般指阿根廷、智利與烏拉圭三國。

人是公民，其他人都是外來勞工。批評家說黑人家園是「垃圾場」（dumping ground），說的好。從事反種族隔離運動的史蒂夫・比科（Steve Biko）則說，這些是「周密的集中營」與「白人有史以來發明的單一最大騙局。」

偽國家希斯凱和川斯凱一樣，也位在南非東南方的東開普省。希斯凱自有航空公司並發行國家郵票，上面展示了手工地毯、鳳梨罐頭廠和自行車工廠。一九八一年十二月四日，該國要立旗桿升國旗，在這個象徵意義極大的嚴肅場合，旗桿卻斷了，得由南非士兵扶起來。希斯凱有名的是此地為拘禁南非「多餘人士」（surplus people）的露天監獄，但在一九八〇年代，這裡也不可思議地成為新自由派人士所說的「實驗室裡的實驗……由相信市場、價格與誘因力量的經濟學家勾畫出藍圖，幫忙設計而成。」自由意志主義人士並沒有廢掉班圖斯坦模式，他們想的，是看要如何在減少毫不避諱的種族歧視之下善用這套模式。他們期待黑人家園能以某種特區的形式運作，引來海外投資，同時鼓勵從下而上自願隔離，而不是由上而下被迫隔離。

當希斯凱的終身領袖倫諾克斯・塞貝酋長（Chief Lennox Sebe）召集委員會以形塑這個新黑人家園的經濟政策時，南非的自由意志主義人士就找到了起點。這篇被《金融時報》（*Financial Times*）指稱由「希斯凱的供給面人士」寫出來的報告，提出了一套把此一黑人家園轉化成「非洲香港」的妙方。報告的作者群表達了樂觀希望，認為這個黑人家園可以成為非洲沒有的「銀行業務避風港」（banking haven）。希斯凱根據報告建議行事，將傳統土地私有化，並給海外投資人免稅假期。

委員會主席李昂．盧烏（Leon Louw）是南非人，他在海耶克的邀請之下出席了朝聖山學社在香港舉辦的年會。盧烏一九四八年生於礦城克魯格斯多普（Krugersdorp）一戶保守的阿非利卡（Afrikaner）家庭；這座城市以南非總統保羅．克魯格（Paul Kruger）命名，總統也讓克魯格（Krugerrand）金幣跟著沾光，投資人可愛這種金幣了。一九七五年，盧烏幫忙創建了自由市場基金會（Free Market Foundation），請傅利曼來南非的就是這家智庫。自由市場基金會認為，南非高談支持自由主義與反共產主義，但他們看到現實中的南非是「鬼鬼祟祟社會主義」，兩者有落差，而這就是南非的「悲劇」。在他們看來，種族隔離政策是另一種由納稅人買單的社會方案，仰賴高度干預，將膚色因素納入勞動市場，造福白人，而且許多企業的所有權都在國家手上。盧烏自稱「廢奴主義者」（abolitionist），他相信自由市場更能穩定社會秩序並帶來繁榮，遠優於種族隔離政策代表的由國家導引、帶有種族歧視的資本主義。

盧烏希望希斯凱成為形式更開放的資本主義展示場，影響南非其他地方，得到之前被排除在房地產所有權與獨立企業之外的黑人社群認同。委員會報告的重點之一，是宣稱私人產權乃非洲南部傳統土地保有（land tenure）模式裡的一部分，並盛讚黑人社群裡受到壓抑的「自由市場精神」。但，後來出現的東西和報告中講的東西相像之處極少，不太能孕育出原生的創業階層。這個以「非洲瑞士」（Africa's Switzerland）自居的黑人家園，是諷刺漫畫的好題材，講的是在不惜殺人都要打破工會的人監督之下能享有的企業福利。

凱希斯使用的工具是加工出口區。加工出口區是一片根據法規指定、與母國有別的地方：這裡是並未脫離故鄉土地的境外空間，但適用更討投資人歡心的不同規範、規矩和監理制度。派崔克・納維林（Patrick Neveling）等學者指出，加工出口區有一些前例。其中之一是美國的自由貿易區，這些是從倉儲或工廠裡開闢出來的免稅區。一九三〇年代美國首先出現自由貿易區，一九八〇年代快速增加，石油加工與汽車裝配產業特別多。另一種前身則是愛爾蘭夏儂機場（Shannon Airport）的免稅區。夏儂機場曾經是大西洋兩岸航班的必經中途點，等到機身加大、中途航點不再必要之後，夏儂機場改頭換面，在一九五八年成為製造業免稅特區的先驅。第三種前輩在台灣；台灣於一九六六年在高雄港成立第一個加工出口區。一位美國勞工運動領導者幾年後作證說，他看到的高雄加工出口區和高雄市以高牆和武裝警衛隔了開來。他說他的嚮導「帶著明顯的愉悅解釋，由於圍籬和一些法律規定，我們腳下站的地方已經不再被視為台灣的一部分。」在圍籬內運作的企業可以免於支付台灣境內的各種稅金。他說這些特區是「提高企業獲利的夢幻之島」。

自由意志主義人士的目標，就是要在希斯凱建設這樣一座夢幻之島。一九八〇年代，南非政府派代表到國外，吸引海外投資人進入他們委婉稱之的「分權地區」（decentralization area）。南非代表在台灣和香港的運氣最好；代表們承諾，萬一看到之前的低薪區慢慢漲到中等水準，他們會把薪資壓低。到了一九八八年，已經有八十座台灣小工廠進駐希斯凱，「從洋娃娃頭到釣竿」什麼都做。有一名台灣投資人對這種條件讚不絕口。「這很像三、四十年前的台灣，」他說，「沒有競爭，勞力低廉。」

就像所有加工出口區一樣，這裡的勞動力多半是女性。《波士頓環球報》（*Boston Globe*）在報導這些對亞洲企業來說的「富礦帶」（bonanza）時，便登出在希斯凱中國服飾店工作的包頭巾婦女照片。另有一家紡織廠員工清一色都是女性，排排坐在長椅上或是織品堆前。這些是典型血汗工廠的畫面：工廠的天花板低矮，裡面擠滿了許多罩著髮網的勞工，在日光燈下費力操作縫紉機，旁邊還有一堆堆的衣物。

很多報告盛讚快速全球化與提高就業帶來的「經濟繁榮」，但這靠的是南非政府注入愈來愈多的援助：光一九八四年一年，就投入了一・二億南非蘭德（換算成今日幣值約為兩千萬美元）。黃金是南非重要的出口品之一，金價一上揚國庫就能賺飽飽，政府也就能拿出一些全世界最棒的誘因來吸引投資人。希斯凱的薪資因為人為干預已經壓得很低，約東倫敦附近薪資水準的50％；東倫敦的薪資比全英國的平均值還低25％。此外，投資人每個月可以從援助預算中領到每名員工五十美元的薪資補貼，正如《華爾街日報》的報導，這表示「不需要太會算也知道，企業每個月支付員工的薪資若低於五十美元……這些投資人還可因為雇用員工而賺錢。」確實，某些企業（包括一家透過香港子公司營運的美國製衣廠）就為了拿到補貼而聘用不必要的員工。在希斯凱這一場本來應該是自由市場的「實驗室裡的實驗」當中，投資人拿到的條件好到讓人難以放手：政府支付了員工薪資，補貼八成的工廠租金，還允許他們不用繳納營利事業所得稅。

投資人被政府補貼甜頭引來希斯凱，在此同時，他們也因為這個採種族隔離政策的國家可自由使用棍棒以及槍枝而受惠。這個自由意志主義人士設想的未來烏托邦，運作上和南非的維安部隊密切配合；維安部隊懲罰一般老百姓的抗爭行為，並積極執法抑制產業工會。一位運動人士普莉希拉．麥松果（Priscilla Maxongo），就講述了勞工運動中的女性時不時就遭到逮捕、偵訊與折磨。她說她曾經被一根橡皮管綁住脖子，讓她吸不到氣，直到她講出和爭取勞工權益團體的相關訊息，才肯放過她。

一九八三年，警察射殺一群反對公車票漲價一成而示威的群眾，殺了十五個抗議者。英國的《泰晤士報》說，希斯凱是一個「醜陋的小警察國」（ugly little police state）。南非聯合勞工會（South African Allied Workers）的秘書長托扎米爾．格奎塔（Thozamile Gqweta）住家遭人縱火，前門還被封死；他的母親和舅舅的房子也被放火，兩人葬身火海；他和女友參加完母親的喪禮離去時，女友遭到警察槍殺；他自己被拘留三個月，並遭受電擊虐待。《理性》雜誌讚揚希斯凱是「南非後院繁榮和平的避風港」那一年，又爆發多次事件，其中一次是維安部隊進入希斯凱一座正在舉行索維托（Soweto）[23]起義十周年紀念活動的教堂，用犀牛皮鞭毆打集會人士，導致三十五人住院，並有一個年僅十五歲的男孩喪命。

一九八七年，和警察國家合作的悲劇極鮮明地顯露出來。當年，盧烏前往達卡（Dakar），和被流放的非洲民族議會（African National Congress，簡稱ＡＮＣ）[24]成員會面，他希望能說服信奉社會主義的非洲民族議會人士，讓後者認同私有化是更好的南非改革之路。幾個月後，安排會見事宜的黑人民權律師被發現倒在自己的車後座，被希斯凱維安部隊綁了起來毆打致死。這些和盧烏一起打造自由意志主義烏托邦的維安部隊夥伴，非常積極消滅主張民主的反種族隔離人士。

英國一位新自由派智庫人士在《華爾街日報》頭版宣稱，希斯凱是「顛覆種族隔離政策的特洛伊木馬」，但才不是這麼一回事。南非一位經濟學者就把話講的很坦白：「如果非洲民族議會在南非掌權，他們會征服希斯凱並重新納入整個南非，因此，希斯凱能不能繼續成功，取決於南非政府能不能繼續存在。」另一位經濟學家也支持這個觀點，說南非最不需要的就是「你在非洲其他地方會看到的那種政府。目前的傳統體制如果能穩穩扎根，會讓每一位公民都過得更好。」當然，他說的「傳統」指的是由少數白人統治的傳統。

希斯凱這個自由意志主義的班圖斯坦，並未展現出南非人民普遍渴望的模樣；這不是撼動種族隔離制度政府掌控力道的撬桿，反而在種族隔離政府的策略中扮演了一定角色，也需要靠種族隔離政府才能活下去。自由意志主義人士不是勇敢的反抗軍，他們是普利托利亞（Pretoria）[25]政府的好用笨蛋。

23 譯註：索維托是南非一座黑人城市，一九七六年時曾發生黑人起義事件。

24 譯註：南非黑人為了爭取政治權力成立的政治組織，種族隔離時代為非法組織，一九九四年之後成為南非執政黨。

25 譯註：南非首都。

當人們可以從全球各大報輕易讀到政府暴力鎮壓行動的真相之時，一位自由派智庫人士卻要求將希斯凱視為獨立國家納入自由之家的排名之列，也不管除了南非菁英外根本沒人接受班圖斯坦具有獨立地位。「我主張要把希斯凱加進來，而且特別加以凸顯、強調，」他說，「我認為這對我們所有人來說都是一盞明燈，讓我們看清南非，我很滿意那裡的情況。」他還對美國提出要求：「我們這裡能不能也來一個希斯凱？」就像很多其他自由意志主義人士一樣，他認為政體中最大的經濟自由就是不會被代表性民主拖累，剝奪政府徵稅與重分配的能力，並接受訓練面對資本會移來移去的威脅，永遠把投資人的需求放在第一位。

## 2

即便希斯凱實驗應該讓那些聲稱相信自由的人看到了相對惱人的結果，但李昂．盧烏還想著要把對企業友善的特區模式擴大規模，變成全國性的改革方案。他和一位來南非的德州石油富豪會面，分享他自己的想法，德州人承諾提供資金，最後掏錢的是查爾斯·柯赫（Charles Koch）；一九八六年，盧烏在希斯凱的首都畢斯和（Bisho）出版新書《南非：解方》（*South Africa: The Solution*）時，就在前幾頁感謝了他。這本由盧烏和他的妻子法蘭西絲·肯德爾（Frances Kendall）合寫的書，是當時南非最暢銷的政治類書籍之一，銷量接近四萬本，並在國際上發行，有很多人評論。

在這本書裡，這對夫婦為南非提出「瑞士解決方案」，打破現有的政體與班圖斯坦制度，變成很多的「邦」，居民可以「用腳投票」，隨時高興就帶著資本離開。每個南非人都有多重公民身分：國家層級的、邦層級的以及在地層級的。一人一票的模式，將會被一人多票的瑞士模式取而代之。中央政府不掌控主要收入，不在各邦之間做大型的移轉支付，要接受憲法約束尊重私有財產權。所有的教育和土地都私有化，修憲的標準是什麼則由公投決定。

盧烏和肯德爾把最後的結果稱之為「政治裡的市場」（marketplace in politics）。他們相信，多數的邦會成為他們口中多種族的「大都會」（cosmopolitan），而，他們提案中的一項重要特色是「特定種族或意識形態的人可以匯聚在不同的『國家』或『族裔』邦內，滿足自身特定的偏好並逃避他們排拒的政府。」遷徙的自由受憲法保證，但能擁有哪個邦的公民權則否，這一點很重要。換言之，你可以在某個邦工作，但可能無法取得在此長期定居的許可或無法得到公民福利。這正是種族隔離的南非現有勞動市場的運作方式，黑人勞工為了工作出入白人區域，但是居住權很受限，更別說財產所有權了。這兩位作者說的「分離的自由」（freedom of disassociation），是他們的中心思想（私下歧視的自由也是）。盧烏和肯德爾希望，重新把國土劃分為很多邦並下放對自然資源的控制權，可以抵擋出於種族報復而訂下的政策。盧烏毫不懷疑這代表什麼意義，他對《時代雜誌》說：「我們希望，有可能在白人不會被吃掉的條件下，放猛虎（也就是大多數的黑人）出閘。」

面對由上而下的非自願隔離政策，自由意志主義的解決方案是打開門容許由下而上的自願性種族隔離。確保遷徙權但不保障定居權（並納入驅逐權），指向了一條把人群強迫分類的回頭路。盧烏和肯德爾在書的後記裡就畫了示意插圖，想像過了十三年後他們的瑞士解決方案得以實現，那會怎麼樣。他們預見各種不同的政治形式會共存，包括一個名為「勞工天堂」（Workers Paradise）的邦，在這裡，「會發給每個人一本毛澤東的小紅書」

並再度建構出種族隔離政策，因為黑人和白人左派激進分子「拒絕在社會面上和彼此相混合」。另一個邦名叫「希境」（Cisbo），是「希斯凱邊境區」（Ciskei Border Region）的縮寫，這裡一切法規都鬆綁，傳統的土地也私有化，是一個「迷你摩納哥」，大麻、賣淫和色情作品全都合法。有一張插圖畫了一個白人男性拿著高爾夫球桿和釣竿衝向一群黑人與白人歌舞女郎，一個穿著中山裝和另一個穿著中產階級黑色長大衣的男子搖搖手指，委婉地表達不贊同。最後一個想像出來的邦稱為維瓦特伯格（Witwaterberg），此處為「南非激進白人分離主義者之邦」，在這裡，完全仰賴自動化和白人勞工，徹底取代黑人勞工，激進的盟約確保僅有白人才可以成為居民。

到頭來，只有最後一種成為現實。一九九〇年，一個名為阿非利卡自由陣線（Afrikaner Freedom Front）的團體在南非中部買下一片土地和幾棟建築，驅逐原本非正式的種族混合居民，並在隔年成立了名叫歐拉尼奧（Orania）的波爾（Boer）白人飛地。此區的設計可以回溯到一九八〇年代初期，當時種族事務局（Bureau of Racial Affairs）的主管叫卡爾・波夏夫（Carel Boshoff），他是遇刺種族隔離政府總統亨德里克・維沃爾德（Hendrik Verwoerd）的女婿，此人大力推銷一套奧蘭傑方案（Plan Oranje），要建立一個白人家園。當時波夏夫說，在黑人占大多數的環境下，「白人優越性」長期必然消失，最好的辦法是退出來移入一個白人堡壘，同時和周邊非白人社區延續經濟關係。有了波夏夫進駐，一九九〇年代的歐拉尼奧便以一個捲起袖子的白人小男孩為標誌，展現了工作的意願，還有，毫無疑問的，也展現了對抗的意願。

南非人所說的開拓先民（Voortrekker），指的是脫離英屬開普殖民地（British Cape Colony）移居南非內陸的波爾人，他們在一八三〇年代開拓了歐拉尼奧所在地區。盧烏結合了反種族隔離自由意志主義與文化保守主義，常讓人不知道在政治上該把他歸在哪一類，而他向來都把這些開拓先民視為偶像，說他們的大遷徙（Great Trek）是「古典自由主義、強硬派個人主義（rugged individualism）最輝煌的歷史之一」。肯德爾和盧烏大力主張白人飛地在現代社會有可行性。在實際成立歐拉尼奧之前，他們寫道「人們嘲笑像卡爾・波夏夫這些阿非利卡分離主義者居然提議在沙漠附近建立獨立白人家園」，他們說，缺乏天然資源不是問題，「阿非利卡家園」需要的就只有「低稅率或零稅率政策，以便把高科技、技術密集企業引入該區。」這些小型族裔政體只需要變身成特區就好了。

其他南非市場激進主義者也擁抱這場歐拉尼奧種族實驗。二〇一五年南非自由意志主義學會（South African Libertarian Society）在此地舉行年會，會中盧烏開玩笑說，歐拉尼奧是一種黑人家園模式的變化形，可以用來打造「阿非利卡斯坦」（Afrikanerstan）。對自由意志主義人士來說，最有吸引力的點在於這是一種私有實體架構，歐拉尼奧的領袖是執行長，居民是這家母公司的股東。這裡也自行發行貨幣，名叫歐拉（ora）。另一位南非自由意志主義人士說，歐拉尼奧是「罕見的自由意志主義飛地範例」，成員受自願性的契約管理，藉此擺脫「大眾獨裁」以獲取自由。南非自由意志主義學會的創辦人在網路上提案時，便以歐拉尼奧為例。「創造自己的國家。」他寫道，「南非地大廣闊，找一片遠離城市中心、具有吸引力的土地，確保當地有水，建造圍籬圍起來，邀請志同道合的人過來和你一起生活。盡可能不要引人注意，盡可能少和官僚組織聯繫，建立自己的經濟體和治理機構，好好武裝自己。」

歐拉尼奧在全世界引發迴響。二〇一九年，幾個澳洲極右派團體以歐拉尼奧為範本，想要打造「盎格魯—歐洲飛地」（Anglo-European enclave）當成未來種族戰爭的基地。在美國，白人民族主義團體美國復興（American Renaissance）讚揚歐拉尼奧，說這裡讓阿非利卡人「得以繼續白下去，在此保有自己的語言和文化」，而且「成立私人企業來經營，有權力僅核准某些通過審核的阿非利卡人居留。」

這種建邦的規劃有一個明顯好處，就是不用承擔過去正式種族隔離的污名，又可以持續保有種族歧視的經濟力量型態。由下而上的自願性種族隔離，不像由上而下分離主義的政體會有合法性的相關問題。廢除〈吉姆克勞法〉（Jim Crow）[26]後的美國即是一個很好的前例：一個國家是因為市場的力量才出現種族隔離，而不是政府明白出手干預。自由意志主義的模式說，即便有種族隔離和種族不平等，只要是經濟力量推拉造成的，就不會對自由市場的原則構成威脅。公民顧客會用腳投票，自主地分類群體。如果經濟力量平衡的結果跟一開始看起來很像，那就這樣吧。在一個由各種特區重新組成的政治結構中，政府已經不再扮演重分配的角色。

# 3

一九九〇年二月十一日，電視上播出尼爾森．曼德拉（Nelson Mandela）被囚禁二十七年後步出維多．維斯特監獄（Victor Verster Prison）前門的畫面，傳遍全世界。南非各地有零星的搶劫與暴動，促使粗暴到惡名昭彰的南非警察對群眾放火，死了很多人。曼德拉從開普敦（Cape Town）一處半覆著蘇聯紅旗的陽台發表演說，他的訊息明確清楚，毫不含糊：「在統一、民主與無種族歧視的南非引進由一般選民投票的普選制度，是達成和平與種族和諧的唯一方法。」隔月，一場政變推翻了倫諾克斯．塞貝的希斯凱政府，群眾大聲呼喊：「非洲民主議會萬歲！南非共產黨萬歲！」（Viva ANC! Viva the South African Communist Party!）塞貝本人沒有現身。之前還發生另一場未能成事的政變，當時他去了以色列討好投資人，把希斯凱的首都拿來和以色列

26 譯註：〈吉姆克勞法〉為一八七六年至一九六五年間，美國南部以及邊境對有色人種實行種族隔離制度的法律依據。

的阿里埃西岸屯墾區（West Bank settlement of Ariel）相提並論。這一次，他則去了特區的故鄉：香港。

一九九〇年初發生的各種事件，宛如打臉立邦計畫與分裂幻想。人們不再大筆亂揮重畫地圖了；南非政府既有的邊境就維持原狀，人為的各種家園也在一九九四年重回統一的國家。曼德拉贏得一場自由公平的選舉之後，他說南非是「與自己和世界和平相處的彩虹之國」（rainbow nation at peace with itself and the world）。歷史學家說這次選舉是二十世紀最後的去殖民化行動，證明了帝國已經從世界舞台中謝幕，國家政體勝利了。但有跡象顯示，特區夢還沒平息。一九七九年，《遠東經濟評論》（*Far Eastern Economic Review*）報導指出自由貿易區「可用人為方式孕育而且很容易就移植到任何開發中國家……如今就像試管嬰兒熱潮一樣，遍布第三世界各地。」東開普省內陸發生的事（以及當中的血汗工廠群）非常現代，從某些方面來說，也很未來。一九八六年，全球僅有一百七十六個特區，到了二〇一八年，這個數字增為五千四百。

自由意志主義的班圖斯坦可能並不像看起來這麼特別。即便在獨立之後，國家這個容器還是會被穿透。流進流出各國的勞工與資金改變了可能性的條件，也限制了隨著色彩鮮明新旗幟一同升上杆頂的完整主權能帶來的希望。把偽國家希斯凱和位在北方幾百里處、真正的自治國家鄰國賴索托（Lesotho）拿來相比，可以說明國家主權的限制。

我個人和賴索托有點淵源。一九八五年、也就是我六歲那年，我家來到這個非洲內陸國，我的父親參加賴索托飛行醫生服務計畫（Lesotho Flying Doctor Service），乘著小型飛機希斯納（Cessna）進入山區，去陸路無法抵達的診所服務。我們從南非布隆泉市（Bloemfontein, South Africa）過來，拖著十個大型的黑色行李箱，裡面裝著四十八罐煙燻鮭魚；我們上一個家位在加拿大溫哥華島（Vancouver Island）外的某座小島，要離開時夸夸卡瓦族（Kwakwakaʼwakh）的漁夫就送了這些餞別禮。賴索托是一個很荒蕪的國家，放眼看去一片灰棕色，只有一點點綠意，國土比海平面高一點，以山脈分成南北兩邊，多數人都住在西部的邊緣地帶。賴索托是一片位在種族隔離制南非中間的飛地，一九六四年脫離大英帝國獨立，接待了很多外國人，包括我的家人，以及和平工作團（Peace Corps）志工、工程師、老師和地質學家。

我常和後殖民菁英的小孩作伴，童年時最好的朋友是印度人、以色列人和美國人。

賴索托在國際開發時代是引發特別關注的目標。這個國家的空間很理想：大小剛好，而且可能成為後殖民時代位在棄兒國家（pariah state）[27]中間的黑人統治典範。這聽起來剛好和特區背道而馳。這是一個充滿抱負的國家經濟體，努力追求成長與現代化，出口業者與資金提供者在這裡應該要能做到別的地方做不到的事。但，到頭來，他們在這裡也沒能做到。

有一本很有名的書《反政治機器》（*The Anti-Politics Machine*），講述為了「發展」賴索托所做的種種努力，之後我發現，這本書研究與書寫的期間，剛好是我們在那裡的時候。這本書的作者是美國人類學家詹姆斯・佛古森（James Ferguson），他總結說大量的專家犯的錯誤是，將賴索托視為五顏六色地圖上的一個孤立小國，但事實上，邊界沒有太大意義，因為事情都在邊界後方做。賴索托的男人來來回回跨越邊界，去南非的金礦與鑽石礦場工作，帶著薪水現金回來。有些人是帶著傷回來；我父親有一部分的職責，是要縫好非洲圓頭棒（knobkerrie）造成的傷口。男人常會帶著這種圓頭的結實木棒，放在保護他們度過這個山區國家寒冷夜晚的厚重羊毛毯下。

賴索托是一個勞力過剩的人力庫，可以支應種族隔離南非的需求。邊界對於南非防衛隊來說也沒什麼意義，他們會溜進賴索托，去暗殺到此地尋求庇護的反南非體制派人士。我曾身歷一場政變現場，親耳聽到人們大步沿著主街京士威道（Kingsway）前往邊境的聲響，當下的我正在一個朋友家，看《大魔域》（*The Never-Ending Story*）錄影帶上演幸運龍和咬石者的劇情。賴索托告訴世人的是，沒有一個國家是孤島，而且，如果你還假裝是這樣，那發展就沒有意義了。就算邊境受到正式認可，而且國家也真正獨立了（和班圖斯坦那種偽國家不一樣），在全球化時代下的政體，從很多方面來說仍然是一個特區。少了經濟上的生存之道，政治上的自主權沒有意義。

27 譯註：棄兒國家指因為某些因素不見容於國際社會的國家。

4

南非在科幻小說裡有了機會重生，成為一個超乎民主國家政體的政治體制。馬桑德．恩尚加（Masande Ntshanga）二〇一九年出版科幻小說《三角座》（*Triangulum*），場景大致上設定在希斯凱，主角的父母搬到這個班圖斯坦，在塞貝的政府裡工作。他們在做一套講起來很可能出自盧烏手筆的計畫，目標是把城鎮變成「獨立、私人擁有的特區，標準人口為二十萬人，有高效率的經濟功能，包括生產能源、回收循環、製造與城市農耕。」挺立在約翰尼斯堡的高聳「革命大廈」（Revolution Tower）是非洲最高樓，營造方是一家海外公司，藉此告訴投資人此地氣氛甚佳。敘事主角看著電視上的辯論，看著社會學家譴責「特區成為一種新形式的種族隔離」，一位社區幹事則以辭職回應「人民需要吃飯」的要求。「跟平常一樣。」敘事主角一邊說，一邊換了頻道。

恩尚加表達了種族隔離政策過了二十五年之後悲觀仍在，政體裡的機關為了要吸引海外資本而綁手綁腳，並因此背棄了太多承諾。另一位小說家

（時代很接近曼德拉在陽台發表演說時）替邦的模式下了激進的結論。美國作家尼爾・史蒂文森（Neal Stephenson）在一九九〇年代初期的兩本小說裡設想的世界，和自由意志主義的幻想很相似。在他一九九二年出版的《潰雪》（*Snow Crash*）裡，「新南非特許領事區」（New South Africa Franchulate）是一處「採種族隔離制的市郊飛地」（partheid burbclave），這是真實歐拉尼奧的科幻版本：由私人擁有，由私人治理。他把這幅景象延續到下一部小說《鑽石年代》（*The Diamond Age*），描寫一處和歐拉尼奧很相似的飛地，專屬於「穿著套裝或最保守服裝的結實金髮白人，通常拖著半打小孩」的波爾人。關於未來會形成哪些種類的邦，肯德爾和盧烏的預測之一是樸拙的「毛澤東村」，史蒂文森的版本比較巴洛克風，稱為「光明飛地」（Sendero Clave），向祕魯共產黨的游擊運動光明之路（Sendero Luminoso）致敬。「光明飛地」有「四層樓高、兩個街區長，還有一個結實的大型媒體看板」播放著毛澤東「對著看不見的人群揮手」，旁邊有祕魯革命領袖為伴。

史蒂文森鮮活呈現了盧烏和肯德爾設想的邦。他最為人津津樂道的概念是「費勒」（phyle）；這個詞借用了古希臘文，意思是「部落」或「氏族」。

《鑽石年代》講述的「費勒」是以家系為基礎，但也有「化合」而成的「費勒」，是「人們憑空創造出來的部落。」無論人為成分有多高，這些「費勒」都透過合法的契約和共居、共同的儀式和行為準則成為了現實。製造業資本在全世界尋找低薪勞力與政府餽贈，他們的游移不定，開拓出這類空間。有了貨櫃船和電訊通訊，要在東開普省鄉下設廠，就跟在美國俄亥俄州的楊斯敦（Youngstown）或英國的桑德蘭（Sunderland）一樣簡單，而且還更廉價。全世界分成兩個或三個陣營的時代結束，一個破碎的世界、一種分裂性的政治想像，也就更明顯可見。

一九九〇年代，市場激進派想要創造出一個像史蒂文森的反烏托邦那樣讓人眼花撩亂的世界，持續推動分離過程，像是生產產品一樣製造出各式各樣的政治制度，擴大米爾頓和羅絲・傅利曼（Rose Friedman）夫婦所說的選擇的自由，變成各種新型態的選任身分關係。冷戰結束之後，自由意志主義人士擁抱一個觀點：在這個世界裡，分離的權利不受限。記者湯姆・貝瑟爾（Tom Bethell）就說了：「今日全世界約有一百六十個國家，自柏林圍牆倒塌以來，我發現自己常常自問：何不多來一點？何不來個五百國？」

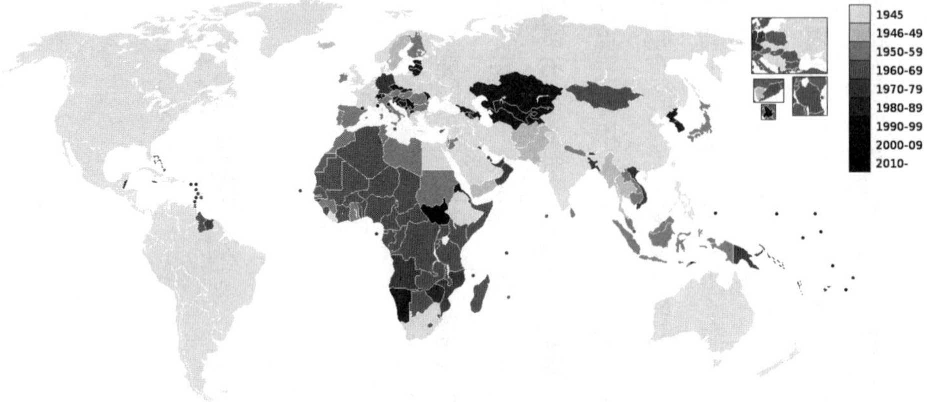


Roke / Wikimedia

**聯合國會員國以及其加入的期間**
**（以十年為一期）**

# Chapter 5 國家死的好

要開創一個新國家並不容易。地表已經四分五裂，出現新國家，意味著要從現有的國家畫出領地；既有國家很有理由希望不要有這種事最好。既有國家不希望自家邊境受到挑戰，因此捍衛確立其地位的國際法。非洲與亞洲就算去殖民化，成為新國家時，過去通常是隨意畫出來的殖民地多半也就保留原有的樣子。少數族群的自決要求被忽略或遭到壓制，國際社會也同意了。地圖上怎樣畫，就決定了命運。

一九九〇年代，這些假設崩壞了。蘇聯集團解體，創造出許多新成立的或再度復國的國家，擾亂了歐洲的輪廓。我中學時的地圖上有一大片代表蘇聯的紅色，如今其邊緣有新的共和國如雨後春筍般冒出來；到我高中畢業時，原本代表南斯拉夫的長形，已經變成一片一片。捷克斯洛伐克（Czechoslovakia）也經歷了分裂。社會主義的歐洲破裂，似乎打開了潘朵拉的盒子。建構國族的氣氛，正在醞釀。各種新運動叫囂著要取得分離的權利，比方說西班牙的加泰隆尼亞人（Catalan）、比利時的佛萊明人（Flemish）和斯里蘭卡（Sri Lanka）的坦米爾人（Tamil）。在我自己的國家加拿大，魁北克省投票，差了一個百分點就要脫離加拿大。

我十五歲時，我家住在萬那杜（Vanuatu），這是一個介於斐濟（Fiji）和澳洲之間的小島國。中國人和美國人在這裡耍手段追求影響力，捐贈豐田（Toyota）卡車給當地的醫療方案並興建基礎設施。與其說此舉是出於人道主義，不如說是證明在聯合國有一席之地有何意義。萬那杜是一個人口不到二十萬人的國家，面積只有幾千平方英里，一九八〇年之後才獨立，但在聯合國大會裡和世界強權享有同樣的投票權。日本遊說太平洋幾個小國，希望他們支持繼續從事商業捕鯨；中國則是為了自家的實質與策略利益，四處爭取支持。一九九〇年代，聯合國給了長期以來被排斥在外的小國席次，包括：安道爾（Andorra）、聖馬利諾（San Marino）、摩納哥和列支敦斯登

（Liechtenstein）。

多數人透過政治的角度來看這一波建國潮，有些人很擔心「新民族主義」（neo-nationalism）再起。市場激進派透過資本主義的角度看這件事，對於眼前所見感到心滿意足。分離出來的每一個國家都成為一個新的司法管轄區、一片新創領地，可以成為逃逸資本的避難所，或者讓不受規範的企業或研究進駐。微型國家就是特區，是法律系統有別於其他國家的圍起來的空間，面積很小，可以用來做經濟實驗。這些國家也是「費勒」，是一群志同道合的居民自願聚在一起的組合。分離分裂主義把這個世界再細分，把新的領土帶進鬧哄哄的全球競爭市場。新民族主義可以算是預告黃金時代即將出現的先聲，指向未來社會分類標準的司法管轄區會愈來愈小。

在美國，有兩群團體結盟以回應這個地緣政治變局：市場激進派在尋找路線通向超越民主的資本主義政體，新南方邦聯派則尋求恢復老南方（Old South）。一如盧烏和法蘭西絲·肯德爾為南非規劃的藍圖，他們也把分權資本主義競爭和種族同質性的原則一起放了進去。這是右翼夢想中的班圖斯坦選項，是一種由下而上的大種族隔離。雖然他們的立即性目標失敗了，但自由放任分離主義的觀點留存了下來。對他們來說，分離是通往社會分割但經濟整合世界的路，彼此獨立但全球相通。

## 1

分離主義聯盟裡最重要的人物是莫瑞．羅斯巴德（Murray Rothbard）。他於一九二六年生於紐約布朗克斯（Bronx），在新自由派智庫的世界裡不斷往上爬，一九五〇年代成為朝聖山學社成員。他在整個事業生涯發展出一種極激進的自由意志主義版本，稱為無政府資本主義（anarcho-capitalism）。他容不下任何種類的政府，認為國家政體是「有組織的匪幫」，稅收則是「以大型且毫無限制的規模偷竊」。在他的理想世界裡，要完全消除政府。安全、公用事業、基礎建設以及醫療保險應透過自由市場購買，無力付錢的人也沒有安全網支撐。契約取代憲法，人不再是任何地方的公民，而只是一大群服務供應商的客戶。這些反共和、私人所有權和交易，取代了任何人民主權。

要如何才能實現這麼極端的局面？國家自決是現代國家政體系統的基

礎，雖然他想要避開這套系統，但他認為，把國家自決這個概念走到極端或許正是脫離系統的出路。加速推動分離原則，會激起一系列的瓦解連鎖反應，多數的新政治架構都不會一下子就走到無政府資本主義，但瓦解的過程會剝掉國家政體系統最寶貴的資產：人們認為國家會長久存在的印象。創建新國旗與新國家會侵蝕舊有國家的合法性，一點一點消除國家政體系統用來自我強化的神話。如果新國家想要避免被報復心重的中央政府輾壓，就會採行不同的形態形式。如果有些國家用上了他喜愛的無政府模式，那會怎樣？「這個世界分裂成愈多國家政體，」羅斯巴德寫到，「單一國家政體能積蓄的力量就愈小。」他的第一原則是，「無論分離運動在哪裡發生、如何發生」，都應該加以讚頌並大力支持。破裂是帶動人類進步的飛輪。

羅斯巴德的人生，可以寫成一趟跟著蛛絲馬跡尋找可能分離分裂的旅程；他想看到人民對現有國家政體的滿滿信心出現裂縫。只要他一找到，他就努力加深裂縫。一九六〇年代，他認為新左派（New Left）的反越戰行動很有希望。羅斯巴德也痛恨越戰，他認為，美國人自詡為世界警察是一種藉口，為的是集中國家政體的力量並擴大軍事工業混合體當中的裙帶主義、浪費和無效率。以他的原則來說，用稅金養出來的常備軍隊和獨占現代武器裝備的壟斷事業，是讓人深惡痛絕的東西，徵兵制度則是「大規模的奴役」。雖然羅斯巴德的無政府主義遭社會主義新左派排斥，但他在想，他們反對國家政體的某些行動，這種反對或許可以轉化成對這類國家政體的憎恨。認真講的話，「退出」不能解釋為脫離嗎？羅斯巴德幫忙創建一份期刊《左與右》（*Left & Right*），藉此大力宣傳分離，把這講成是一種革命實踐行動。激進分子不應該去把持國家政體，而是要退出，並且創建他們自己的新政治體。

羅斯巴德認為民族主義是一股正面力量，可助長分離。從蘇格蘭、克羅埃西亞（Croatia）到比亞法拉（Biafra）[28]，分離主義者的運動都立基於國家或族裔的群體共同歸屬感。在美國，他特別有興趣的是潛在的黑人民族主義。他很欽佩參與黑人自由奮鬥行動的人，他們的目標是追求社群自助與集體自衛，認同麥爾坎・X（Malcolm X）的分離主義呼聲，超過小馬丁・路德・金恩（Martin Luther King Jr.）的克制與非暴力訴求。羅斯巴德和合作夥伴相信，

28 譯註：位在奈及利亞東南部，是分離主義者建立的國家（但已滅亡），從未獲得國際承認。

黑人脫離美國是可以達成的目標；確實，不同的社群應該尊重種族分離的原則。白人與黑人激進分子之間的跨種族合作，讓他深感挫折。他認為，黑人應該和黑人合作，就像「白人的責任是推動白人運動。」

新左派偏離他喜歡的種族退出國家劇本，讓羅斯巴德在一九七〇年代初期轉而大力反對新左派。他們堅守平等主義公然冒犯了他的信念；他相信，不管是個人還是群體，才華和能力到哪一個層級都是先天就決定好的。他譴責平權行動（affirmative action）和給代表性不足群體的保障額，把這些措施拿來和英國反烏托邦小說《表面正義》（*Facial Justice*）的內容相比；小說裡的國家規定每個人要做醫療手術，確保「所有女孩」的臉看起來都一樣漂亮。他認為，這個世界需要的是一場反運動：反抗人生而平等的概念。他一九七六年出手幫忙，和查爾斯・柯赫一起成立嘉圖研究院，之後，一九八二年，他幫忙在美國深南方（Deep South）[29]成立一家新的智庫：位在阿拉巴馬州奧本市（Auburn, Alabama）的路德維希・馮・米塞斯奧地利學派經濟學研究院（Ludwig von Mises Institute for Austrian Economics）。這個機構以海耶克的導師為名，羅斯巴德曾於一九四九年到一九五九年去紐約參加這位奧地利學派經濟學家的研究討論。

米塞斯本人雖非無政府主義者，但以他為名的研究機構成為自由意志主義最激進層級的旗艦智庫。這個研究機構與首都相距甚遠，顯示其拒絕嘉圖研究院和傳統基金會這些較主流團體使用的遊說政治，反而是大力推動政治上較屬邊緣的立場，例如分裂的美好、重返金本位（gold standard）的必要與反對種族融合等等。研究院的院長小盧埃林．「盧」．洛克維爾（Llewellyn “Lew” Rockwell Jr.）和羅斯巴德志趣相同，也是他最親密的夥伴，兩人都是激進自由意志主義者，而，洛克維爾的第一份工作任職於保守派出版商阿靈頓宮出版社（Arlington House），自此之後，一直是種族分離主義的支持者（這家出版社的命名有點微妙，是以南北戰中南方邦聯羅伯．李伊〔Robert E. Lee〕將軍的長眠地為名）。身為編輯的洛克維爾，委託作家寫了很多書討論廢除種族隔離以及南非白人政治遭到背叛造成的悲慘後果，連同大衛．傅

29 譯註：指美國南方最保守、最具南方特色的幾州，一般泛指阿拉巴馬、喬治亞、路易斯安那、密西西比和南卡羅萊納等州，是概略的概念，並無明確範圍定義。

利曼（David Friedman）的《自由的機制：激進資本主義指南》（*The Machinery of Freedom: Guide to a Radical Capitalism*）和《如何從未來的貶值中獲利》（*How to Profit from the Coming Devaluation*）等製造恐慌的暢銷書一起出版。洛克維爾對一位作者推銷一本書《整合：破滅之夢》（*Integration: The Dream that Failed*），他個人的看法是，世界唯一的選擇就是「兩大族群事實上彼此隔離。」

洛克維爾跟羅斯巴德一樣，也集自由放任政治和種族定論於一身。一九八六年，他開始為政治人物兼錢幣交易商朗恩．保羅（Ron Paul）編纂投資通訊刊物，傳播類似主題。這份通訊刊物很賺錢，訂戶一年帶來的營收接近一百萬美元。這份通訊刊物（一九九二年時更名為《朗恩．保羅生存報告》〔*Ron Paul Survival Report*〕）就好比是一份宜家家居（IKEA）型錄，但目標是因應未來的種族戰爭；刊物裡大談當前的事件，並列出相關的書籍和服務，告訴讀者如何埋葬歸屬感，如何把財富換成黃金或藏到海外，如何把家變成城堡並好好保衛家庭。「做好準備。」刊物上這樣寫，「如果你住在有大量黑人人口的大城市附近，夫妻雙方都要各自擁槍，要練習使用。」

南非是一個警世故事，刊物裡也很多文章喟嘆著南非的「去白人化」，並大力擁護立邦。這份刊物問道，如果巴勒斯坦人可以擁有一個「家園」，那為什麼南非白人不可以？這份《生存報告》呈現的是普世種族分離主義的觀點。「整合在任何地方都無法創造愛與兄弟情誼。」刊物宣稱，「人比較喜歡自己人。」刊物說的「讓人失望的白人多數」，指的是美國已經慢慢變成南非。白人「並沒有自我替代」，少數族裔群體正在掌握國家政體的資源。刊物提出的解決方案很老套。一九九四年時這份《生存報告》宣告：「老南方是對的：分離代表了自由。」

《生存報告》的主題，和這兩人於一九九〇年開始發行的《羅斯巴德—洛克維爾報告》（*Rothbard-Rockwell Report*）相應和，這可不是剛好而已。（後面這份刊物後來更名為《三R》（Triple R）；等到保羅回歸華府後，他的讀者可以免費訂閱。）洛克維爾說，他和羅斯巴德正在發展的意識形態叫「古自由意志主義」（paleo-libertarianism），字首透露出他們相信自由意志主義需要「除蝨」，消除一九六〇年代的放蕩主義趨勢，轉向支持保守派的價值。古自由意志主義人士希望「切割掉」廣泛自由意志主義運動下的「嬉皮、吸毒者和強硬派反基督無神論者」，以捍衛猶太教－基督教傳統與西方文化，並把焦點拉回家庭、教會和社區，既是提供保障以對抗國家政體，也替未來的無國家社會奠基。

古自由意志主義者期待無政府資本主義的未來，但他們並不認為會出現一大群無組織、難以歸類的原子化個人，反之，人應該會聚居在一起，以異性戀核心家庭為基礎擴大範疇，進入愛爾蘭裔英國政治人物埃德蒙·柏克（Edmund Burke）所說、而且被人不斷引用的「我們在社會中裡隸屬的小群組」（little platoons we belong to in society）。理所當然，這些小群組是根據種族區分。「想跟自己同種族、國籍、宗教、階級、性別或甚至是政黨的人建立關係，是自然又正常的人類欲望，」洛克維爾寫道，「黑人偏好『黑的』沒啥問題。但古自由意志主義者還會說，白人喜歡『白東西』或亞洲人喜歡『亞洲東西』也沒問題。」

冷戰結束後分離主義復興，在古自由意志主義者眼裡看來，就像是開闢新政治地理的大好機會。「經歷法國大革命必然也是這麼一回事。」羅斯巴德寫道，「歷史通常都慢慢地行進……然後，轟！」關於蘇聯解體，羅斯巴德評論說「看到這件事就發生在我們的眼前，真是太美妙了，一個國家死了。」當然，他這話的意思指的是特定的國家，但，同時他也樂觀地認為國家政體會完全死亡。分離是方法，無政府資本主義社會則是目的。古自由意志主義者希望，他們可以讓大西洋兩岸各地回到不斷解體的局面。羅斯巴德話講的很重。「我們應該打破社會民主的發展時鐘，」他寫道，「我們應該打破大社會的發展時鐘。我們應該打破福利國的發展時鐘……我們應該取消二十世紀。」

古自由意志主義者認為，他們的任務就是要為崩盤後的第一天做足準備。檢視蘇聯的命運之後，他們提出了很引人關注的問題：如果自家的國家體制一夕之間瓦解，那會怎麼樣？集體生活如何繼續下去？想這些事不會讓他們不悅，反而給出了一幅很讓人心癢的前景：掃除幾十年來唐吉軻德式的國家政體干預，留下了可供揮灑的空白空間。洛克維爾幻想著一套自主進行的電極式療法：把空氣、土地和水都私有化，賣光高速公路和機場，終止福利，廢除貨幣回歸黃金以及讓窮人自生自滅。但古自由意志主義人士也同意，他們需要方法，從原爆點的廢墟當中建立新秩序。他們找到和極右派（Far

Right）的共同點：兩邊都需要傳統和文明價值，以便把眾人繫在一起。兩邊都明確擁抱種族意識，這一點讓他們成為主流意見的邊緣，但也給了他們合作空間。

羅斯巴德居中穿梭和一個極右派團體結盟，後者以伊利諾的洛克福德研究院（Rockford Institute）為大本營，自稱「古保守派」（paleo-conservative）。這個「古聯盟」的兩邊都覺得，此時應該停止否認文化與種族有差異的現實，重新設計能反映心理與生理基本事實的政治實體。他們都鄙視「戰爭—福利國家」（warfare-welfare state）的規劃。出兵海外干預他國、立法規定公民權與聯邦層級的對抗貧窮作為，都只是替得過且過的官僚找事做的方案，是寄生蟲類政治人物的平台。

古聯盟一九九〇年時在達拉斯（Dallas）召開第一次會議。達拉斯附近的曠野和南非的大草原沒有太多不同，兩地都是各種歷久不衰迷思的大熔爐，兩地都有白人拓荒潮，並在十九世紀從原住民居住的共有領地轉變成私人擁有的財產。南非有開拓先民推進內陸，德州則有篷車隊從西部一路開過來，前往墨西哥灣水域。兩群移民留下的故事遺跡仍然存在：政治地理的可塑性、白人從本應廢棄的土地中萃取出價值，以及種族需要團結一致以對抗存在的深膚色敵人。相同的開拓者意識形態，讓半個世界以外的人團結在一起。羅斯巴德賦予先驅者和開拓者特殊地位，他認為這些人是最終的自由意志主義行動者，是「最初使用領土的人與讓領土轉型的人」。他認為，由勞工握有並創造出價值的「處女地」所有權，是「新自由意志主義信條」的核心。羅斯巴德提出抗辯，駁斥開拓者找到的絕對不是無主土地的論調。他指出，雖然北美原住民可根據自然法（natural law）享有他們耕作土地的權利，但他們無法以個人的身分持有土地，因此並無所有權。他主張，原住民「活在集體性的制度下」。他們是最原始的共產主義者，他們對土地主張權利並無實質意義。

有一個新團體名為約翰·蘭多夫學會（John Randolph Club），學會以一位蓄奴者為名，此人的金句就是「我愛自由，我恨平等」（I love liberty, I hate equality）。這裡面集結了極右派的大人物，有一位創社會員是傑拉德·泰勒（Jared Taylor），他的白人民族主義期刊《美國復興》（*American Renaissance*）一直抗議白人持續遭到非白人「剝奪」。另一位彼得·布里默洛

（Peter Brimelow）是最知名的反對非白人移民者，他的書《外星國》（*Alien Nation*）將「直言不諱的白人至上立場」帶回主流討論裡。其他包括專欄作家山謬爾．法蘭西斯（Samuel Francis），他大聲疾呼要高加索人透過「白人身分的種族意識」重申「身分認同」與「團結」；記者兼政治人物帕特．布坎南（Pat Buchanan），他針對非白人移民的本土主義激烈發言，預告了川普的論調。

約翰．蘭多夫學會支持的不是原住民自決，而是美國南方白人的自治要求，更為人所知的講法是新南方邦聯運動（neo-Confederate movement）。這些熱衷於恢復老南方的人，也是最直接把全球各地的分離主義精神帶進美國政治的人。新南方邦聯人士在論述時建構了一套不太扎實的研究，宣稱南方人族裔上就和北方人不同，南方人是由威爾斯、愛爾蘭和蘇格蘭人移民構成，不是英格蘭。這套大致上以一九九八年出版的《白鬼文化》（*Cracker Culture*）為根據的所謂凱爾特南方論（Celtic South Thesis），處處是漏洞，蓄奴歷史以及其人口概況沿革等小問題就更不用講了，但足以湊合著解釋大西洋兩岸的類似發展。新南方邦聯主義者明顯以歐洲範例為靈感，他們的主要組織叫南方聯盟（Southern League），後來更名為南聯（League of the South），名稱發想自北方聯盟（Lega Nord），後者是一個想要讓北義大利脫離整個國家的右派政黨。南方聯盟在《華盛頓郵報》（*Washington Post*）發表〈新狄克西宣言〉（New Dixie Manifesto）[30]，呼籲退出美國「多文化的大陸型帝國」，創建南方合眾國協（Commonwealth of Southern States）。他們的網站裡有一個「家園」（homelands）頁面，可連結到各地的分離主義者，從南蘇丹、沖繩到比利時法蘭德斯（Flanders）和義大利南提洛（South Tirol）均有。網站寫著：「獨立。如果這件事在立陶宛聽來很棒，在狄克西將棒到不得了！」頁面也可以連到最後成功激發英國脫歐的政黨：英國獨立黨（UK Independence Party，簡稱UKIP）。

雖然新南方邦聯主義者大部分不是無政府資本主義者，但羅斯巴德認同他們的要求：「保有並珍惜分離的權利，以及不同地區、群體或族裔國籍從更大型實體地獄裡逃出來的權利；也要建立自己的獨立國家。」他也用修正

30 譯註：狄克西為美國南方的代稱。

主義（revisionist）的角度來解讀南北戰爭。他把北方聯邦（Union）的動機比作一九九〇年代美國的冒險主義（adventurist）外交政策：美國環顧全世界尋找怪獸，以民主和人權之名斬妖除魔，這種邪惡行動的結果只有死亡和毀滅，無法達成任何堂而皇之宣告的目標。他寫道：「南軍在南北戰爭中吃敗仗的悲劇，就是自此之後把分離的想法埋進了這個國家。而，強權並不代表真理，未竟的分離大業可能再起。」

在古聯盟成立大會上，羅斯巴德說明，兩方的願景以社會保守主義和退出大型實體這兩個雙生概念為核心整合在一起。在一個沒有中央政府的世界裡，新社群的型態將由各房地產所有權人之間簽訂的「鄰里合約」決定。他在別的場合說，這些實體（和尼爾．史蒂文森的「費勒」概念極為相似）是「合意國家」（nation by consent）。裂解與分離是計畫方案，加入同質性後則可當成政治結構的基礎。光是阻止新移民，還不夠。一七七六年的「老美國共和國」（Old American republic）就被淹沒了，「先是歐洲人，之後則有非洲人、非西班牙裔拉丁美洲人和亞洲人」。他寫道，美國已經「不再是一個國家了，我們最好開始認真想一想國家分離這件事。」這種小國家可能一開始很小，只能宣告擁有一小片國家領土。「我們必須要先敢於想像不敢想，」他說，「才能順利實踐任何高貴高遠的目標。」如果事情照他所想的發展，國家死的好這種事就會發生在美國。

## 2

我們常從純粹的政治或文化面來談新南方邦聯這些分離主義與極右派運動，當成一種有時候病態執著於族裔、不管任何經濟考量的徵狀，但這是錯的，我們也應該用資本主義來思考一九九〇年代的激進政治發展。羅斯巴德和洛克維爾自己的理由便始於經濟。他們是金本位的擁護者（美國一九七〇年代已經放棄金本位），認為法定貨幣（fiat mone）體系一定會在未來導致惡性通膨（hyperinflation），分裂大型國家政體是搶在未來貨幣崩壞之前先行逃脫的方法；崩壞之後，創造小型國家政體更有利於重組。朗恩．保羅說，他的信念是變革會「帶來苦難與衝擊」。他說「在我們今日的條件之下，國家政體最終會分崩離析。」並把美國拿來和蘇聯相比。他說起自己的德州共和國（Republic of Texas）白日夢：「沒有所得稅，有穩健的貨幣與繁榮的大都會。」

即使是不用如此悲觀的觀點看待近期未來的人，也會認為一九九〇年代全球化確實讓小國的概念比過去更可行。新加坡證明了專注於出口和自由貿易雖然更容易受全球需求的變幻莫測影響，但如今不用自行耕作就可以養活全國人。就像市場激進派常說的，像盧森堡與摩納哥這類微型國家政體，都躋身全球最富有國家之列。

古自由意志主義者希望，大力傳播分離也是一種選項有助於加速擺脫社會民主的經濟改革，邁向更純粹版本的資本主義。這番論調最辯才無礙的支持者，是羅斯巴德的門徒漢斯—赫爾曼・霍普（Hans-Hermann Hoppe），在羅斯巴德一九九五年因為心臟病發逝世之後，他就扛起師父的願景大旗。霍普是在法蘭克福受訓練的社會學家，後來移民美國，一九八六年加入內華達大學拉斯維加斯商學院（Nevada, Las Vegas School of Business），與羅斯巴德成為同事。他是很積極的約翰・蘭多夫學會成員，認為冷戰結束後發生了逆轉，一度沉睡的東歐社會主義集團變身成為全球資本主義的先鋒。統治愛沙尼亞（Estonia）的是一個三十出頭的年輕人，他宣稱，他唯一讀過的經濟學書籍就是米爾頓．傅利曼的《選擇的自由》。巴爾幹半島小國蒙特內哥羅（Montenegro）成立一所私立自由意志主義大學。此地區裡的各國根據新自由派智庫的建議，引進稅率很低的單一稅。在霍普眼中看來，充滿小型開放經濟體的東歐會對西歐的福利方案造成壓力，因為前面這些經濟體會吸走投資並把製造業的工作拉過來。「出現一小群東歐『香港』和『新加坡』，」他寫道，「很快就會把大量的西方資本和創業人才吸走。」

霍普預見未來會出現一股超強的國家自決潮；一次大戰後，曾經不斷擴張的哈布斯堡王朝（Hapsburg Empire）和鄂圖曼帝國（Ottoman Empire）分裂成構成國（constituent state）與託管地（mandate），美國前總統伍德羅．威爾遜（Woodrow Wilson）就曾經大力鼓吹國家自決。他寫道，這些內部同質性高的未來國家政體，以「不同的文化自願實體上隔離」取代「基於歷史的強迫整合」。霍普相信，新的領土應該比當代的國家政體小的多。「國家愈小，」他提到，「選自由貿易捨保護主義的壓力就愈大。」他用微型國家與城市國家當作範例，大力推廣「一個有著成千上萬自由國家、地區、邦的世界，有著幾十萬個自由城市的世界。」這個想法有點像中世紀的歐洲；歐陸曾有過密密麻麻成千上萬不同的政治組織，千年之後剩下了幾十個。羅斯巴德曾經說過要取消二十世紀，霍普要傳達的訊息更極端：要取消這一千年。

二〇〇五年，霍普舉行財產與自由學會（Property and Freedom Society）第一次會議，地點訂在他妻子擁有的土耳其海濱區（Turkish Riviera）一棟旅館豪華宴會廳。財產與自由學會在年會上重新鼓動無國家自由意志主義和種族分離，藉此和約翰・蘭多夫學會（一九九六年解散）的前成員相結合。種族與社會分裂的先知，和投資顧問與財務顧問使用相同的舞台。其中一場會議上，心理學家兼種族理論學家理查・林恩（Richard Lynn）報告他一本關於種族智商的新書《全球鐘形曲線》（*The Global Bell Curve*），其他講者的題目則有「脫離專制的大眾健康」、「如何在不被注意之下利用別人讓自己富起來」以及「廉價信貸的海市蜃樓」。李昂・盧烏演講那一年，卡爾・波夏夫的兒子卡爾・波夏夫四世（Carel Boshoff IV）剛好也針對他所說的歐拉尼奧「實驗」發表談話。有一個主辦方盛讚歐拉尼奧是和平分離的「罕見範例」。彼得・提爾在這個社會保守主義與反民主市場激進主義的大雜燴裡優游自在，他也被安排要在財產與自由學會其中一場會議上演說，但最後一刻取消了。

二〇一〇年的年會上有一位在德州長大、比其他人都年輕的白人男子登上舞台。這位理查．史賓賽（Richard Spencer）穿著毛呢西裝外套，並在眼前的講台上放了一部蘋果的筆記型電腦，看起來像歷史系的研究生，事實上不久之前他確實也是。他剛剛推出一份網路雜誌《另類右派》（*The Alternative Right*）；這個詞後來讓他惡名昭彰。史賓賽演說時勾畫了一幅未來世界的畫面，看起來跟古聯盟的願景很相似。種族分離主義將成為新常態：比方說，加州與美國西南部就有「拉丁裔民族主義社群」，「內陸城市」有黑人社群，以及美國中西部則有「基督教重建主義新教州」（Christian reconstructionist Protestant state）。史賓賽認為，當前的政治正朝向裂解，因應方案是幫忙加快崩潰速度，同時做好準備迎接這一天的到來。

六年後，史賓賽大受矚目，因為他把納粹的敬禮用語「Sieg Heil」[31]翻成

31 譯註：意為「勝利萬歲」。

英文，在華府的一場集會上大喊：「Hail Trump! Hail our people! Hail victory!」[32]有些人認為，川普勝選之後，分裂的夢想又更近一步了。米塞斯研究院的院長寫說川普凸顯出「一個世界政府的全球主義敘事中的裂痕」，自由意志主義者應善加利用，支持各種分離。

霍普成為極右派的指標人物。他的名聲有很多都來自於他的書《民主：失敗的神》（*Democracy: The God That Failed*），書中宣稱普選是現代原罪，因為普選剝奪了在君權與封建制度下安排社會運作的「天生菁英」階級力量。霍普主張，由民主孕育出來的福利國對優生學不利，鼓勵繁衍沒這麼能幹的人，並阻礙有才華的人表現傑出。他借用種族科學家來支持自己的想法：要逆轉「反文明」的過程，必須將人分成更小的同質性社群。書裡最讓極右派開心的一段，是堂而皇之擁抱排除政治異己的想法。「自由意志主義社會秩序裡不容忍民主派和共產黨，」霍普寫道，「要實際上把這些人分開，排除在社會之外。」霍普的臉出現在各種以消除為主題的線上圖片，通常會伴隨直升機，意指智利獨裁者奧古斯托·皮諾契特從飛機上把對手屍體丟下來的惡名昭彰之舉。

羅斯巴德過世前的最後幾次演說中，有一場安排在亞特蘭大（Atlanta）外的一處農場，他邊講邊想像著各個北軍將軍與總統的雕像都像東柏林的列寧雕像那樣「傾倒崩壞」，南軍邦聯英雄的紀念碑在該出現之地立起來。當然，各地已經有很多南軍邦聯人物的雕像。捍衛其中一座位在維吉尼亞州夏洛斯特維爾鎮（Charlottesville, Virginia）的南軍羅伯．李伊將軍雕像，成為二〇一七年八月白人民族主義者的代表性立場。他們穿上匹配的白色馬球衫和卡其長褲，舉著火炬大步走過城市，口號傳達出白人人數漸減的焦慮：「你們不會取代我們。」本次集會的其中一個主辦人（是一位白人民族主義者）也是霍普的支持者，他賣的保險桿貼紙上面寫著「I ♥ PHYSICAL REMOVAL」。[33]

霍普非但不拒絕這些支持，還盛讚這些人極具洞見。二〇一八年，他替《白人、右派和自由意志主義者》（*White, Right, and Libertarian*）這本書寫序，

32 譯註：意為「川普萬歲！人民萬歲！勝利萬歲！」

33 譯註：意為我愛實際上的消除。

此書的封面是一架吊著四具屍體的直升機，屍體頭上分別標示著共產主義、伊斯蘭教、反法西斯運動和女性主義的標誌。霍普覺得，極右派強調共同文化、甚至共同種族，正好說明了未來的無政府社會中就應該靠這些因素營造社會凝聚力。他們強力反對非白人移民的立場，也和古自由意志主義人士自一九九〇年代以來推動的關閉邊境立場相容。說到底，他完全不反對一幅傳遍各大訊息版的圖：圖中畫著變身成極右派吉祥物佩佩蛙（Pepe the Frog）[34]模樣的羅斯巴德、霍普和米塞斯，站在黃黑色的無政府資本主義旗幟前，霍普手上還拿著衝鋒槍。在無政府資本主義這種最極端的裂隙式資本主義中，特區由種族決定，而且標示著絕不容忍。

## 3

要把老南方帶回世界的夢想，看起來潰敗了，「南方州國協」連影子都沒有。然而，對古聯盟來說，還有一件事比穿回古代塔夫綢和回復動產奴隸制（chattel slavery）[35]的狂熱夢想更重要。建設自由貿易獨立南方的想法，反映的是投資與製造業的地點變化，工廠移轉陣地，轉向工會法律比較弱勢、減稅額度比較高的地方。全球物流中心聯邦快遞（FedEx）在曼斐斯市（Memphis）營運，UPS則在路易斯維爾（Louisville）。亞特蘭大的機場，名列全世界客流量最繁忙的機場。北卡羅萊納全球運輸園區（North Carolina Global TransPark）將海運、陸運、鐵道和空運的聯絡網納入一萬五千英畝的特區。

約翰・蘭多夫學會第一次開會的地點達拉斯，其郊區在二十世紀大部分時候都是放牧地，但過去十年變成水力裂壓開採石油的土地之後，獲利豐厚多了。當頁岩油革命（shale revolution）帶來新的財富，土地的公共所有權就變得更政治化。由聯邦政府所有的德州土地占比不到2%，但內華達州（羅斯巴德和霍普就在這裡教書）有84%。對於想著要達成完全私有化國家

34 譯註：佩佩蛙本是卡通人物，二〇一六年美國總統大選期間被極右派拿來改圖當成網路迷因，遂成為極右派吉祥物。

35 譯註：古希臘的奴隸制，將奴隸視為動產而非人。

的人來說，比方說古自由意志主義者，這一直是很讓人警惕的警訊。一九九〇年代與二十世紀最初幾年，從北加州的未來傑弗瑞自由州（Free State of Jefferson）到占領奧勒岡州（Oregon）馬盧爾國家野生動物保護區（Malheur National Wildlife Refuge）的激進牧場主人，各種分離主義行動刺激了對所有權的渴望。這類團體想著要從華府的集體主義者手上搶奪土地，設置地標畫出自己的家園範圍，並且成立平行的權力架構。這些不是想要返回過去自給自足時代的懷舊情懷，而是以牛肉、石油和木材等全球交易大宗商品為核心的土地爭奪戰。

達拉斯這座城市本來大可讓約翰·蘭多夫學會看到，現在資本主義裡辦法多的很，你不需要國旗或在聯合國的代表席次，也可以和其他人群拉開距離，但同時又在經濟上彼此相連。然而，一個世紀以來，這個城市一直成為實驗室，實行古聯盟夢想的契約、排除異己與分離分裂。一九二〇年代，此地通過一條法律禁制城市街區種族混居，白人會使用自衛隊暴力來落實分離。隨著城市發展，白人退守到註冊有案的飛地，他們支付的稅金用來支應自己的學校，不花在城市整體的學校系統裡。

一九九〇年代，不只歐洲的主權分裂，同樣的事情也發生在美國內陸。這十年間有一種新類型的住宅區大爆發：有門禁的社區；這是最新發明的空間上的隔離。羅斯巴德和霍普的家在拉斯維加斯，是美國這十年間成長最速的城市，這裡的人偏好的便是有門禁的社區。有一位非裔美國籍的市議員反對有門禁的社區不斷增生，他把這類社區稱為「私人烏托邦」（private utopia）。這個詞選的好。如果有人說古聯盟的願景遙不可及，你大可回答，現實中美國城市及不斷擴張的周邊環境裡各區域早已是楚河漢界，這群人設想的未來根本已在眼前。有門禁的飛地與用圍牆隔離起來的住宅區，是溫和派與左派自由主義者很擔心並經常論述的目標，他們顧慮的是公眾文化不斷衰弱，但對自由意志主義者來說，這則是刺激性更強的亮點。他們問一個問題：如果這些遭人痛恨的市郊社區型態實際上很棒，那會怎麼樣？也許，在這些地方，小型的替代性私有政府可以扎根，在被占據的領土內創造出自由的特區。這可以是在國家政體之內的「軟分離」，而不用跑到外面去。裂痕可以出現在家裡。

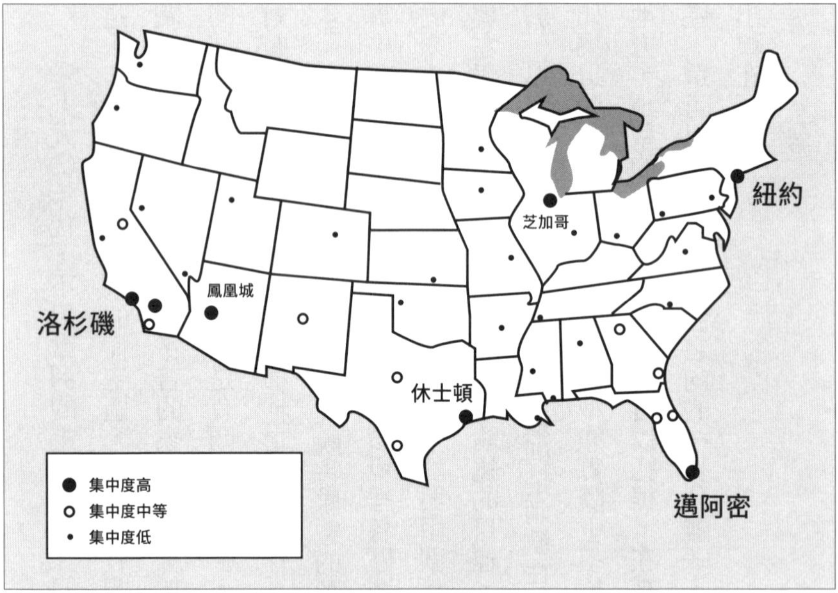


## 一九九六年美國有門禁社區的集中度

本圖為重製圖，資料來源為：
Edward J. Blakely And Mary Snyder, Fortress America: Gated Communities In The United States (Washington, Dc: Brookings Institution Press, 1997)

Chapter 6

# 變裝演出新的中世紀

一九九〇年新自由派人士齊聚一堂，頒給香港「全球最自由經濟體」的王冠，他們選擇了一個不可思議的聚會地點。會場設在距離北加州海岸邊十里處的海濱牧場（Sea Ranch）社區，約有一萬名居民。這裡的平房有著斜斜的屋頂，在海風侵蝕之下呈現出灰色與棕色的痕跡。房子低伏在覆滿地衣的懸崖後方，坐落在微微隆起的荒野上。當太陽從太平洋的海平面上升起時，這片景色看起來像浸在蜜糖裡。這裡的建築物不斷出現在大開本的精緻畫冊上供人們細細品味，是《安居》（*Dwell*）和《建築文摘》（*Architectural Digest*）雜誌裡光鮮亮麗的特刊，日後也成為 Instagram 上的推薦貼文和繽趣（Pinterest）圖版上的照片。《紐約時報》說，海濱牧場是現代主義的烏托邦。

然而，從比較世俗面上來看，這裡也是一個有門禁的社區，一處由私人財產與規定構成的烏托邦。一九九〇年那群人在此開會時，當地人口有97%都是白人。管理此地生活的，是一份五十六頁的文件《海濱牧場規範限制》（*The Sea Ranch Restrictions*），規定了樹木的高度，強制門簾布幔只能使用柔和的顏色，並禁止衣物吊掛在視線可見之處。原始規劃者說，這裡是一處沒有社會主義的吉布茲（kibbutz）[36]。你可以自由選擇進駐此地，但自由僅限於此，進來之後就必須聽從更偉大的聖旨：遵循既定規則。

這片海岸封閉與排他的歷史由來已久。一八四〇年代，俄羅斯人來到此地，獲取號稱「軟金」（soft gold）的海獺毛皮。他們宣告一大片土地的所有權，用樹幹建圍牆，打造羅斯堡（Fort Ross）屯墾區（英文中的「Ross」是從俄文裡的「Rus」轉化而來、這是俄羅斯〔Russia〕的字根）。後來有一位出身高雅文化的莫斯科人來到此地，營造出沙龍氣氛，舉辦舞會，還打造了一棟玻璃溫室。等到海獺都沒了，俄羅斯人也散去了，把建築物廉價賣給德國農夫。接下來換成墨西哥政府接收這片土地；一八四六年，一個叛亂團體的加利福尼亞熊共和國（Bear Republic of California）宣稱擁有此地的主權，一個月後，免費送給美國，只留下新的熊旗國旗。這裡建了一座木材廠，把倒木處理成木材，但在十九、二十世紀之間時被燒毀。幾十年後，這片土地找到了新用途，變成了房地產資產與追求感官愉悅之地。

海濱牧場創建於一九六〇年代，是有圍牆屯墾區捲土重來的先驅；這座堡消失了一世紀之後，又回到海邊。到了二十世紀末，有門禁的社區不僅是一種新形態的房地產，更成為時代的隱喻。這種社區顯然捕捉到了冷戰後十年兩股彼此相搏力量的矛盾：一股是無縫接軌的流動性與溝通創造出來的愈發緊密連結感，另一股則是社會區隔與新圍牆帶來的疏離感。我們或許可以說這叫**全球種族隔離**（global apartheid），雖然南非的種族隔離制度已經正式消失，但借用這個詞可以達成傳播效果。有門禁的社區封閉但互有連通，透過「道路、光纖電纜和數位電磁信號」和世界相連。為了說明這種新興的秩序，很多人辛辛苦苦回溯到遙遠的過去，判斷是新的中世紀回來了。「我們正在打造某種中世紀景象。」一位建築評論者喟嘆，「中世紀時，有防禦能力、

36 譯註：吉布茲是以色列嘗試建立烏托邦社會的集體聚落制度。

有圍牆與有門禁的城鎮連成了鄉間。」

市場激進分子不覺得這種現象讓人難過，他們反而備受激勵。他們認為，有門禁的社區不只是個隱喻，反而就像倫敦的碼頭區和西斯凱的班圖斯坦一樣，是一座實驗室，一個實踐微型秩序安排並讓穿洞打孔式的方案動起來的地方。他們深愛屯墾區散發出來的離心力，也樂見多種不同法律制度安排併陳的局面。在勾畫分權的新地圖時，他們提出了重回中世紀風格法律秩序的規劃。

## 1

少有誰真的像米爾頓．傅利曼之子大衛．傅利曼這麼迷戀中世紀；他的學思之路反映出二十世紀末自由意志主義想法的激進化。大衛．傅利曼一九四五年生於紐約市，成長於位於芝加哥海德公園（Hyde Park）的學術飛地；他的父親在芝加哥大學（University of Chicago）教書。海德公園雖然不是有門禁的社區，但這片不到兩平方英里的地方，像一張郵票硬生生貼在周遭都是比較貧窮、黑人比較多的南區（South Side）地帶。海德公園也是美國二十世紀中葉，種族和財產問題衝突抗爭的前線。一九四〇年代有人試著打破這片飛地的隔離狀態，但因為居民的反對而碰壁。在一份文宣裡，此地的屋主說附近地區簽訂以種族為限制條件的協定「道德上合理，動機並非偏見」。他們主張，限制性協定[37]是「私人契約」，可以確保投資的安全性並「抵禦不討喜鄰居劣化的影響力。」米爾頓．傅利曼在《資本主義與自由》（*Capitalism and Freedom*）書裡表達了他自己反對用法律來對抗歧視。他比較喜歡教育變成完全的私有財，人民可以用國家發的抵用券來支付費用。如果他們希望拿自己的稅金用來支付採隔離制的學校，那就這樣吧。

一九六〇年代初期，大衛．傅利曼在哈佛念大學，貝利．高華德（Barry Goldwater）參選總統（他父親幫忙為高華德提供建議）觸發了保守派復興，他也參與了這場運動。後來他為了取得芝加哥大學的理論物理學博士學位返回海德公園，並替保守派的新刊物《新衛》（*New Guard*）固定撰寫專欄。

37 譯註：限制性協定指訂約雙方可根據特定條件限制財產的使用與占用。

他的論調很好戰。「學運是我們的敵人，」一則專欄一開始就這麼說，「如果他們訴諸武力，應該把造反的人吊在最近的路燈柱上。」在自由意志主義運動中有很多「最聰明最辯才無礙的代言人」，《紐約時代雜誌》（*New York Times Magazine*）獨愛點名他。他大聲宣告：「不要問政府可以為你做什麼……要問政府正在對你做什麼。」他戴著牛角框眼鏡，稍長的捲髮形成一圈髮暈，傳達出一種挑釁的戲謔，有點像是宿舍裡辯論大王的氣質。在公眾場合，他有時候會配戴一個自由火炬的金質紀念章，外面包覆著嘉茲登旗（Gadsden flag）上呼籲「不要踩到我」（DON'T TREAD ON ME）的那條響尾蛇[38]，但文字換成了幾個字母「TANSTAAFL」，這是他父親常說的名言：「天下沒有白吃的午餐」（There Ain't No Such Thing as a Free Lunch）字頭縮寫。

大衛．傅利曼在政治上比他的父親更傾向實體上無政府。米爾頓．傅利曼對公立教育存疑，但他相信政府有其必要，必須提供其他多種功能，比方說制訂與落實財產權的法律，印製與掌控貨幣，甚至有時候還要對抗壟斷並懲罰製造污染的人。就像他經常堅稱的，他並不是無政府主義者；反之，他兒子是。取得物理博士學位兩年後，大衛・傅利曼出版了一本宣言：《自由的機制：激進資本主義指南》。本書明確表達了極端立場，呼應了莫瑞・羅斯巴德的無政府資本主義呼籲；無政府資本主義的定義是，從道路、法院到警政，系統中所有的政府服務都私有化。公法完全消失，所有和民主看起來很像的東西也不見了。

從一開始，無政府資本主義就帶有思想實驗的特質。論證的核心，通常是在現有國家政體架構下要落實一個完全私有化的世界有其難度。常見的反對理由是國防問題。一個私人社群如何對抗擁核武的敵人以自保？由於在當下要真正實現很有難度，無政府主義者樂於遁入過去找庇護。一九七〇年，有人寫一封信給《新衛》刊物的編輯，警告說把保護私有化不會帶來經濟自由，只會催生出「新封建制度」。這人講的話非常接近事實，連他本人都沒有意識到。

38 譯註：嘉茲登旗由美國軍事家克里斯多福・嘉茲登（Christopher Gadsden）設計，是美國革命時美國海軍陸戰隊展示的第一面旗幟，旗底為黃色，上面畫有一尾美國中西部常見的響尾蛇，搭配文字「不要踩到我」，取響尾蛇很少主動攻擊、但會積極反擊的寓意。

事實上，大衛．傅利曼所做的事很難和他在公餘時的角色分開；他在社團裡演的是一位十二世紀初的上流社會柏柏人（Berber）[39]，名為虹弓卡瑞亞多克公爵（Duke Cariadoc of the Bow）。他是復古俱樂部（Society for Creative Anachronism，簡稱ＳＣＡ）裡很活躍的會員；這個社團一九六〇年代創辦於柏克萊（Berkeley）。大衛．傅利曼扮演卡瑞亞多克公爵時會摘掉眼鏡，只用右手吃飯，永遠都用敬語尊稱上帝之名，有時候會以「在不信神的人耳中聽來是詛咒」的話來講某個已經過世的非穆斯林。他撰寫建議，告訴大家如何成為中世紀的穆斯林，並用阿拉伯文簽名。一九七二年，他開始舉辦復古俱樂部的年度聚會，名為賓迦之戰（Pennsic War），是用賓夕法尼亞（Pen-nyslvania）和迦太基（Punic）兩個詞組合而成的自創詞。第一次大會吸引了一百五十人，到了一九九〇年代，這種為期兩星期的中世紀露營活動固定會吸引上萬人。

中世紀這個老主題給了大衛．傅利曼研究養分。在一篇登上著名《政治經濟期刊》（*Journal of Political Economy*）的文章中，他提出了「一套和國家的大小與形狀有關的理論」，辛辛苦苦把中世紀貿易通道長度的衡量方式化成公式。一九七八年時，他又為新中世紀文獻留下了最耐久的貢獻。他的父親在鏡頭前面大談香港奇蹟時，他讚賞的是另一塊海上磐石：冰島，他認為他在這裡找到了無政府資本主義文明的遺跡。

他寫道，從第十到第十三世紀，這座北歐小島「很有可能在某個瘋狂經濟學家發明之下，去測試市場系統在最基本的功能上可以取代政府到什麼程度。」他寫道，中世紀冰島的法律由私人執法；即便謀殺是一種刑事罪，但罪犯也可以支付罰款給受害者家屬。這套模式吸引人之處，在於報復懲罰可轉移。因為犯罪而受苦的人，可以把報復懲罰契約賣給第三方；他們對於自己的受害人地位享有某種財產權。大衛．傅利曼很敬佩冰島系統可持續超過三百年之久，並指出這可以為目前激發出一些想法。中世紀的冰島凸顯了「美國的法務系統落後最新進的法律技術一千年。」

其他人在大衛．傅利曼開了頭之後接下去，其中最重要是他的跟隨者：無政府資本主義經濟學家布魯斯．班森（Bruce Benson）。班森一九九〇年

39 譯註：西北非的一個部落民族。

出版《法律企業：沒有國家政體的正義》（*The Enterprise of the Law: Justice Without the State*），在書裡提議重啟中世紀主義，做為二十世紀末犯罪司法改革的模式。根據班森的說法，日耳曼部落在第五世紀把「wergeld」、亦即「賠命價制度」帶進了英國的小島。經濟上的補償是比入監更理想的懲罰模式。中世紀時，負責執法的是自主組成的實體「百人團」（hundred），他稱讚百人團是「有企業元素的提供保障與執法組織」。然而，到了十一世紀，控管法律秩序已經開始比較偏由上而下的系統，由君王任命行政司法官，並收走一定比例的罰金。不訴諸皇家法規就解決偷盜行為，變成非法之舉。隨著諾曼第人的中央主義取代了薩克森人的在地主義，過去人際間的冒犯過失變成了「罪行」。到了十二世紀，收稅官與法官變成宮廷的一部分，他們得到皇家許可，可以向人民收錢。經營監獄的許可權（也是透過君王核發取得）很好賺，囚犯要自費坐牢。班森認為，羈押本身並非國家政府的必要職能。對他而言，最糟糕的時候出現在十九世紀，此時英國出現了由稅金支應的公家獄政系統。

班森在法律史裡穿梭，追出了從私人到權威主義法律系統的路徑。身為無政府資本主義者的他相信，所有政府強加的稅賦、罰款和懲罰，都是偷盜。我們愈是遠離日耳曼交戰酋長制的自主性組織，就愈接近專制。但我們仍有一線希望。他觀察到，公部門壟斷政策是很近期才有的事。進入十九世紀時，還有民間的「抓賊人」以及私人警力。二十世紀末，私有化或許可以再度把法律變成一門生意。他指出梅薩商人警察（Mesa Merchant Police）和衛士徽章（Guardsmark）這些公司，還有歷史悠久的平克頓（Pinkerton）和瓦肯哈特（Wackenhut），都提供私人保全；他也特別講到西南行為系統（Behavioral Systems Southwest），這家公司代表之前的移民與歸化局（Immigration and Naturalization Service），安置沒有身分文件的遭拘留移民。他主張法律與秩序維護要私有化的最重要論點，是這可以減少人力成本。警政獄政人員加入工會的比例極高，私有化可以馬上解決這個問題。

新中世紀私人司法體系是一九九〇年代電腦叛客文學（cyberpunk）[40]常見的主題。在威廉・吉布森（William Gibson）的《虛擬之光》（*Virtual*

40 譯註：一種科幻文學題材，講述科技高度發展、政府無能、大企業壟斷資源之下的種種故事。

*Light*）裡，「尋人調查員」（skip-tracer）會簽署合約，然後負責追蹤找人。在一部背景設定在二〇三六年的動畫影集《銃夢》（*Battle Angel*）裡，有一群冒險犯難的自由工作者為了錢追蹤罪犯。「過去曾有所謂防範犯罪的警察，」其中一人解釋，「但現在，工廠（The Factory）只需要把賞金貼在通緝犯的頭上，像我這樣的賞金獵人就會去做麻煩事。」在當代美國，班森提議很多其他方法以重新找回失落傳統。把街道的所有權轉交給居民，意味著居民會自動警戒，把可疑的外來者拒於門外，同時也能強化社區共同感。他以身作則實踐自己的信念，住在佛羅里達塔拉赫希市（Tallahassee, Florida）一處有門禁的社區，有私人的街道、單一的路口，還有鄰居組成的守望相助隊。私有化把盎格魯—薩克遜的百人團精神帶了回來。

班森並不只是自己白費力氣，多家智庫給了他充分的經費，也大力讚揚他。一九九八年，他的論點直接納入威廉・柯赫委員會（William I. Koch Commission）提供給堪薩斯州的減少與防治預算（Crime Reduction and Prevention）報告裡。他說，將法律與秩序控制系統私有化，「實際上是回歸歷史實務，而不是什麼新鮮作法。」查爾斯・柯赫基金會（Charles Koch Foundation）這些自由意志主義的金主在二十一世紀推動廢除監獄，若有人不解其中的道理，班森的論點可以提供一些解釋。像他這樣的市場激進分子相信，監獄本身是一種顛倒的懲罰；用私人賠償來執行懲罰，會比國家集權主義者試著要犯罪人改過向善更好。為錢受雇的抓賊人、民間團體執行的司法制度和可交易的懲罰契約，這些都是從古老的過去找到靈感的改革元素。

## 2

在二十世紀的最後十年，新自由派運動的重心轉往西岸。舊金山灣區（Bay Area）這個更以抗議和輟學文化聞名的地方，吹起一股不太可能發生的旋風。米爾頓與羅絲・傅利曼夫婦開創了這股一九七九年時出現的潮流。他們後來在海濱牧場買了度假屋，又在皇家大廈（Royal Towers）買下主要住所，這是舊金山俄羅斯山丘（Russian Hill）地區最高的大樓，樓高二十九層，下方是一排有凸窗的連排屋。由查爾斯・柯赫、艾德・奎恩（Ed Crane）和莫瑞・羅斯巴德創辦的嘉圖研究院，就在山腳下。走幾步路，就會到《詢問》

（*Inquiry*）和《自由意志主義評論》（*Libertarian Review*）等刊物的辦公室。傅利曼家的鄰居安東尼・費雪（Antony Fisher）常和他們一起吃晚餐；此人是雞肉大亨、失敗的海龜養殖人和智庫主持人。費雪一九七九年創辦太平洋研究院（Pacific Research Institute），一九八一年創辦阿特拉斯基金會（Atlas Foundation），裡面的人後來在雷根總統時代成為極有影響力的私有化政策推手。資助布魯斯・班森從事中世紀研究的單位，就是太平洋研究院。

到了一九九〇年代，西岸最讓人興奮的就是很多地方都分離出來，自主管理，例如海濱牧場。嘉圖研究院的副董事長很讚賞有門禁社區的現象，寫到人應該理性因應，「用圍牆（把自己圍起來）隔開野蠻的威脅。」另一位自由意志主義者在想，使用契約打造出像海濱牧場這樣的「自願性城市」，是否有助於解決美國各大城市「毒品屋」（crack house）[41]的問題；他的解決方案想必是只要把吸毒的人趕走就好。然而，有門禁的社區不僅是避難所而已，也是做實驗的特區。有兩位經濟學家說這種社區是「契約式的政府……由制訂與推銷組成規則的創業家所建構。」選票根據房屋分配，甚至也可以根據房屋大小分配，而不是老派的「一人一票」；在他們的心中，一人一票模式只能得出次佳結果。從這個角度來說，新式的有圍牆城鎮展現了沒有民主的資本主義範例。

戈登．圖洛克（Gordon Tullock）做了最詳盡的研究，是他提出了立論，讓有門禁的社區成為重新設計未來的範本。圖洛克是受過專業訓練的律師，曾任職於美國國務院（US State Department）駐香港、首爾和天津各地，之後才在學術界安頓下來。他在知識上是匯聚百家之言的人，收集與整合各種不同學門與地方的見解。他一九七九年時找到一個很適合做自由意志主義思想實驗的討喜好地方，他廣納百川的取向一覽無遺；他找到的地方就是種族隔離制度的南非。他比盧烏和肯德爾更早提出建議，指出南非應該分裂成更小的單位，不要加入普選制度的大旗。舉例說明時，圖洛克從他的帽子裡抓出一隻讓人意外的兔子：中華人民共和國。他主張，中國共產黨革命造成的結果大部分都還在。當地政府架構跟中國帝國時代的系統很相似，整個國家分散成很多受「街邊政府」（street government）監管、居民有一至兩千人的村

41 譯註：指交易、吸食毒品的地方。

子，匯聚組成「村落聯盟」（a federation of villages），在地有相當高的控制權。

幾年後，圖洛克挖到另一個出人意外的洞見來源：鄂圖曼帝國。圖洛克住在維吉尼亞州一棟配有私人警力的有產權大樓，他在想，「小型私人政府」是否就是一般化的鄂圖曼帝國**米利特模式**（millet）？米特利模式一直維持到鄂圖曼帝國於一次大戰後瓦解為止，在這套模式下，一個人是帝國的子民，但同時也是自主治理宗教社群的一分子。圖洛克提問，美國的族裔社群為何不能用類似的方法自主治理？比方說，教育經費可以撥給「芝加哥的波蘭社區或邁阿密的古巴社群」，而不是根據地理學區分配。他後來沉溺在更奔放的種族主義幻想裡，他建議，在當代美國城市裡，黑人穆斯林可以在「他們的公民參與暴力時使用警力，最高到包括有權處決。」或許是為了向群眾保證他這麼說並無否定這個族群的意思，圖洛克又補充說他認同黑人穆斯林帶來的秩序與繁榮。在類似的條件下，他會「自願加入」他們的行列。

一九九〇年秋天，圖洛克踏上南斯拉夫的演講旅程，以地方分權和封建制度為題發表演說。他很驚訝地發現，巴爾幹半島上的各社會主義共和國並沒有根據族裔的差異涇渭分明，反而納入了大量的少數族群。他認為這是一種致命錯誤，他的直覺很快就被證實了，種族衝突把南斯拉夫撕得粉碎。他決定寫一本關於如何讓國家聯邦化的小冊子，希望世界各國都能妥善利用，預先阻止更多暴力。圖洛克是一個很關注周邊環境的人，當他搬進位在圖桑（Tucson）北部陽光熾熱、布滿仙人掌山崗上一處由約兩百五十戶人家組成的有門禁社區，他發現，他理想的政體初稿就出現在他家附近。他在他的作品裡講到的陽光山脈屋主協會（Sunshine Mountain Ridge Homeowners Association）成為他的範本，讓他充滿雄心壯志，努力寫出以選擇性自我分類為基礎的封建主義全球藍圖。

這個有總體營造的社區好處在於一切都是自願的。這裡有客製化的規則，從一開始就明確訂好了，你可以選擇加入，在這裡安家落戶，也可以選擇不要住進來，去別處買房子。與城市、郡或國家等更大型的司法管轄區不同的是，屋主協會是很小的單位，是實行微型秩序控管的好機會。「這個小『政府』要做什麼？」圖洛克提問。他們擁有並維護街道，安裝消防栓。這裡由私人企業提供防火服務、天然氣、電力、有線電視和垃圾回收。當地警長保衛社區，但社區會自己增加晚班警衛。這裡也有很精準的美學規定，例如某人家的花園從街道上看起來應該是什麼樣子以及某戶人家應該是什麼顏色。「如果這裡出現某個怪人，想要把自己的家漆成紫色，」圖洛克提到，「他會被制止。」這個版本的自由不接受荒唐的品味，這有可能和太多社區裡的屋主產生衝突。

看到屋主協會成為實際運作私人政府的獨特範例，圖洛克並不滿足，他還用這個社區當作證據，佐證一套他稱之為「社會封建主義」（sociological federalism）的理論；這套理論說的很明白，社會上相關性最強的分類就是族裔和種族。他提到，陽光山脊「同質性相對高」，意思是，幾乎所有人都是白人與非西班牙裔，相對之下，周邊的皮馬郡（Pima County）約有三分之一的人口都有墨西哥背景。對圖洛克而言，這不是問題而是證據，支持了他的假說：「看起來，整體來說，人喜歡和與自己相似的人住在一起。」

人為何想要「脫離大社會」退到有門禁的社區？「他們是想要避開其他種族的人嗎？」嘉圖研究院的大衛．博奧茲（David Boaz）一九九六年時很疑惑地問。圖洛克的分析直指確實如此。他捍衛分離主義，因為這是自願性的，也因為這能帶來利他的結果。這不是國家政體強迫的分隔，是人民自主的決定。一旦決定要這麼做，他們之間的有約束力契約會決定人可以展現的個人化面向限度到哪裡，私人保全則可以確保排除不討喜的人。這是一個井然有序的種族同質棋盤，如果想達成這樣的局面，只要不再期待靠著集體行動處理各種不平等，就可以了。圖洛克在美國南方亞利桑那州的灌木叢林地寫作，他看到了加強版的白人堡壘既是理論上的夢想，也是既存的現實。

## 3

大衛·傅利曼看到了一條路可以通往無政府的未來，那就是建構替代性的機構，或者，像他所說的：在社會之內建立「無政府資本主義的骨架」。有門禁的社區成為多中心法律系統（polycentric law）的範例。多中心法律理論說，沒有必要讓所有人適用一套單一的法律。事實上，如果有多套法律，運作起來會更順暢。現代社會的缺點之一，是在特定的完整領土範疇內只能適用單一套法律。反之，自由意志主義者讚頌不同群體自行套用不同的法律。這就是漢斯—赫爾曼·霍普所說的中世紀「階級式無政府」（hierarchic-anarchic）秩序。他寫道，市場激進派人士應該「從中世紀的歐洲找線索，努力讓美國國內散布著大量領地彼此不相連的自由城市，而且數量愈來愈多。」權威不是問題，規定不是問題，問題是沒有夠多的權威和規定可以選擇。不用說，他們對於中世紀的這番理解，比較多是出於想像而不是嚴謹的學術研究。中世紀的世界經常被簡化成幾個很好用的重點。但對歷史的準確性吹毛求疵，不是重點。在大衛．傅利曼寫出冰島的文章之前，他已經先發表另一篇文章，文中講到重現中世紀是一種「聯合幻想」（joint fantasy）。在參加這些重現論者的聚會時，他講了一種「魔幻之地」（Enchanted Ground）的概念：用警戒線圍起一個地區，並擺放一個標語上寫著「**在此界內不存在二十世紀**」（WITHIN THESE BOUNDS THE TWENTIETH CENTURY DOES NOT EXIST）。這種重現也被稱為實境角色扮演（live action role playing，簡稱 LARPing）或者變裝扮演（cosplay），後者原指虛構角色的死忠支持者「確實穿搭對應服裝配飾，在現實中重現該角色」（costume play）。在政治討論裡，**變裝扮演**有時候變成嘲弄某種政治傾向的用詞，指不和現實世界互動的逃避主義者。但大衛．傅利曼自己說了，他本人用很獨特的方式呼應中世紀，特點就在於真實。他穿戴那個時期的服裝，手因為握著劍而起了水泡，烹調並享用中世紀的食物。同樣的，無政府資本主義者的歷史實境角色扮演也對世界造成了真實的影響，他們邀請我們思考，同時也做了一些很具體的事：真的演出來。

其中一個範例就是大衛·傅利曼的兒子派崔·傅利曼；他的名字是取自於他父親一位極有創意、但與時代格格不入的同伴，此人是一位哈佛歷史博士，自稱派崔·杜·薛特·格里（Patri du Chat Gris）。派崔·傅利曼小時候就參加過賓迦之戰聚會活動，後來也成為辦在內華達沙漠、受人讚頌的火人祭（Burning Man）文化嘉年華活動忠實支持者。參與者的心靈手巧與獨特創意，讓他非常著迷，這些人做出「兩英里長的雷射畫面……在漫天塵土之下仍明顯可見」，以及「四十英尺長的噴火龍汽車」，而且不只一台，還做了兩台。但他抱怨一件事：活動上不允許商業行為。他跟其他比他更早的無政府資本主義者一樣，在他們設想的烏托邦裡，商業不會被拒之於門外，商業主導眼前能見的一切事物。

派崔·傅利曼的目標，是重現火人祭的魔幻之地，而且要擴大烏托邦的規模。火人祭的象徵標誌是一個雙臂伸展開來的簡筆畫人物塑像，非營利機構海上家園研究院（Seasteading Institute）[42]的標誌則是把一艘貨船放到這個簡筆畫人物的手裡，有一篇評論文章語帶雙關地說：「阿特拉斯游走了」（Atlas swam）[43]。海上家園是一處位在海上的有門禁社區，是水路版的自由城市，是飄浮的司法管轄區。大衛．傅利曼在海上家園研究院舉辦的第二次研討會中演說，他提到海上家園的意義是回歸熟悉的鄂圖曼帝國典型。他說：「這個世界整體說是一套多中心法律系統。」通常，這表示不同的地方依附於不同的法律體制，但，如果領土是機動性的，今年適用一套法律、明年適用另一套，那會怎樣？或者，海上領土也可以像船隻一樣基於便宜行事的理由掛不同旗幟，用寬鬆的利比亞或巴拿馬勞工法或智慧財產權法傍身，前往世界上比較規範嚴格的地方。海上家園可以是自有法律體系的行動家園。

無政府資本主義者相信，透過一系列選擇退出的行動，未來沒了國家政體的社會輪廓會愈來愈清晰。實際演出一個私有社會該是什麼模樣，可以累積動能。現實顯然會追著幻想的腳步。大衛．傅利曼還小的時候，芝加哥大學設置了第一支專屬警力，而他在《自由的機制：激進資本主義指南》

裡提議，保全要完全私有化。到了二〇〇〇年，芝加哥大學是擁有美國最龐大私人警力的業主之一。正如傅利曼所渴望，鄰里這個階層得到了管轄權，維護六萬五千人的安全。同年，美國西部和南部約有一半新的開發案都有門禁，都有社區總體營造，約有七百萬戶美國人都住在圍牆或柵欄裡面。自學看來是另一個亮點。一九七〇年代，據估計有兩萬孩童在家自學，到了二〇一六年，這個數字為一百八十萬。約翰・蘭多夫學會成員蓋瑞・諾斯（Gary North），是讓自學相關法律在五十州全數通過的重要人物。

大衛・傅利曼主張：「現代單一法律系統的國家政體，比中世紀的國家政體更不能容忍多元。」但就算有門禁的社區是新式的中世紀島嶼，它們卻剛好是上述論證的反證。圖洛克十分讚揚人可以「用腳投票」在不同社區之間來去這種事，但，人民其實並不真的能在不同的小政府之間做出有意義的選擇。屋主協會居民簽署的協議，是律師和保險公司反覆商量後寫出來的公

42 譯註：派崔・傅利曼是研究院的創辦人之一。

43 譯註：阿特拉斯指希臘神話裡以肩頂住天的大力士，也是前文《阿特拉斯聳聳肩》書裡講的人物。

版範本，不同社區之間的契約差異，還不如各飛地的建築風格與稀奇古怪的名稱這麼讓人眼花撩亂，而且通常限縮了可接受的行為，而不是拓展居民的自由度。比方說，禁止出現政治標語，也不得傳播新聞。有一對加州的夫婦被按日罰款，因為他們的鞦韆組是木質的，而不是規定的金屬。一位佛羅里達州的婦女被告上法院，因為她的狗體重超過三十磅。有門禁社區的私人政府相信，同質性最能保障他們的長期投資，因此限制了自由選擇。經濟上的自由，代表了限縮個人的表達空間。

也該一提的是，大衛．傅利曼也勉為其難承認，在無政府資本主義社會裡，「就算人民不把自己或自己的財產當成威嚇別人的力道，也不必然能讓每一個人都能隨心所欲安頓自己或處置財產。」他承認，把法律與秩序控管機制私有化很有可能對個人自由加諸更多限制。住在美國西岸的居民可以回頭看看沒多久前發生的事，就能理解實際上這是什麼意思。進入二十世紀時，美國是一個由千百個企業城連接起來的國家。這些城鎮由私人建造與擁有，是奉行家長主義規則的飛地。城裡的房子是公司建造的，外觀和顏色都由老闆決定。店鋪的業主也是公司，員工有時候收到的薪水是只能在城裡使用的

「代幣」。社會封建制度是當時很常見的慣例，人們根據種族和族裔分開生活。個人的行為受到控制，通常也禁止飲酒，幾乎普遍都禁止加入工會或任何勞工運動。社區會終結罷工並排擠相關人士。某些煤礦城要求員工簽署合約，不可在自家招待身為工會成員的訪客。在亞利桑那州的比斯比（Bisbee）和傑洛米（Jerome）等採銅鎮，聘用武裝自由業保安人員來圍捕與驅逐不討喜的工會成員。華盛頓州一位煤礦主擁有並經營自己的城鎮，他的名言也剛好可以成為無政府資本主義美夢的口號：「一個好的王國好過於糟糕的民主社會。」他沒講壞王國會怎樣。只有在無政府資本主義的幻想裡，人才能在自己選定的法律系統下過日子。

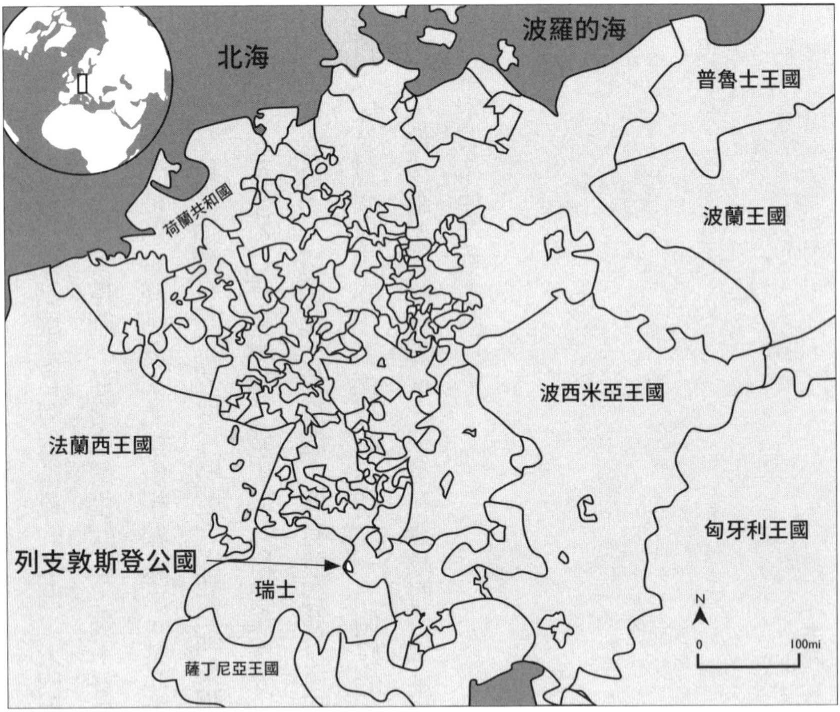


約一七八九年時的歐洲政治組織拼圖

Chapter 7

# 你私人的列支敦斯登

據說，如果你在從瑞士到列支敦斯登的高速公路上點了一根菸，當你走完高速公路進入奧地利時，這根菸都還沒吸完。列支敦斯登公國的長度和曼哈頓差不多，是萊茵河畔的一座崎嶇的綠色山谷。這裡看起來不太像能替二十一世紀的政治組織提供範本的地方。然而，即便這裡很小（事實上，也就因為這裡很小），公國的光環仍照亮了自由意志主義者的心頭。一九八五年，《華爾街日報》說列支敦斯登是「供給者方的小國實驗室」（the supply-siders' Lilliputian lab）。一年後，李昂・盧烏和法蘭西絲・肯德爾把這個地方當例證，主張在種族隔離制度下的南非要立邦。激進的自由意志主義者讚揚這是把國家政體當成服務供應商、把人民當成顧客的「第一版設計」，並夢想著「一個由千個列支敦斯登組成的世界」。

列支敦斯登有各種美好，其中一項就是有一位自由意志主義理論專家住在此地。漢斯・亞當二世列支敦斯登親王殿下（Prince Hans-Adam II von und zu Liechtenstein）是全世界第四富有的君主，淨財富超過二十億美元，自詡是經國大業的司令官，畫出藍圖規劃他所說的「第三千禧年的國家政體」：另一種以保密、專制和脫離權利為基礎的全球主義。對某些市場激進分子來說，這個神聖羅馬帝國（Holy Roman Empire）的最後一片碎紙，讓他們預先看到了未來可能的模樣。

## 1

列支敦斯登的魅力始於其源頭：這個地方是用現金買來的。一七〇〇年代初，有一位維也納宮廷成員從破產的霍恩埃姆斯王朝（Hohenems dynasty）買下兩塊地，把這兩個地方變成了一個公國。這片領土以新主人的姓氏重新命名。[44]列支敦斯登於一八〇六年成為完全主權國，在日耳曼邦聯（German Confederation）於十九世紀中期解體之前都是當中的一員，在這之後，公國加入了哈布斯堡王朝羽翼之下。公國原來的買主或其繼承人都不住在當地，甚至在一八四二年前都沒去過；他們人在四百里之外的維也納，享受著外交豁免權。這些人有很多財產，散布在當時仍由貴族政治拼貼而成的中歐，列支敦斯登只是其中之一。

哈布斯堡王朝第一次大戰吃了敗仗之後解體，列支敦斯登則和瑞士建立聯盟關係。因為惡性通膨導致毫無價值的奧地利貨幣，被瑞士法郎取而代之；一九二四年，瑞士法郎成為微型國家列支敦斯登的法定貨幣。一次大戰重挫了列支敦斯登王室：王室散落財產所在之地被劃入新的國家捷克斯洛伐克，該國奉行經濟民族主義（economic nationalism）政策，沒收外國人持有的財產。皇家失去了一半以上的土地，他們得到的補償和真實價值相比微不足道。列支敦斯登一九二〇年申請加入聯合國的前身國際聯盟（League of Nations）遭拒，但這個微型國家仍擁有主權，並想辦法加以善用。經營樂透與賭馬的

44 譯註：如今，列支敦斯登和沙烏地阿拉伯是唯二國名中帶有統治者姓氏的國家。

想法浮上檯面但無疾而終，提議推出超國家貨幣**全球幣**（globo）的構想亦然。想要模仿摩納哥、成為高山上蒙地卡羅（Monte Carlo）的計畫，也全盤落空。到最後，列支敦斯登改為變身成一個名實並不相符的地方：避稅港。

避稅港的核心機制是信託。信託是英國人發明的，可以追溯到十字軍東征（Crusade），當時為了投入聖戰（Holy War）而離鄉背井的人們，想辦法把自己的財產交到可信任的人手裡。中世紀和現代初期，把土地信託給朋友或在世的親戚，是避免自己身亡時土地被當權者或收稅官沒收的方法。信託，是一種菁英展現力量以對抗收稅統治者興起的方法。進入二十世紀，信託要達成的目標也相同。社會學家布魯克・哈靈頓（Brooke Harrington）指出，信託和財產專業人士採用的某些準則和過去的騎士相同，都由個人之間的羈絆產生約束力量，超越世間國家政體制定的限制。幾世紀以來，信託這一行的核心就是倫敦自治市，而，約在第一次世界大戰時有很多國家開始引進所得稅，讓人們更有誘因把個人財富藏起來，而，業務分散在各個新成立國家的企業，也在找一個單一的地方成立公司，列支敦斯登和瑞士便踏進來填補空缺。

列支敦斯登是現代化之前的封建系統下的遺跡，其騎士風範的守密者姿態，讓這個國家更有說服力。一九二〇年，一家跨國集團在此地成立新銀行，同年也出現了第一家控股公司。一九二六年，這個微型國家通過一條法律，在找得到一位當地律師當作代理人的前提之下，外國公司就可以和在這個山谷小國註冊的本國公司一樣，行動自如。從收稅官的眼光來看，這些代理人的稅籍，也就是你的稅籍。註冊公司的數目在短短幾年增加了四倍，一九三二年時成長到約一千兩百家；到了二十一世紀，列支敦斯登有七萬五千家註冊公司。帳戶是匿名的，用任何語言註冊都可以，股票可以用任何貨幣計價，母公司在全世界任何地方的子公司都可以涵蓋在內。列支敦斯登系統裡為時最長的特色之一，是一個人就可以開一家公司，他們的身分也會隱沒在法律的黑盒子裡。最能代表列支敦斯登的服務項目就是「機構」（Anstalt），這是一種源出於奧地利、專用於慈善活動的基金會。列支敦斯登稍作變化，把這當成替家族財富避開遺產稅的方法。

「以國家來看，」一位記者一九三八年時寫道，「列支敦斯登太小，不足以獨立，但以保險箱來看，這裡卻非常大，基本上是人類有史以來打造出來最大的保險箱。」列支敦斯敦的首都瓦杜茲（Vaduz），人口有幾千人，古雅精緻的街道上塞滿了全世界最大型企業的辦公室，包括法本（IG Farben）、蒂森（Thyssen）和標準石油（Standard Oil）。列支敦斯登也搶先推出深受超級富豪喜愛的另一項操作：讓外國人購買公民身分。一九三八年，列支敦斯登的公民權是五千五百美元。（針對通貨膨脹做調整之後，以今天的幣值來算大約是十一萬美元，與萬那杜和格瑞那達〔Grenada〕等「投資」入籍的門檻差不多。）多數列支敦斯登的新公民都不會待下來。他們開著車進來，宣了誓取得公民權，然後開車走人。列支敦斯登成為「外流資本的首都」（the capital of capital in flight）。

一九三八年，法蘭茲・約瑟夫親王二世（Prince Franz-Josef II）逃離被納粹德國併吞的奧地利，列支敦斯登王室首次入住公國。根據一份條款模糊不清的協定，德國的武力從未染指這個國家。國內有一些納粹運動，同情希特勒的人也可以進入由十五人組成的國會，而一場有點滑稽的暴亂在童子軍的協助之下被平息，最終以未遂收場。一個由歷史學家組成的國際委員會後來發現，雖然王室在奧地利擁有的土地上有強迫勞動的情形，但列支敦斯登並沒有買賣從猶太人那裡偷來的黃金或藝術品，和鄰國的瑞士大不相同。

戰後，列支敦斯登持續發展其「神經質資本主義者的伊甸園」（Eden for nervous capitalist）地位。一九五〇年代愈來愈多企業想要在營運國家之外設立控股公司，境外世界不斷因此擴張延展。到了一九五四年，列支敦斯登的控股公司數目約在六到七千之譜，包括一家福特的子公司（Ford），以及其他用假名遮掩的公司，比方說上下交易公司（Up and Down Trading Corporation）。一位受託人就說了，帶著裝滿現金的手提箱過來的人會有各式各樣的選項，可以把錢放在個人帳戶裡，也可以透過指定人。公司章程是必備要件，但裡面只需要公司名稱、成立時間以及指定人的名字；股東大會一定要開，但是可以由指定人開，而且開會時只要有一個人就可以。就像瑞士馳名的號碼化銀行帳戶（numbered bank account）[45]一樣，帳戶持有人花錢買的便是保密性，是戰後不斷擴張的國家政體看不到的藏身處。「瑞士的銀行家閉緊嘴巴，」有一句話是這麼說的，「但列支敦斯登的銀行家連舌頭都沒有。」

45 譯註：帳戶持有人的身分資料以數字替代。

從一九七〇年代早期到一九九〇年代晚期，是避稅港的「黃金年代」。很多地方加入列支敦斯登的行列，包括百慕達、巴哈馬（Bahamas），還有，最重要的，開曼群島。到了一九七〇年代末期，列支敦斯登註冊的公司數目超過公民人數，人均國內生產毛額大增，僅次於科威特（Kuwait）。除了常規的企業公民之外，這裡還有一些比較陰暗的角色。一九六〇年代，美國中央情報局（CIA）在列支敦斯登替掩護機構註冊，以便暗地參與剛果（Congo）的內戰；該機構的控股公司名稱很平常，叫西方國際地面養護機構（Western International Ground Maintenance Organization）。幾十年後，國際自由工會聯合會（International Confederation of Free Trade Unions）控訴列支敦斯登幫忙把投資帶入種族隔離制下的南非。一家奧地利公司透過匿名的列支敦斯登子公司在南非蓋了一座廠，一家英國企業則透過列支敦斯登的空殼公司把來自南非礦場的石棉賣到美國，以逃避制裁。

和列支敦斯登有關係的人很多，包括奈及利亞軍人統治者薩尼・阿巴查（Sani Abacha）和英國的新聞界大亨羅伯・麥斯威爾（Robert Maxwell），他盜取員工的退休金，轉移到位在列支敦斯登的秘密帳戶。情報也指出，哥倫比亞毒梟巴布羅・艾斯科巴（Pablo Escobar）和薩伊（Zaire）獨裁者莫布杜・塞塞・塞科（Mobuto Sese Seko），和這個微型國家的銀行有牽連。更知名的是菲律賓前總統斐迪南和伊美黛・馬可仕夫婦（Ferdinand and Imelda Marcos），他們利用列支敦斯登的信託藏起貪污得來的財富，估計金額在十到五十億美元之譜。（他們想要用錢時，就祝賀他們的瑞士銀行家生日快樂，對方就會從列支敦斯登提取現金，然後聯繫他們在香港的代理人，把錢送到馬尼拉。）另一位知名客戶，是烏克蘭總統維克托・亞努科維奇（Viktor Yanukovych）；嚴格來說，他的奢華度假豪宅業主是一家位在倫敦時髦地區菲茨羅維亞（Fitzrovia）的公司，而這家公司背後的所有權人則是一家位在瓦杜茲的 P&A 公司服務信託（P&A Corporate Services Trust）。有一位記者說，列支敦斯登是進入「金錢島」（Moneyland）的入口，是所有收稅國家政體都到不了的地方。

列支敦斯登並沒有把所有的精力都放在美其名叫**財富管理**的領域。早期一位名嘴就說了，即便列支敦斯登的稅金和手續費都極低，但靠掉下來的金粉還不足以拉抬這個小國並讓該國換上一身金縷衣。透過避稅港新地位攢下的財富，讓這個國家邁向工業化。到了一九八〇年代，列支敦斯登已經是全球工業化程度最高的國家之一，工廠生產各式各樣產品，從假牙到集中供熱廠都有。這裡本來是出口農業勞動力的地方，後來轉為進口工廠勞工。國內一半以上的勞工都從鄰近國家通勤，他們並沒有機會入籍。

列支敦斯登以激進的社群主義（communitarianism）精神來控管公民權。該國結束早期的販賣護照業務之後，要成為公民，唯一的途徑是由社群成員秘密投票審核，通過之後再由國會和親王核可，也因此，很少人能完成這道多數人根本連試都不想試的流程。當國內登記的公司數目激增至五位數，每年的移民人數平均只有幾十人。列支敦斯登套用了新加坡解決方案，但改成自家版本：成為一個用最大開放程度迎接資本但關閉邊境不接受新公民的微型國家。這是一個未來與過去並存的地方：女性在一九八四年之前都沒有投票權。

## 2

列支敦斯登常被視為珍奇之物：一個位在老歐洲心臟地帶的童話王國。這裡之所以成為自由意志主義概念大戰之地，是因為漢斯・亞當二世親王殿下富有冒險進取的意識形態創業精神。漢斯・亞當親王生於一九四五年，受洗時的教名為約翰納斯・亞當・費迪南德・阿洛伊斯・約瑟夫・瑪麗亞・馬爾科・達維亞諾・皮烏斯列支敦斯登親王（Johannes Adam Pius Ferdinand Alois Josef Maria Marko d'Aviano von und zu Liechtenstein），他是第一個在領土境內長大的君主。他曾在倫敦一家銀行工作過一段短時間，並在美國國會實習過，之後去讀了位在聖加倫（St. Gallen）的商學院，此地位在首都瓦杜茲北方，車程一小時。一九六〇年代列支敦斯登仍窮困，漢斯・亞當親王的父親必須把收藏中的一幅達文西（Leonardo da Vinci）畫作賣給華府的國家藝廊（National Gallery），其中一部分價金拿來支付兒子奢華的婚禮。漢斯・亞當親王還記得在一個宣揚「愈大愈好」的時代受教育是怎麼一回事。小國家注定要被併入彼此鬥爭的兩大冷戰陣營之一。列支敦斯登在聯合國並無席次，這使得漢斯・亞當親王在想，他是不是終究會失敗。

漢斯・亞當親王一九七〇年代獲得授權監管國家財政，一九八四年以攝政王的身分接下父親的職責，他被描述成「科技時代的經理人型親王」，把從商學院學到的東西帶入政府要做的事上。他很擔心列支敦斯登會被如巴拿馬與海峽群島（Channel Islands）等其他避稅港追上，於是在蘇黎世、法蘭克福和紐約市設立辦事處，並把國家的銀行數目從原本的三家變成為十五家。一九八〇年代中期，該國銀行的管理資產總值成長三倍。他也展開魅力攻勢。大都會美術館（Metropolitan Museum of Art）舉辦了一場轟動的展覽，展出王室之家的收藏。展場上展出一輛三千一百磅重的金馬車，更強化了公國的童話故事氣氛。

親王的另一個目標，是要逆轉遭到國家聯盟排拒的尷尬並在聯合國取得席次，一九九〇年九月，他成功了。漢斯・亞當親王第一次在聯合國大會上發表演說時，他沒有遵循傳統講出國際合作的陳腔濫調，反之，他提出了一套讓人震驚的主張：所有國家都會轉瞬消失，應該抱持開放態度接受自己很可能馬上就解體了。他說，國家政體不會萬歲長存，而是「和創造出國家政體的人類類似，都有生命週期。」延長國家政體的生命，有時候到頭來可能會比放手任其善終引發更多暴力。太過緊密依附現有結構，會「凍結人類的演化」。邊界本身便是任意畫出的，「是殖民擴張、國際條約或戰爭之下的產物，很少有人被問到他們希望屬於哪裡。」

隨著從魁北克、比利時到貝爾格勒的分離運動對國家造成分裂威脅，這番宣言也接近不像話的程度。聯合國本身有官方的反分離政策，不鼓勵現有國家政體內部的少數群體尋求獨立，然而，在漢斯・亞當親王當時，世界局勢的氣氛正在改變。蘇聯的逐步解體似乎證明了和平分離是有可能的。親王在演講中歡迎波羅的海國家拉脫維亞與愛沙尼亞，這兩國與列支敦斯登同時進入聯合國。他也歡迎南北韓都成為新成員。冷戰結束，隨著新國家數目激增，容許多個國家宣稱同一種民族為自家國民。親王提議促進、而不要阻礙人類演化的辦法，是創造出工具持續攪動世界地圖。這可以透過公投實現。這種重新安排可以分階段推動，一開始先下放在地事務與稅收的責任；如果這樣還不能滿足某一群人，那可以一路繼續推進，把一個國家分成兩個或更多新實體。這個構想發自漢斯・亞當親王家族經常玩的一種室內遊戲：想像他們往昔的贊助人兼保護者哈布斯堡王朝怎麼樣做會有可能存活下來。漢斯．亞當親王相信，如果王朝容許分化成幾個比較小的自決單位，是有可能活下來的；在一個鬆散聯盟裡實施地方分權，可以拯救彼此相依的整體。他認為，一個世紀之後，同樣的模式也可行。如果政治結構可以選擇分裂成更小的部分，全球化的高壓系統才可以保留最重要的經濟整體性。

漢斯．亞當親王催生出列支敦斯登的神聖羅馬帝國貴族國家所有權模式，拿來和列支敦斯登銀行散布全球客戶代表的流動主權概念雜交。這些企業錯綜複雜的海外子公司和空殼公司，指向主權可以分拆、重新調動與重新組合。漢斯．亞當親王的家族幾世紀以來就在遠地治理列支敦斯登。現代國家政體何不也成為把所有職能都外包（除了國防之外）給私人執行的「服務供應者」？這是一種自由選擇加入或退出的公民權版本，明確設計成與市場可相比擬。他寫道，人民應該是「國家的股東」。

一次大戰結束後，把威爾遜主義的民族自決（Wilsonian self-determination）供上神壇；一般理解的威爾遜主義民族自決通常以共同語言、共同領土與共同歷史為基礎，而這也是捷克斯洛伐克沒收漢斯．亞當親王家族財產的理由。他反駁，認為國家政體是無法言喻本質的載體，甚至是命運共同體（後面這個概念已經超越了人的經驗），不應該以民族為前提。他大力傳播的是現代化之前的國家政體概念：很含糊，用開放的態度去適應局勢，甚至（就像他自己的國家政體一樣）可供買賣。列支敦斯登在國際上大力支持莫瑞．羅斯巴德等人夢想的契約式社群。在聯合國得到席位之後，漢斯．亞當親王開始推廣一套自由意志主義者藍圖，打造他稱之為「第三千禧年的國家政體」，也就是羅斯巴德所說的「合意國家」。這是阿爾卑斯山版的無政府資本主義。

親王身體力行他宣達的理念，在他自己的國家引進他自己的民族自決版本。二〇〇〇年，列支敦斯登每一位公民的信箱裡都收到一本紅色的小冊子，裡面寫了漢斯．亞當親王的修憲提案。提案大幅提高了親王的權力，讓他有權提出與否決法案、解散國會與實行緊急時期法律，當中也納入了一個很驚人的項目：人民享有一項終極選項，可舉行公投決定是否要廢除君權統治。本項提案謹守漢斯．亞當親王在聯合國演講的精神，准許列支敦斯登十一個區（commune）中每一個可以在投票達成多數決之後脫離國家（但親王保有下令進行二次投票的權力）。這一條已經是親王原始版本的稀釋版了，本來的條款還納入個人也可以在無需國會或親王同意之下脫離國家。當國會議員對著所謂的「親王隻手遮天」提案大吼大叫時，漢斯・亞當親王展現了他對於領土的交易型關係是認真的。他指出，如果憲法改革不如他所願，他很樂意把國家賣給比爾・蓋茲（Bill Gates），改名為微軟（Microsoft）。「我的祖先在列支敦斯登破產時拯救了國家，因此取得主權，」他對《紐約時報》說，「如果人民決定這個統治家族的時間已經到了，他們就得找到夠富有的人來遞補我們的位置。」

親王並不打算廉價出讓他的投資，但要找到一個像他這麼富有的人很困難。列支敦斯登王室比英國的溫莎王室（House of Windsor）更富有。二〇〇三年通過憲法修正案，漢斯・亞當親王成為歐洲「唯一的專政君主」（absolute monarch），也是唯一一位在憲法上鋪好退路以脫離君主制與國家的人。這樣的組合很奇特，與時代的腳步不相符。列支敦斯登會被逐出歐洲理事會（Council of Europe）的傳言四起。但，能和國會相抗衡，代表漢斯・亞當親王的模式通過了壓力測試。隔年，這位「大亨君主」把治理責任傳給了他的兒子。

## 3

漢斯・亞當親王的列支敦斯登，是世襲男性專政加上與資本高超流動性和保密性鎖在一起的直接民主，《經濟學人》說這叫「民主封建制度」（democratic feudalism）。親王把中世紀加上現代政治的混合版本，一九九〇年代激發了自由意志主義者的想像，在二十一世紀的前幾年，這裡也成為他們批評歐洲整合時的重要檢驗標準。列支敦斯登是具體呈現了不一樣的歐洲，是另一種和世界經濟體搭上線的方法。「歐洲的飛地不只是有趣的異常現象，」約翰・布倫戴爾（John Blundell）寫道，「當中更蘊藏著推翻歐盟的種子。」（布倫戴爾此人參見第四章，他是希斯凱家園的支持者。）具體來說，批評者主張歐盟應以列支敦斯登為前例，納入容許進行普遍公投決定是否脫離歐盟的條款。

自由意志主義者批評歐盟，是因為把歐陸過去的分崩離析浪漫化。歷史學家保羅．約翰遜（Paul Johnson）主張，「所謂的封建體制（這通常被當成退步的同義詞），事實上是一系列用來填補羅馬衰亡後遺留權力真空的巧妙設計。」「當西羅馬帝國分崩離析，」他寫道，「隨之而來的黑暗時代（Dark Ages），出現的是由強大的私人或有防禦能力的城市承擔起國家政體的功能。」一位德國經濟學家提出的論點是：「歐洲文化是世界史上最成功的文化，分裂成很多彼此競爭的小國並不是造成妨礙的因素，反而是促進成功的力量。」伸入大西洋的伊比利半島（European peninsula）上亂成一團的政治組織，反而是力量的來源，這並不是什麼不切實際的講法。理想的歐洲是「國家政體的自由市場」，有著共同的法規與創業精神寶庫，是由一群在共有文化池裡的主權實體構成的有斷面集合體。

這番反論逆轉了官方的歐洲整合歷史。融合不同的主權實體與決策，並用共通性更強的法律規範適用整個歐陸，並不是進步的象徵。進步的道路不是走向「愈來愈緊密的聯盟」。當歐洲在政治上出現分裂，才是走在通往更高度自由的正道上。支持英國脫歐的人盛讚列支敦斯登、摩納哥、盧森堡、新加坡、香港以及其他小型領土在「獨立小國時代」的非凡成就。在眾多讚頌中世紀歐洲的人士中，有一人是創辦極右派政黨、幫忙在公投中替英國脫歐贏得投票的人。[46]列支敦斯登並沒有加入歐盟，但是歐洲自由貿易區（European Free Trade Area，簡稱ＥＦＴＡ）與歐洲經濟區（European Economic Area，簡稱ＥＥＡ）的成員，這代表該國有自由貿易，但人員不能自由移動，對支持英國脫歐的人來說，這是另一種極具吸引力的部分整合模式。

漢斯・亞當親王和其他疑歐派的立場相同。二〇一三年，他和經濟學家貝恩德・盧克（Bernd Lucke）一同出席新自由派與民族主義者的聚會；後者剛剛創辦了德國另類選擇黨（Alternative for Germany），德文為 Alternative für Deutschland，簡稱ＡｆＤ，這個政黨很快就成為第一個進入德國聯邦議院（Bundestag）的極右派政黨。親王也成為海耶克學會（Hayek Society）的成員，會員當中有很多德國另類選擇黨的重要人物。列支敦斯登王室另一位成員麥可親王（Prince Michael）是一位專業財富管理人，他是奧地利學派經

46 此人就是創辦英國獨立黨（UK Independence Party，簡稱ＵＫＩＰ）的艾倫・史凱德（Alan Sked）。

濟學基金會歐洲中心（European Center of Austrian Economics Foundation）的創辦人，這個機構把阿爾文・拉布希卡關於單一稅的書翻譯成四國語言。漢斯・亞當親王參加米塞斯研究院的研討會，對支持瑞士與歐盟分裂的人提出他的「國家政體是服務供應商」的論點。親王的提議和與研究院同名的那位有很多相似之處；米塞斯也是中歐之子，以及自由意志主義右派的象徵人物。米塞斯在他一九二七年著名的著作中主張用公民投票決定是否分離，並思考個人脫離國家的可能性。漢斯・亞當親王秉持皇家風範，在他的作品裡面沒有提到任何其他思想家，但說米塞斯的精神把他的提議和羅斯巴德以及大西洋兩岸其他古自由意志主義者的想法連了起來。

自由意志主義者捍衛列支敦斯登模式，部分原因是因為這個模式遭受攻擊。該國長久以來容許無限制擴張的避稅和洗錢，在冷戰之後夾在販毒、貪污等新隱憂之間，二〇〇一年之後又加上恐怖主義，一切變得政治化。第一個信號，是富有國家組成的跨政府機構經濟合作暨發展組織（Organisation for Economic Co-operation and Development，簡稱 OECD）一九八八年發表〈有害稅務競爭〉（harmful tax competition）報告。世界上最強大國家組成的另一個俱樂部八大工業國組織（G8）成立任務小組，二〇〇〇年時把列支敦斯登納入十五個和洗錢有關的「不合作國家政體」黑名單；這是當中唯一的歐洲國家。列入黑名單打擊了列支敦斯登的聲譽。二〇〇八年發生一次嚴重的洩密事件，顯示透過信託人在列支敦斯登持有帳戶的人包括德國一條名叫岡特（Günter）的狗（這是一連串事件的開頭，後面還包括巴拿馬文件、天堂文件和潘朵拉文件〔Pandora Papers〕等事件）。金融機構被迫更改規範，減少客戶匿名持有帳戶的可能性。當客戶不再能匿名，他們就開始離開，列支敦斯登的主要銀行流失了近一成的資產。

列支敦斯登成為攻擊目標，並無損該國在市場激進分子心裡的光芒，反之，還可以把這裡說成這個避稅港是資本主義的大衛，對付全球主義規範的歌利亞巨人。這裡是全世界人均財富數一數二高、替更富有的人量身打造的保護金融資產的地方，卻淪為敗犬，成為「金融帝國主義」的犧牲者，還真是矛盾。漢斯．亞當親王帶頭抵抗，主張經濟合作暨發展組織此舉很可能發展成全球稅賦卡特爾（cartel）、甚至變成一個世界政府。他借用瑞士銀行家一九六〇年代講的話，捍衛列支敦斯登銀行保密的初衷有一部分是為了拯救被迫害的猶太人；這種解讀很讓人存疑，因為某些和希特勒最親密的企業界盟友如法本和蒂森，在納粹掌權之後的幾年就把公司改設在此地。更讓人蹙眉的主張是，親王說他的國家是超級有錢人的地下鐵道（Underground Railroad）[47]終點站。「只要還有稅金海盜這種人，」他說，「我對於成為避稅港在道德上的愧疚感，就不會高於過去帶領奴隸幫忙逃離悲慘命運的人。」德國政府要求看到更多列支敦斯登國內銀行的內部運作情形，發現這些銀行握有數以千萬計的德國人帳戶，德國人說這根本就是「第四帝國」（Fourth Reich）[48]了。

## 4

對自由意志主義者來說，列支敦斯登就像是蟲洞，讓世界回到早期的全球政治經濟體型態，沒有二十一世紀前十年那些拉緊保密型司法管轄區束縛的條約和國際規範，也沒有自由意志主義者唯恐導致重分配與損害私人財產的地區整合。一如香港和新加坡，列支敦斯登也是一個活生生的例子，指出以全球互通互聯、貨物和資金流動暢通無阻的世界為前提，有哪些可能性；規範性國家政體擴張，對身為「脆弱的自由島嶼」之一的國際金融造成威脅，列支敦斯登這一片鄉下地方，幾乎是無聲無息地插入了國際金融的迴路裡。回顧冷戰結束時，我們會看到兩種顯然相反的趨勢。一方面，隨著全球化變成每個人都能琅琅上口的熱門關鍵詞，經濟上的互相依賴程度愈來愈高。另一方面，政治局勢變得比過去更加分裂，這是因為聯合國默默地接受過去從來不承認的可能性：如今將小眾群體的分離主義與民族主義運動視為合情合理的政治行動。列支敦斯登的起源，是這個國家在新政治形態中的特有轉軸。如果新的群體可以提出主張，如果他們開始宣稱自己是購買服務的客戶，而不是某個國家社群的成員，那會如何？

圍繞著列支敦斯登的神話，幫助我們理解避稅港世界這幅願景裡的一些純意識形態的東西。這不是負面意義的逃避或退出，而是一種形態很完整的

47 譯註：地下鐵道是十九世紀美國的秘密通路和避難所，用來幫助黑奴逃難。
48 譯註：納粹德國是德國第三帝國。

激進地方分權哲學，告訴世人分離是一直都存在的選項。坐擁幾十億身家的親王，在公國內用一千兩百萬美元的贈禮成立列支敦斯登自決研究院（Liechtenstein Institute on Self-Determination）推廣他的願景，並利用列支敦斯登自治基金會（Liechtenstein Foundation for Self-Governance）把該國的模式傳揚到海外。自由意志主義者的世界很關注。二〇一八年，米塞斯研究院的傑夫．戴斯特（Jeff Deist）稱讚「列支敦斯登漢斯親王所寫的分離運動，把政府重新想成比較像是服務供應商，把子民（或者是說公民）想成顧客。」有一位幫忙削弱經濟合作暨發展組織打擊避稅港行動力道的自由意志主義者，總是提到列支敦斯登的憲法裡面就供奉著脫離的權利。「其他國家的人民難道不應該擁有相同的自由嗎？」他問。

有一個把這番話當真的人叫丹尼爾．馬德爾（Daniel Model），他是一位瓦楞紙包裝大亨，也是前任的冰壺運動（curling）冠軍。他從家鄉瑞士搬到列支敦斯登，之後更進一步，發表了一篇「主權宣言」（declaration of sovereignty），拒絕成為任何他沒有明白表示同意加入的人類團體社群成員，並譴責民主這套系統根本是一套有組織的竊盜集團。馬德爾宣告了他自己的獨立國家政體叫阿瓦隆（Avalon），總部就在瑞士鄉村裡一處大如城市街區的鴿子灰大宅裡。他取的這個名稱是出自於《阿瓦隆迷霧》（*The Mists of Avalon*），這本科幻小說的作家是瑪麗昂・齊默・布拉德（Marion Zimmer Bradley），她用女性觀點重探亞瑟王（King Arthur）傳說。阿瓦隆成為馬德爾自己的私人列支敦斯登。二〇二一年，他主辦一場「我們活著時候的自由」（Liberty in Our Lifetime）大型研討會，向全世界所有讓人逃開國家政體的地方致敬。其中一位演講者稱讚列支敦斯登的公民投票決定脫離與否的模式，並設計出他自己的契約式公民身分「自由私人城市」方案，他說道，在場的人都是被一個問題激發而過來的，那就是：「有沒有可能選擇退出？」

自由意志主義者為了找到這種幻想中的退避之地，從中倫敦來到了東亞和東南亞，再到歐洲的微型國家，但是，有時候他們也會走得更遠一點，在他們誤認為是世界最後的空無人煙之地尋找經濟自由。

Part

# 3

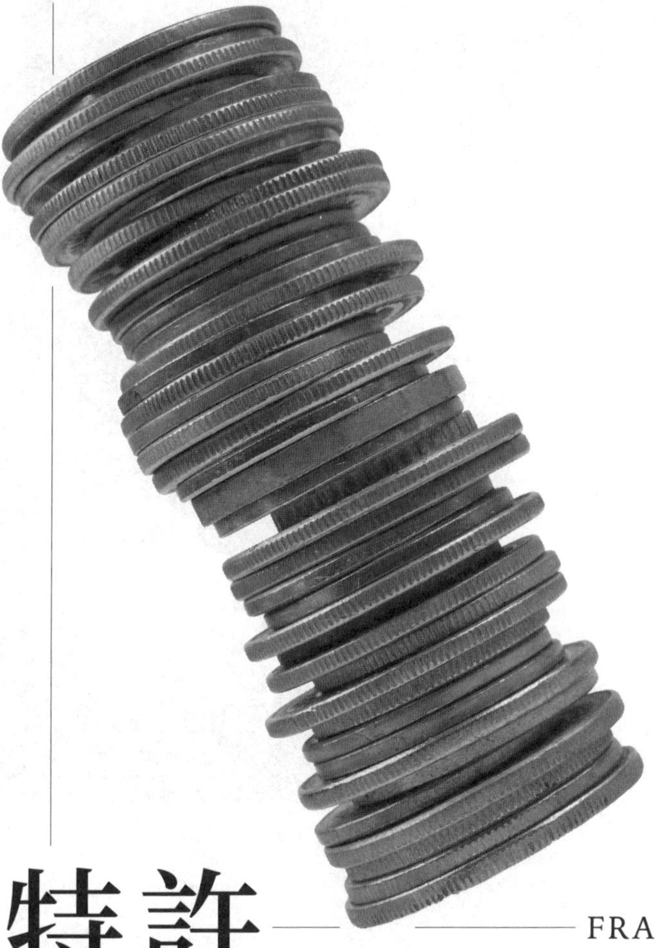

# 特許加盟國家

FRANCHISE NATIONS

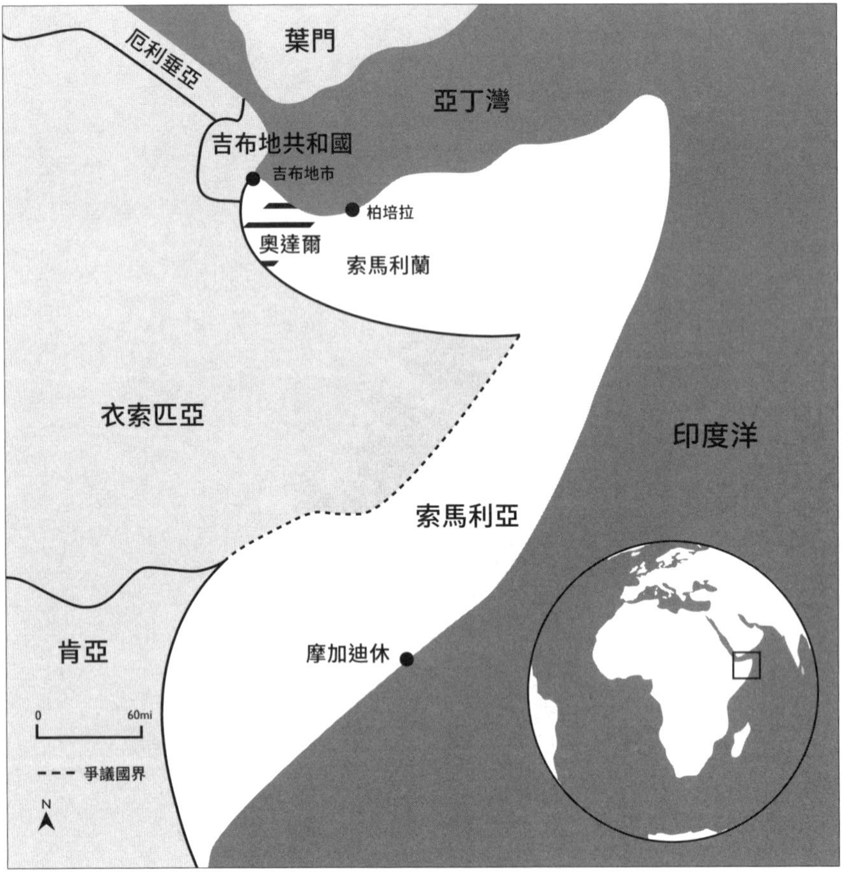
葉門
厄利垂亞
亞丁灣
吉布地共和國
吉布地市
柏培拉
奧達爾
索馬利蘭
衣索匹亞
印度洋
索馬利亞
肯亞
摩加迪休
0
60mi
爭議國界
N

索馬利亞

Chapter 8

# 索馬利亞的白人商業氏族

在布魯斯・史特林一九八八年的小說《網中群島》裡，全球性的政府代稱為「維也納」（Vienna），政府的頭號敵人是一個名叫強納森・葛瑞斯漢（Jonathan Gresham）的白人，他是變節的美國特種部隊上校。書到結尾時，葛瑞斯漢身披圖阿雷格（Tuareg）人的「男人罩袍」，從阿爾及利亞（Algeria）艾爾山區（Aïr Mountains）一處位在「警備森嚴、超級隱密的高山城堡」裡的「解放區」發表講話。影片中，他「纏著回教頭巾、戴著面罩並穿著披風坐著，他的大頭和寬闊的肩膀，陷入一張寬闊的柳編孔雀椅」，旁邊站著武裝尉級軍官。他是一個滑稽的諷刺，模仿激進主義的過去：他是白人自由意志主義版的休伊・牛頓（Huey Newton）。而他這副古怪的模樣，顯示出冷戰結束時的政治紛擾。「我是後工業時代的部落無政府主義者。」他言語之間，就替一個新的思想學派命了名。小說的主角蘿拉（Laura），是一名公關顧問。她身處的世界顯然和葛瑞斯漢截然不同，她的生活中有的是套裝西裝和大會議室，而不是沙漠裡的藏身處和自動武器。但，新世界的分崩離析也讓她很著迷，她反覆想著「小型太平洋島國的『國家主權』也可以標個價。」她觀察到，這些島嶼「都在網中，而且，只有電話，就有信用。有信用，就有飛機票。飛機飛得到的地方，就是家。」自由意志主義游擊隊和顧問成了同道中人：都是裂隙式資本主義的支持者。

前一章講到，一九九〇年代國家政體分裂與主權商品化讓無政府資本主義者興奮不已，他們有幾個比較驚人的靈感來源，其中一個就是位在非洲東北部的國家索馬利亞，此地的一場血腥內亂讓國際社會為之震驚，該國在一九九一年之後就沒有實際運作的政府。這場明顯的大災難，對多數激進資本主義者來說，是一幅激勵人心的希望願景。索馬利亞不是人道噩夢，反而預告了一個未來的世界，以及一個將「後工業化時代部落無政府主義」與可供出售主權相結合的機會。就像米塞斯研究院說的，因戰爭四分五裂的非洲之角（Horn of Africa）[49]讓世人看到「沒有國家的前景……讓人深愛。」

# 1

帶領我們走到這個另一種未來的嚮導，是走遍全球的荷蘭自由意志主義者麥克・范・諾頓（Michael van Notten），他可能比任何人都更具體體現了這場激烈的市場激進主義者政治實驗。麥克・范・諾頓（他的名字也可以拼寫成Michiel）一九三三年生於千年荷蘭古城策斯特（Zeist），是一位受過訓練的律師，最後任職於布魯塞爾（Brussels）歐洲經濟共同體。他在競爭總署（Directorate-General for Competition）工作，這個單位可以推翻各國政府對於政府支出與公共所有權的規範，常被說成一個讓新自由派想法實際動起來的地方。范・諾頓在布魯塞爾工作近十年後，他離棄了這個歐洲整合的要塞，在荷蘭組成自由意志主義者中心（Libertarian Center），之後又成立自由意志

49 譯註：非洲之角又稱索馬利亞半島，是索馬利亞所在地。

主義智庫歐洲中心（Institutum Europaeum）。荷蘭一家大型報社說他「優遊自得於史丹佛大學的胡佛研究所（Hoover Institution）、華府的傳統基金會與倫敦的經濟事務學會（Institute of Economic Affairs）等保守派要塞。」他也在一九七七年成為朝聖山學社成員，和其他人一起把海耶克的《到奴役之路》（*Road to Serfdom*）《讀者文摘》摘錄版翻譯成德文，也做了米爾頓與羅絲·傅利曼夫婦的《選擇的自由》荷文版。

范·諾頓在新自由派「理念之戰」中向來是普通的小兵，直到一九七八年他才醞釀出成為他的正字標記的構想：免稅自由貿易區（tax-free T-zone），這也可以用法規鬆綁來定義。他在朝聖山學社巴黎會議上介紹這個概念，那場會議開場主持人是當時的巴黎市長賈克·席哈克，他稱讚海耶克診斷出在「社會正義」大旗下運作的弊病。一位與會的經濟學家讚美范·諾頓的想法，說這可以開始在現有的系統裡鑿出洞來。范·諾頓的自由貿易區是要在劃分出來的獨立地區免除稅賦，這會「刺激出忌妒之心」，因為各城鎮地區會競相模仿低稅賦的飛地。這些地方發揮一種展示作用，「讓周邊的體系黯淡無光」。

范．諾頓和之前其他支持特區的人一樣，他認為異於平常的司法管轄區比較像是新生活方式的實驗與交戰中的戰場，而不是簡單明瞭的經濟實體。一九八二年時，他在一本文宣小冊子裡說特區是「政治撬棒」（political crowbar）。特區是「企業家在地球上的天堂」。政府、產業工會、雇主協會、環保人士等等紛紛擺開陣勢要對付特區，這些人全都害怕變革，想盡辦法保護自己的特殊利益並阻礙創新。就他來看，特區的目標是要「讓各國政府互相競爭以爭取人民」。現代民主社會的人民被社會正義的概念迷惑了，要讓他們理解「法規鬆綁社會的美好之處」，最快的方法就是「在他們當中創造一些迷你小社會。」他預測，一旦出現自由貿易區，歐洲所有國家為免失去投資人，都會被迫複製。由下而上的競求稀少資源動力，會比任何由上而下的設計更有效。特區的作用就像是老師與訓導主任。

范．諾頓的原型和很多人一樣，都是香港，但是他的模型做了一些變化。當每個人都在講全世界都需要新香港風格的架構安排時，他則建議自由貿易區應請香港人進駐。他在想，歐洲或許可以加快「移居」的腳步，他指出「可以把一百萬中國人民分到二十四個歐洲國家。」香港移民可以成為傳播資本主義的媒介：「一百個小型飛地」可以催出三百萬個改變自身社會民主想法的歐洲人。但，這個夢想胎死腹中：布魯塞爾當局扮演拆台人的角色，縮短免稅假期，阻止城市裡設置的自由貿易區，只限於困苦地區才有。范．諾頓希望「歐洲香港」能展現出民主所缺乏的紀律並打擊歐洲核心的政治卡特爾，但後來變成很普通的科技園區。

范．諾頓在家鄉失敗了，於是去了遠方。在他的理想自由貿易區清單上，排在香港後面的是比較不為人所知的荷屬阿魯巴（Aruba），這是一座在委內瑞拉（Venezuela）北海岸外的加勒比海島嶼。一九八〇年代早期，在這個國家思考著如何實現尚未成真的脫離荷蘭獨立夢想時，他和政治領袖合作，幫忙草擬了一部自由意志主義憲法。他設想要把警政和司法私有化，以自願貢獻取代稅收。當這件事也失敗了，范．諾頓就把注意力轉向荷蘭帝國的另一個遺跡：已經於一九七五年完全獨立的南美洲國家蘇利南（Suriname）。范．諾頓和被放逐的反對派領袖與自由游擊隊規劃了一次政變。他女兒說，他從他們的荷蘭家中發送短波廣播，替未來的叛亂者提供建議。他留著他寫的自由意志主義蘇利南憲法並鎖了起來，把鑰匙放在姊妹家的閣樓。他過世後，有人為了尋找提案以打造夢想特區，將所有國家政體職能私有化並完全消除稅賦，打開了這份上標著「最高機密」的文件。

到了一九八〇年代初期，范．諾頓已經從布魯塞爾的麻煩人物變成跨越邊境的未來自由意志主義游擊隊員。柏林圍牆倒塌時，他的注意力再度在不同的大陸之間移轉，從南美洲看向非洲，在這裡，他設計了一種新式的法律思考架構，把一套他認為是古時候的社會架構改造成最適合無政府資本主義的形式：索馬利亞氏族（clan）。

## 2

范．諾頓以前就待過非洲。在歐洲經濟共同體任職與以自由市場智庫人士身分走遍全世界之間，他曾經去過非洲南部幾次。他女兒說，他最初幾次創業，有一次是做玻璃纖維棺材；他和尚比亞（Zambia）的副總統簽了合約，報導說，後者希望在總統返回之前就先埋葬游擊隊新兵訓練營裡死亡士兵的屍體。范．諾頓的女兒講起故事，說生產五十具棺材造成了一場瘋狂的混亂，要送到布魯塞爾機場交運的路上漆都還沒乾。到最後，這項業務也不比另一項更長久：在喀拉哈里沙漠區（Kalahari Desert）提供氣墊船服務。

范·諾頓的蘇利南自由意志主義革命停擺之後，他從叛亂轉回到比較傳統的顧問領域，接下聯合國國際發展組織（UN International Development Organization）的任命，調查在非洲角設置自由貿易區的可能性。非洲角的形狀像阿拉伯數字的「7」，十九世紀時被殖民列強瓜分。法國在「7」的左上方建立了法屬索馬利蘭（French Somaliland），就在亞丁灣（Gulf of Aden）和紅海（Red Sea）之間的瓶頸區；此地一九七七年脫離殖民，成為一個名為吉布地（Djibouti）的國家。上面那一橫的地方是英屬索馬利蘭（British Somaliland）保護國，斜斜的那一撇則是義屬索馬利蘭（Italian Somaliland）。這片海岸的人民講的都是相同語言，族裔認同也相同，根據標準自決原則，過去的英國與義大利屬地都應該是同一個國家。一九六〇年時就發生了這種事，兩片殖民地合併成為單一國家索馬利亞。

相對民主的時間不到十年，之後，索馬利亞就落入了西亞德·巴雷（Siad Barre）的獨裁統治。但到了一九八〇年代，從北邊開始，對抗他的各股勢力積蓄出力道，到了一九九一年，這個國家全面陷入內戰，成為這十年間最惡名昭彰的失敗國家（failed state）。聯合國展開人道主義與武力維和任務，一直持續到一九九五年，派遣約三萬名軍人和民間支援人員過去。

范．諾頓親身遭遇這些事件。當他不再擔任無害的非政府組織顧問之後，找到一位叛亂軍事領袖做靠山，對方願意接受他替未來的索馬利亞政府憲法設計提供的建議。他在索國首都摩加迪休（Mogadishu）的一家飯店安頓下來，街上的衝突紛紛擾擾之時，他則在一棵芒果樹下思考。他相信他有機會在這裡打造出一個烏托邦。他把他理想中的替代性社會秩序規範系統稱為「kritarchy」，意思是「法官統治」。這是一個無政府主義社會（指的是沒有中央政府），但是一個有法律的社會。雖然沒有立法機關或國會（因此無法制定新法律），但會有一套禁制、制裁與懲罰的相關規定，由法官監督與執行。索馬利亞是測試這種政府形式的理想地點，因為他認為這裡已經有了一套罕見的法官統治，也就是傳統的索馬利亞法律系統，名為「**判官政治**」（xeer）。

無政府主義者和自由意志主義者向來對非洲角特別有興趣。一九四〇與一九五〇年代，英國的殖民人類學家記錄下他們在此地區看到的一種值得注意的社會秩序系統，以代代相傳的「氏族」（clan）為單位建構而成。他們描述一群沒有中央政府但有強力父系連結的遊牧民族，每一個人都可以追溯到同一位男性祖先，這位祖先的名字也是他們的氏族名稱來源。每一個氏族都自有非明文的制裁、懲罰與規定來管理婚姻、謀殺、偷竊和其他問題。氏族法容得下一位學者所說的「有序的無政府」（ordered anarchy）；後來自由意志主義者用這個詞來描述他們自己的理想社會安排，以示尊崇。范・諾頓根據非洲角的民族誌寫出了非凡的作品：一套針對沒有政府的政治架構所寫的憲法。就他來看，索馬利亞唯有放棄了民主與中央政府，才可以克服自身的殖民遺痕。「索馬利亞將會成為世界上第一個非由得票率51%的民主獨裁統治的國家。」他在一封信裡這樣對女兒說。構成殖民主義本質的並不是外來的統治，而是政府本身，真正的去殖民化，要解構國家政府。他相信，國際社會以及索馬利亞最初的幾位領導者都沒有體悟到這個原則，後者做到了多政黨選舉，但製造出一團混亂。他寫道「聯合國以三萬名跨國軍隊入侵索馬利亞以重建和平」，但只是讓內戰更嚴重。

范・諾頓筆下的傳統索馬利亞法律秩序系統，很像前一章講到的無政府資本主義建構的中世紀系統：處理犯罪的方式是償還與彌補，而不是入獄。家族就像個保險池：親戚共享所得，如果違法犯紀，犯罪者的整個家族都要償付受害者。他列出清單，講到失去一隻眼睛、鼻子、腳趾要賠多少隻駱駝，強暴要付出的代價則是浮動的，當受害者是處女時要賠償的金額最高，當對方是寡婦時賠償金額最低。

看起來，索馬利亞的習慣法在沒有國家政體之下也能創造出條理清楚的社會秩序。范．諾頓在想，不知道外國的商人能不能拿這套系統來套用。明確的阻礙是索馬利亞法律的基礎是以氏族為根據的親屬關係，有沒有辦法繞過這一環呢？他和一群索馬利亞耆老討論這個概念，聽到了一個很激進的建議。「把你的商業界朋友聚在一起，形成一個新氏族，」他們對他說，「如果新的氏族蓬勃發展，現有的氏族不會浪費時間，將快速採用新氏族更優越的商業環境作為自己的慣例。」長者也針對新氏族的名稱提供建議，叫「Soomaali ʻAd,」，意思是「白索馬利亞人」。

白索馬利亞人商業氏族這麼瘋狂的創新，被范．諾頓移花接木到比較傳統的提案裡，建議在索馬利亞海岸設置自由港，找一個劃分出來的地區免徵關稅，並提供誘因鼓勵企業投資和營運。自由港的「大總管」（可想而知是范・諾頓本人）擔任的角色是「這個廣義索馬利亞大家庭的族長」，此人負責排解爭議但並不是統治者，比較像是購物中心的經理或遊輪的艦長。「自由港氏族」的成員彼此有相關，但其中的關連並不是親屬關係，而是透過契約網路。

范・諾頓認為沒有國家政府的索馬利亞「是少說幾百個、多達幾千個小型政府組成的大型網絡，每一個都與彼此完全獨立。」他認為這個構想實在太動人了，部分原因是他把這看成一次試營運，成功的話不久的未來就可以套用。他相信，工業化世界裡的貨幣系統注定要崩潰，多政黨選舉與中央政府制度很快也會跟上。在無政府的新狀態下，人民會轉向傭兵、私人企業與自由工作者購買基礎建設與相關服務。「此時此刻，」他寫道，「便是索馬利亞的經驗可以指引我們的時刻。」如果說，自由意志主義者曾經盛讚攜帶式香港中的單一稅率，那麼，如今的攜帶式索馬利亞有更多方便帶著走的地方。范・諾頓就說了：「索馬利亞人的遊牧生活方式養不起大政府，他們的政府必須很小，小到可以放在駱駝背上帶著走。」這裡有一條路，可以回到漢斯－赫爾曼・霍普設想的西元一〇〇〇年時由幾千個、幾百個獨立領地組成的歐洲。索馬利亞成為領頭羊，「是第一個自行擺脫外來民主政治系統的國家。」非洲角是源頭，萌發了全球的無政府資本主義未來。

## 3

一九九〇年代末期，范．諾頓找到了一位盟友，此人的生平就跟他本人一樣不凡。替自由意志主義的經濟教育基金會（Foundation for Economic Education）寫文章的人類學家史賓塞．希思．麥卡倫（Spencer Heath MacCallum），說自己「遇見了一位和歐洲丈夫同遊美國的索馬利亞部落女士」，他講的便是范．諾頓和他的新妻子佛洛莉．巴納貝絲．瓦沙美（Flory Barnabas Warsame），她來自索馬利亞西北角的奧達爾（Awdal）。她對麥卡倫說，她的族人領悟到「索馬利亞的無政府狀態在現代世界裡很可能是獨一無二的寶貴資產。」她講的是氏族可善用「他們的無政府狀態，開放部落領地內的地區做為開發之用，邀請全世界的商業人士與專業人士過來，善用沒有中央政府或其他高壓權威存在的優勢。」氏族可以租用領地，范．諾頓有機會實踐他的計畫。麥卡倫宣稱，他自己深受索馬利亞進行中「對人類自由意義深遠的社會實驗」啟發。

麥卡倫幾十年來都在設計自己的「迷你社會」。他的研究始於和他同名的祖父史賓塞．希思獨有的洞見；他祖父是一位業餘的理論家與專業發明家，靠著設計飛機推進器賺得財富。老希思說，在羅馬中央政府解體之後，歐洲的「野蠻人」建立了小規模的所有權和自治政府，並把這些帶到英國的小島上。英國小島是羅馬傳統權威主義未及之地，發展出理想的「自由封建」社群形式，在第九世紀時達到顛峰，之後到了第十一世紀，因為諾曼征服（Norman conquest）才讓歐陸心態以不討喜的姿態闖了進來。在孤懸的英倫島孕育之下，「條頓諸部落」（Teutonic tribes）的遺跡仍是帶動文化演進的關鍵要項，這個寶庫被殖民地開拓者帶到後來成為美國的地方。

老希思發現，二十世紀中，在美國某個不太可能的地方出現了施行盎格魯自主所有權的最後島嶼：旅館與度假村。旅館的住客共享水電瓦斯、保全和便利設施，這個模式示範了他所謂的**專屬社區**（proprietary community）：人們自願集結在同一個由私人代理人監督與擁有的空間裡。麥卡倫汲取了他祖父的研究。他從旅館轉移到購物商場、辦公大樓、移動式住宅園區（mobile home park）和遊艇停靠區，這些都是「多租客收益房地產」範例。

老希思強力聚焦在日耳曼的前例以打造無政府資本主義的未來，只有短暫接觸過古代墨西哥與日本的「自願性封建主義」。麥卡倫比較熱中於探索西方之外的世界。他一邊鑽研購物中心的管理模式，一邊也完成了人類學的博士學位，以便更能好好學習他所謂原住民社群的「傳統無政府社會」。一反西方浪漫主義者常有的講法，他主張，「最早發展出財產、契約自由與正義概念的並非技術先進的社會，而是部落社會。」

一九七一年，麥卡倫開始動筆寫一份租約，列出未來小型社會的行為守則、權利與責任的規定。他為了寫作而受雇於韋納・施泰福（Werner Stiefel），此人是逃離納粹德國的難民，也是一家知名護膚用品家族企業的領導者，公司最有名的產品是護膚霜露比黎登（Lubriderm）。施泰福想打造自己的國家，以艾茵・蘭德《阿特拉斯聳聳肩》裡的「高特峽谷」（Galt's Gulch）為範本，建立「一個不屬於任何國家政治管轄權公海上的社群」。他在紐約上州擁有一家汽車旅館，麥卡倫建議（很契合他父親的理論），可以把這裡當成一座實驗室。

他們把這家汽車旅館命名為**亞特蘭提斯一號**（Atlantis I），當成另類社會的原型。新住客稱為「移民」，也發行自己的「亞特蘭提亞」（Atlantean）貨幣。第二位「移民」講起自己幫忙推銷銀幣，還混搭了肥皂與保險桿貼紙。施泰福對這個原型很滿意，他又去了加勒比海找別的地點，開始打造一棟網格圓頂建築（geodesic dome）與一艘鋼筋混凝土船（concrete ship），命名為**亞特蘭提斯二號**（Atlantis II）。這艘船下水進入哈德遜河（Hudson River），歪向一邊，陷入泥濘裡。船最後想盡辦法駛抵巴哈馬，之後就停駐當地，直到因為一次颶風而沉沒為止。

麥卡倫修訂增減他編寫出來治理亞特蘭提斯的合約，納入了取自南非希斯凱的創新。他希望能以比較像商業契約的東西來取代憲政安排。他認為，這樣的政治架構會很類似購物商場。租用商場零售空間的人，不會預期能對整棟大樓行使普遍主權；這會很奇怪。同樣的，麥卡倫期待一個把政治放在一邊的政治環境，把集體生活化約成行政管理問題。如果契約條件是你喜歡的，那你就簽，如果不是，你就離開。民主和「人民」這類模糊的概念，沒有存在的空間。他和范・諾頓認為，無政府的索馬利亞是一個好機會，他們可以小規模推展無政府資本主義。他們向當地氏族租了一片領地，取名為新地（Newland），計畫建立商業氏族來治理內部。

自由港氏族是透過放眼過去鋪出通往未來的路。「如果出現『新索馬利亞』，」麥卡倫寫道，「那就是從傳統、被殖民前的索馬利亞進化出來的版本。在這個被政治民主蹂躪的世界裡，這會是一盞導引航向的明燈，是已經失去方向的人類的一線光明。」麥卡倫的祖父兼他的明師史賓塞・希思強調，親屬關係在團結「血脈相連群體」上有其根本的重要性。自由港氏族的概念提出的建議很大膽，認為商業夥伴之間的自願性協定會和家族羈絆一樣穩固。莫瑞・羅斯巴德講過「合意國家」的概念，自由港氏族更進一步，想像著契約會轉化成「合意氏族」（clan by consent）裡的親屬關係。

范・諾頓和麥卡倫是一流的無政府資本主義幻想家，但是他們也需要經濟支援。一九九五年，范・諾頓和美國商界人士吉姆・大衛森（Jim Davidson）結盟，聚焦在建構後民主時代自由港氏族未來的第一步：建造私人的收費公路。幾年後，這兩人在避稅港模里西斯註冊一家奧達爾道路公司（Awdal

Roads Company）。該公司的網站裡有一條連結連到「福瑞多尼亞」（Freedonia），上面寫的是「尋找奧爾達附近的土地」。點進連結，會進入一個頁面上面寫著：「晚安，歡迎來到福瑞多尼亞公國大使館。」訪客會發現，福瑞多尼亞並不只是馬克思兄弟（Marx Brothers）一九三三年電影《易如反掌》（*Duck Soup*）裡虛構的國家，事實上早已存在八年，全世界都設有領事館，並會核發護照給公民。就像之前的亞特蘭提斯一樣，福瑞多尼亞也發行自家貨幣：該國的硬幣上印著福瑞多尼亞的徽章以及「SUPERIBIMUS」字樣，這是拼錯了一個拉丁詞「superabimus」，本意為「我們終將克服萬難」。

福瑞多尼亞表面上是由某位約翰親王二世（Prince John II）統治的公國，但事實很枯燥乏味，這是一群德州年輕高中生課餘時做來玩的東西。公國的財政部長、首相和國防部長的照片拍成畢業照的樣子，人物站在一個木製的地下室，前面舉起一面綠色緞面的福瑞多尼亞國旗，上面有黃色的「X」形和六顆白色的星星，頭戴方帽子並配上美國海軍陸戰隊的銅釦。福瑞多尼亞這個未來國家政體是一個沒有領土的國家，他們說，這是「一個無領土之國，就像巴勒斯坦。」這群年輕人想出了幾個主意來克服這個問題，一是「在公海上建造一座大型島嶼」，另一個辦法是「跟某個國家（網站上說可能是加勒比海國家、拉丁美洲國家或太平洋國家等等）買一小塊地並買進這塊地的治理權」。野心最大的方案最受從羅伯特・海萊因（Robert A. Heinlein）到伊隆・馬斯克（Elon Musk）等自由意志主義者的喜愛：「取得月球和火星的土地」。

一九九九年，已經成為大學生的約翰親王和大衛森搭上線，大衛森又替他聯繫范・諾頓，後者答應替他在奧達爾找一塊地。福瑞多尼亞的司法管轄區最後終於找到了領土，創建這個國家的人渴望把此地變成「世界各地富豪的暫時住所」以及公司、船隻登記的地方，並從廉價勞力中搾出資源。福瑞多尼亞具體而微捉住了二十世紀末分離主義者的諸多想像，也模仿了許多早已存在的境外現實：使用位在低稅率或零稅率管轄區的飛地來藏匿資產、把船隻註冊在權宜旗（flags of convenience）下以及拿多本護照的可能性。

但，二〇〇一年一月，分離主義者感受到主權這尾蠍子尾巴上的刺。約翰親王貼出一則冗長又怯懦的訊息，說到一位生活在多倫多的索馬利亞流亡者把福瑞多尼亞的網頁印下來傳真回家鄉，當地的主權機構發現美國年輕人居然主張他們幻想出來的國家得到一片索馬利亞岸邊的土地，這筆交易就取消了，范・諾頓和大衛森因為參與密謀而被驅逐出境。德州年輕人王國的境外避稅港注定成不了事。

## 4

索馬利亞的白人商業氏族看來也像一場玩笑，是兩個新殖民主義怪人的白日夢，但他們的異想天開實際上也有一些超乎預期的東西。事實上，一九九〇年代與二〇〇〇年代的索馬利亞，挑戰了人們對於一個國家政體應該做哪些事、經濟又應該怎樣的預期。除了內戰引發的人道主義災難顧慮之外，要如何在沒有國家政體之下持續活下去，成為一個基本的社會學難題。有人開始透過索馬利亞這個地方，去理解人如何適應並發展出某些人所說的「無政府治理」。學者觀察到，國家政體的終點並未引發「所有人對抗所有人」（all against all）的霍布斯戰爭（Hobbesian war）。索馬利亞看來證明了分類上有失誤。真的會有「沒有政府的經濟體」嗎？說到底，就像一位學者說的，

「如果國家政體是必要元素，那麼，索馬利亞的經濟就無法存在。」但索馬利亞的經濟不僅存在，還發生了更了不起的事：此地的表現愈來愈好。

索馬利亞最初在一九九〇年代初期顯露了「無政府商業」的樣子。政府倒台之後，國內生產毛額成長、出口提高，投資也增加了，就連人民的預期壽命也延長了。對自由意志主義的學者來說，索馬利亞成為一種「獨特測試」，證明無政府是一種可長久的狀態。「索馬利亞雖無中央政府，」有一人寫道，「但其私部門發展出治理機制，補上了空缺。」一篇名為〈沒有國家政體的貨幣〉（Money Without a State）論文講到，索馬利亞先令（Somali shilling）在中央銀行與國庫消失很久之後都還能當作交易代幣與價值儲存工具，這一點非比尋常。索馬利亞先令的價值與美元之間的關係很穩定，也可用來做進入鄰國的交易。一位德國無政府資本主義者的腳步可能走的最遠，他拿到資金，把米塞斯、海耶克和漢斯—赫爾曼・霍普的研究翻譯成索馬利亞文。他們寫出來的東西之後幫忙摩加迪休的居民走上「通往奴役之路」，他的意思是，他們重建了中央政府。

在一篇廣受引用的文章裡，年輕的經濟學家彼得・利森（Peter Leeson）

提出了立論，指稱與過去的獨裁政府相比之下，索馬利亞「沒有政府比較好」。他甚至很極端地提出建議，指其他局勢錯縱複雜的地方或可以索馬利亞為借鏡。他建議，西非的獅子山（Sierra Leone）「若容許政府倒台並讓無政府安排出現，很可能強化發展。」他認為十九世紀的安哥拉（Angola）是歷史上可拿來相比擬之地，他寫到，當地的出口貿易（包括奴隸）「就算沒有政府執行財產權，同樣規模龐大且可長期經營。」

無可否認，索馬利亞具備一些特別的因素，才得以無政府的條件下生存。其一，殖民政府或後殖民政府都沒有掌控大多數的人民，沒有把他們納入教育、稅賦和登記等標準官僚系統裡。雖然義大利人有做一些事，發展現代國家的基礎建設，但英國人的存在感非常薄弱。由於沒有天然資源誘惑殖民者深入內地，他們都留在海岸邊而已。他們不思開發內陸，也沒有付出太大心力教育或扭轉當地人民；當地人通常不會在同一個地方停留太久。

遊牧民族的財富是他們的牲口，他們會到各處尋找放牧地和水源。索馬利亞後殖民政府也不太管遊牧民族，把心力集中在城市中心。因此，當政府消失，變化不像在其他國家那樣突兀，反而導引出政治服務的市場與「軍閥主義商品化」（commodification of warlordism）。這個地方不是無政府，而是由很多小型政府構成，是「由各種流動性高、高度在地化的政治架構組合而成的拼圖，有些憑據的是傳統權威，有些則反映出混合式的安排。」

親屬關係是維繫這個國家的黏著劑裡的成分之一。家族羈絆也有助於從另一個角度來解釋無政府繁榮的矛盾情況：前往比較富裕國家的人，通常會把錢匯回來給親屬。在別的地方賺到的錢，尤其是，大量在波斯灣各國工作的索馬利亞勞工賺到的錢，是當地財富的來源，而且占比極高。至於逃到西方國家的難民，有些匯回國的錢可能是他國給的社會安全福利或其他移轉支付。很諷刺的是，福利國家也幫忙補貼了據說是無政府主義下的奇蹟。

自由意志主義者說的故事裡漏掉了一些東西。他們要不就忽略、要不就掩蓋了事實：索馬利亞在政府瓦解後的成就，大部分都出現在快速重新建立新政府的地方。索馬利亞中央政府解散之後，過沒幾個月，索馬利亞此國北方的索馬利蘭伊斯蘭共和國（Islamic Republic of Somaliland）就宣布獨立，以舊的英屬保護國為界。這裡很快就回復安全狀態，國家政體的基本職能也快速出現。研究「沒有政體的經濟體」、寫出了好幾篇自由意志主義論文的那位學者，也指出索馬利蘭事實上的政體有相關的政府部門，執行相關的發展計畫實務，並收取最基本的稅金和手續費，「與南索馬利亞形成鮮明對照」。范．諾頓的妻子替她的氏族領地無政府狀態大做廣告，希望能吸引海外投資人，但跟實情並不太相符。事實上，他妻子的氏族參與了一九九一年建立索馬利蘭的大型會議，該氏族的成員也在索馬利蘭政府擔任各種副手職。

索馬利蘭是一個很特別的地方。雖然這裡運作起來就像政府，但聯合國並未承認，因此被稱為「不存在的國家」（a country that does not exist）。同樣的，重建政府機構讓投資人更有信心。聯合國不承認，無礙法國的道達爾集團（Total）花三百五十萬美元重新整修在此地的儲油設施，以交換石油供給與經銷的壟斷權。不獲承認，也阻止不了五家航空公司與五家私人電訊通訊在前十年就於索馬利蘭的首都哈爾格薩（Hargeisa）建立據點。索馬利蘭也用自己的老派政治來做實驗。二〇〇二年十二月，在范．諾頓過世後六個月，他稱之為「民主怪獸」的制度捲土重來，當時有五十萬人民在一九六〇年代以來第一次舉辦的多政黨選舉中投了票。之後激烈的選舉，讓執政權和平地在不同的對立政黨之間轉移。對很多外部觀察家來說，索馬利蘭是一段「被忽略的成功故事」，但背後的架構並非井然有序的無政府狀態，而是衝突後的地方分權民主。

索馬利蘭海邊的柏培拉（Berbera）港，充分體現了成效最好的發展模式。這裡是此地區最出色的經濟成就。逾千年來，亞洲內陸的產品都會運抵此地以待運至中東，往前進入東亞與南亞，往上來走紅海進入開羅（Cairo）、亞歷山大港（Alexandria）和歐洲。在英屬保護國期間，此地是殖民地首都，獨立之後，柏培拉成為典型的冷戰競逐要地。蘇聯建立了一個碼頭，美國就建一個。一九八〇年代，國家仍完整的索馬利亞有四分之三的外匯來自這個港口的出口。一九九〇年代國家政體崩潰後，出口量還高過十年前。二〇二一年六月，杜拜（Dubai）投資了五億美元，在柏培拉啟用一處可容下全世界最大船體的新碼頭。投資的公司和索馬利蘭政府簽訂管理港口三十年的協議，換取六成五的股權，完整的計畫是要在隔壁打造一處自由特區，供海外製造商設置工廠。

富裕的杜拜大公國[50]，是索馬利亞經濟體在無政府那幾年的命脈。建置索

50 譯註：阿拉伯聯合大公國由七個大公國組成，杜拜是其中之一。

國手機網路與行動支付系統的，是總部在杜拜的企業。從杜拜買來的發電機組，由當地企業家（或靠收益過活的人）安裝到當地人家，再根據燈泡數目收費。索馬利亞航空公司租用的飛機，晚上停在杜拜。之前有很多索馬利亞人來波斯灣當勞工，現在換波斯灣走過來了。

在高度全球化的時代，成功的秘訣看起來不是仰賴索馬利亞氏族，而是成為杜拜的前哨站。

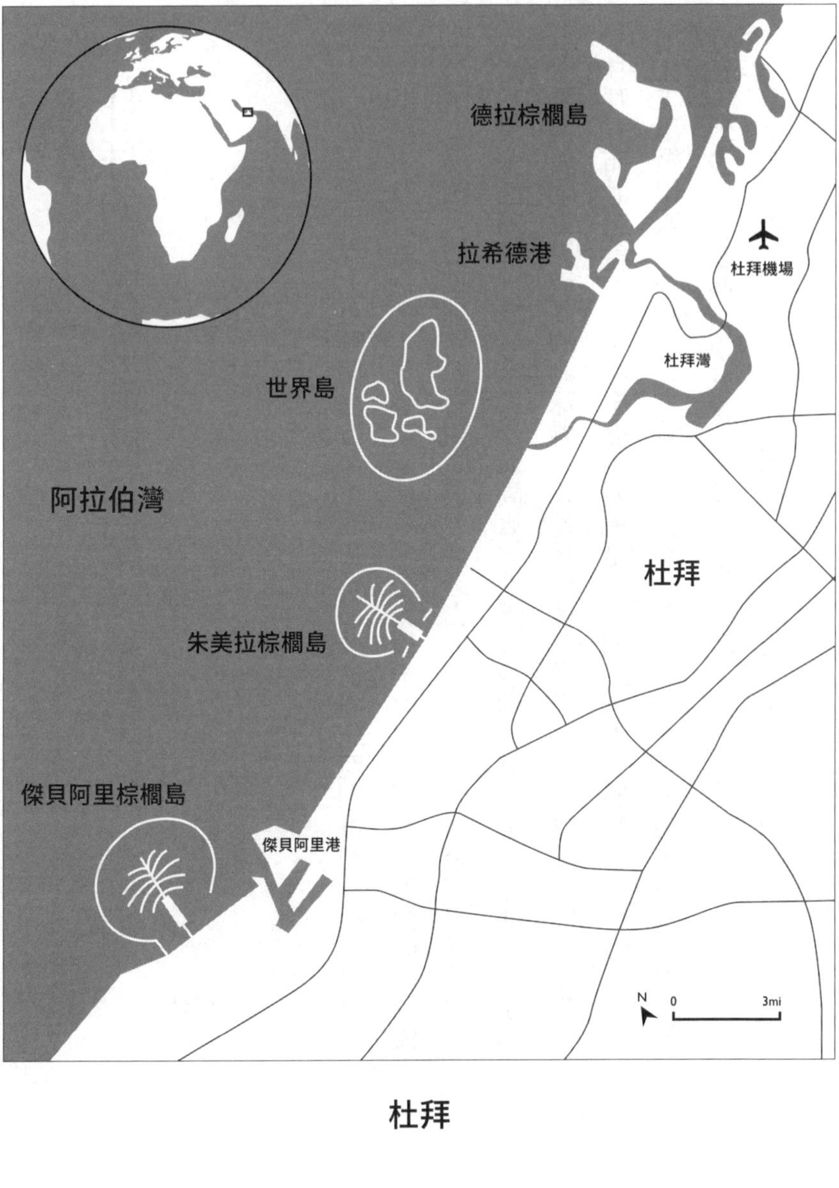


杜拜

Chapter 9

# 杜拜的法律泡泡圓頂屋

如果說世界上有哪個地方像香港和新加坡這兩座亞洲重砲一樣，對全球特區熱這般貢獻良多，想必就是杜拜。短短幾十年，這個在波斯灣的大公國上演一場讓人目眩神迷的展翅高飛，從過去用珊瑚與沙蓋出來的房子構成的走私黃金前哨站，變成全世界最高旅館的鑲金基地，擁有全世界唯一的沙漠滑雪道與全世界最高的網球場，以及其他多項世界第一紀錄。二〇〇三年，杜拜宣布計畫蓋一座主題樂園，面積是曼哈頓三倍大。同年，一群由三百個人工島嶼組成、形狀大致上看起來就像世界地圖的列島，闖入（或者說出現在）地表。開發商很快就宣布後續計畫：要蓋由行星和月球構成的宇宙島（Universe archipelago）。在二〇〇〇年代的前十年，杜拜的經濟年平均成長率為13%，甚至超過中國。這裡蓋摩天大樓的速度，是每三天蓋一層樓。六年內，這座城市的人口倍增，面積則增加四倍。

「初來杜拜，看到金光閃閃的高樓大廈，你會以為你是開車經過金絲雀碼頭。」一位營造公司的員工這麼寫。之後，你會發現杜拜大的多。「這裡的規模很驚人。」英國一個大型房地產開發案大約是一百五十英畝（約十八萬坪），杜拜的主要自由特區大了一百倍。而且都能完工。「兩年內，他們建造並啟用一套捷運系統。」他說，「在英國，這些時間只能整修一個車站。」杜拜善用這種最新進的工程和建築工法，在營造環境中創造出讓人嘆為觀止、對抗地心引力的非凡傑作。杜拜理直氣壯地炫富，完全不擔心貧富不均。

他們怎麼辦到的？威權主義是部分答案。杜拜是沒有民主的資本主義研究案例。直到二〇〇〇年代初期，由於沒有普選，也不保障表達意見的自由與非公民的權益，再加上擅用警力與強迫勞動的常規操作，這裡一直都是世界上最沒有政治自由的地方之一。早至一九八五年，美國中情局就提報說在杜拜「意識形態被斥為與商業無關」。當然，不管意識形態只顧商業，本身就是一種意識形態。權力與所有權完全集中在謝赫（sheikh）[51]這種人身上，通常指的也就是杜拜公司（Dubai, Inc）[52]的執行長。這座城市的執行委員會由國家企業主管組成，而不是勝選政府的官員。這是公共審議機制短路的結果；實際上，是根本沒有任何「公共」概念。「基本上，這個國家沒有延遲、紛爭、訴訟以及『壞東西不能在我家附近』這些亂七八糟的事。」一位建築評論家這麼寫。這座城市有一句廣告詞：「看看那些啟迪人心、共享共榮、效率非凡的事物，就知道非民主國家可以做什麼。」

二〇〇六年時，麥可．戴維斯（Mike Davis）把杜拜稱為「米爾頓．傅利曼的海灘俱樂部」（Milton Friedman's beach club），他說這裡「或可說是一個由芝加哥大學經濟系設計出來的社會」。此地「做到了美國反動分子只敢夢想的事：一片沒有所得稅、產業工會或反對黨的自由創業綠洲。」但傅利曼本人從不理解杜拜的魅力，他從來沒講到過此地。在設計全球經濟自由度指數的會議上，香港、新加坡甚至希斯凱都是明星，沒有人討論各大公國。支持杜拜的人，在政治光譜中更偏右方。二〇〇〇年代初期，杜拜大公國開始吸引到市場激進派的注意，最多的就是芝加哥學派變化形的無政府資本主義者。

《金融時報》說杜拜是「自由放任與嚴格威權主義的矛盾綜合體」，但右派的自由意志主義者一點也不覺得這有何矛盾。一位德國無政府資本主義者寫道，杜拜是最好的證據，證明了漢斯—赫爾曼・霍普是對的：君主專政優於民主體制，因為君主會照管領土的長期財富，選舉出來的官員則是在任期內大肆搜刮。兩位荷蘭的無政府資本主義作家寫道，沒有民主不是問題，反而是這個城市國家的成功關鍵。選舉只會降低經濟自由度。杜拜的鵲起，最貼切證明了民主與資本主義不一定要攜手並行。

對杜拜大公國最熱情的人，可能要算是自認是新反對派兼科技工作者柯蒂斯・亞文（Curtis Yarvin），他以化名孟子・黴蟲（Mencius Moldbug）經營部落格，打入了派崔・傅利曼與彼得・提爾等人的圈子。杜拜和新加坡、香港一起向亞文證明了「對於一個自由、穩定且有生產力的現代社會而言，

51 譯註：阿拉伯語中對領袖的尊稱。

52 譯註：這個詞通常用來指稱杜拜政府，因其擁有眾多公司，彷彿控股集團。

政治不一定有其必要。」他說，杜拜的經營方式就像一家企業，而且本來就應該要這樣。這個國家面對的不是公民，而是顧客，顧客對於國家政體的期待，只有契約上載明的項目。他覺得，公民的束縛力只是工具，用途是向國家政體勒索福利，回過頭來，福利又透過稅收勒索其他人。人民的歸屬感與責任感等抽象概念，在杜拜無立錐之地。到了二〇〇〇年代初期，有人估計，杜拜的人口中約有95%都是外國人。

如果說杜拜排拒了民主對亞文來說是一大吸引力，那麼，另一個吸引他的地方就是規模。就像之前的霍普和羅斯巴德一樣，他認為，管轄區愈小愈好。杜拜是一個超大型的自由貿易區，但整個政治架構比美國最小的州羅德島（Rhode Island）還小。亞文自己說他的理想標準是「**拼貼**」（patchwork）：「由幾萬個、甚至是幾十萬個獨立主權小型國家構成的全球蜘蛛網」。學者也用「拼貼」一詞來形容二〇〇〇年代杜拜變身後的模樣，對無政府資本主義者來說，這個詞守著大公國魅力的真正秘密。

從外面來看，標記杜拜特徵的是令人目眩神迷的巨大主義，這是從高解析度螢幕上建築示意圖直接跳出來的特質，但這不是右翼自由意志主義者深受吸引的原因，他們喜歡的東西比較難看出來：他們在乎的是杜拜擁抱激進的法律多元主義（legal pluralism），以及願意為了滿足投資人在司法管轄區內做出一些客製化設計。杜拜不只是一個「城市公司」，也是一個有許多系統的國家政體，是實際把亞文講的拼貼拿來做試營運。

## 1

一九七九年二月，當鴿子正在倫敦環境衛生罷工工人留下的半凍僵垃圾山裡找著食物，伊莉莎白女王（Queen Elizabeth）則前往一個永遠不會有工人罷工的地方。在王夫與外交大臣陪伴之下，她搭乘英航（British Airways）全新的協和號（Concorde）前往科威特，然後轉乘皇家遊艇**不列顛尼亞號**（Britannia）展開為期三週的行程，成為第一位出訪阿拉伯半島的英國君主。油價上漲四倍之後為此區帶來了繁榮，英國和波斯灣的關係在沉悶的一九七〇年代是一大亮點。在皇室出訪當時，英國出口到波斯灣貿易量，還大於出口到加拿大、澳洲和紐西蘭等大英國協國家的總量。光一家英國公司，涉及的產品價值就達到十八億英鎊，英國企業在波斯灣的新營造專案裡也有「可觀的占比」。

波斯灣菁英的品味，讓他們成為英國小報媒體上為人熟知的熟面孔。共同的皇室血統維繫了十九世紀的歐洲主權國家，把英國和中東王室拉在一起的，則是富豪權貴齊聚的賽馬活動、豪華滑雪度假村以及與世隔絕但名聲響亮的豪宅大邸。波斯灣各國殷勤待客，花錢毫不手軟，每一位記者都有自己的禮車，女王在每一站都收到奢華的禮物。杜拜的謝赫拉希德（Sheikh Rashid）致贈女王一條三百克拉的鑽石項鍊，再加上一座雕像，刻畫一群純金駱駝立在純金棕櫚樹下，並用紅寶石做成椰棗。她所到之處路邊都擠滿了人群，當時住在波斯灣的英國公民有一萬人，很多人到場，也有幾千名的巴基斯坦人和印度人。

後面這一群年紀比較大的群眾有些過去是英國子民，那，他們現在是阿拉伯聯合大公國的人民了嗎？不好說。雖然波斯灣自十九世紀初以來一直被視為「英國的湖」，但英國從未對各大公國所在的阿拉伯半島海岸宣示宗主權。一八二〇年，英國部署了三萬多人的兵力對抗此地的「蓋沃辛海盜」

（Qawassim pirate），但結局是簽訂休戰協定，還把海盜變成了合法統治者。這些海盜當中有一個阿勒馬克圖姆家族（Al Makhtoum），至今仍是杜拜的世襲統治階級。

有人發明了一個新詞來描述英國和波斯灣南邊沿海地區的法律關係，叫非直接行政管理（fell short of direct administration）。由於簽了休戰協議，這些大公國又被稱為休戰國家（Trucial State）或停戰海岸（Trucial Coast）。這種半主權的形式，意味著杜拜既在大英帝國之內，也在其外。大部分時候，這展現的是除了這裡水產品在地圖上會標示著「大」珍珠岸（Great Pearl Bank）之外，此地跟強權「大」國沒什麼關係。

英國從一九六〇年代起開始更關注杜拜，當時倫敦的銀行找到了新的獲利來源，那就是大量出售大小像夾心餅乾一樣的金條給大公國的買家。之後，買家會把金條纏在自己身上或綁在魚身下方，用增強馬力的小艇走私千里到孟買，閃避印度的貿易限制。謝赫主張黃金是合法進入他的領地，對於跳過關稅這件事視而不見。「對我們來說，」一位關稅官員說，「在杜拜以外的交易不叫走私，而是自由企業。」走私網絡很複雜，串接起印度洋各地的據點，還伸入南中國海。其中一個走私網絡叫「圈圈」（Ring），找到方法在香港的自由港從事進出口業務；香港是很方便的基地，沒有關稅或相關稅捐。「圈圈」買的商品，全都是為了走私而特製：在瑞士或英國鍛造的黃金餅乾重量為十托拉（tola），這是只有印度才會使用的度量衡；日本紡織品專門為了印度傳統服裝紗麗（saris）而製成六碼長。走私客管理長供應鏈的能力，讓新聞記者很佩服。有一人寫道，圈圈的「效率會讓某些管理最出色的跨國企業營運慚愧。」人們說，在印度總理英迪拉．甘地（Indira Gandhi）倒下[53]之前，控制來自杜拜走私品的孟買各家「走私大王」是在「國家之內經營一個國家」。

英國和杜拜之間的關係是穩定但不干涉，這種情況一直維持到一九六八年，當時，英國首相哈洛德．威爾森（Harold Wilson）宣布，要加速英軍從「蘇彝士東岸」各前哨站撤軍的速度。休戰諸國的領袖很遺憾地看著英國人離開。謝赫拉希德說「整片海岸、所有人民與統治者，都支持把英國的兵力留在波斯灣。」就像一位歷史學家說的，超過一世紀以來，各謝赫都可以「把軍事與外部事務外包給英國人」。現在，他們非但要自己監管這些事，還要把一片以家族羈絆、重疊的司法管轄區以及日積月累的邊境爭議為特色的地方，改造成符合邊境明確與主權排他的西發里亞模式（Westphalian model）。國家政體的概念與當地實際存在的人民合意政府概念並不相符，因此，各謝赫選用另類運作方式，捨棄標準的威爾遜民族自決模式。一九七一年，他們成立了聯邦制的阿拉伯聯合大公國，首都為阿布達比（Abu Dhabi）。

從經濟上來說，阿拉伯聯合大公國天生福星高照。一九七三年到一九七四年石油禁運之後，油價漲了四倍，讓聯合大公國致富。波斯灣靠石油賺來的錢透過像倫敦自治市這類金融中心循環，提供了可供放款的豐沛現金池。大部分的油都在阿布達比，但杜拜一九六七年時也確認了擁具商業價值的儲油量，兩年後，送出第一艘滿載的油輪到英國的煉油廠。到了一九七五年年底，杜拜的石油營收已達每年六億美元。伊莉莎白女王一九七九年出訪時，替這個公國幾個旗艦型開發案揭幕，背後的資金來源全都是賣油錢。她按下按鈕，讓水流進專為油輪打造的乾涸碼頭；每艘油輪都

53 譯註：英迪拉·甘地曾任兩任印度總理，一九八四年在任內遇刺身亡。

重達百萬噸，長度超越帝國大廈（Empire State Building）的高度。她去杜拜世貿中心（Dubai World Trade Centre）剪綵；這裡是中東第一棟摩天大樓。最重要的是，她啟用了傑貝阿里港口；這裡會成為一處大型的自由貿易區，也是全世界最大的人工港，有六十六個泊位。

傑貝阿里港在英國報紙上做廣告，空拍照裡前景是港口，後面有一大片廣袤空曠的沙漠，一直延伸到地平線。住在東倫敦狹小擁擠空間裡的投資人，只能想像這樣的開闊。比規模大更重要的，是此地的法律地位。為了避開阿布達比的阿拉伯聯合大公國權力機關帶來的複雜問題，杜拜片面畫出一塊傑貝阿里自由特區，正式變成治外法權特區，這片土地面積達五千英畝（超過六百萬坪），道路鋪好了，水電架好了，等著開發。自由特區的甜頭包括外國人有可能享有百分之百的所有權，十五年內免納營利事業所得稅，無個人所得稅，利潤和資本可以完整匯回母國，還有，由於進口勞工的政策是不斷以遣返當作威脅，保證絕對不會有勞工暴動事件。杜拜想辦法從南亞獲得穩定的勞工流，用高於他們母國的薪資當作誘因，但他們沒有居留權，這樣可以保證「有用就雇、沒用就開除、開除後即遣返」的模式可以永遠運轉下去。

勞工要面對額外風險，那就是此地的法律保障很少，他們常常根本就拿不到錢。來自富裕國家的海外居民（這些人被稱為「**外籍人士**」〔expat〕，而不是**移民**）享有無限暢飲的早午餐和西方的物質享受，勞力工則被關在沙漠裡用有刺鐵絲網圍起來的營地裡，逃跑的風險和照料的成本降到最低。

傑貝阿里最終成為杜拜最重要的創新。這裡遵循了世界各地的經濟特區模式，但又不只是另一個工業園區而已。隨著時間過去，此地也成為杜拜拼貼城市化的旗艦示範區，導引著杜拜在境內建立一個又一個特區，每一個都各有獨特的法律組合，但都團結在一個共同目標之下：吸引外國投資人。

## 2

我們習慣把國家想成一個有一套單一法律的地方：一片領土上住著一群人民，受一套法規約束。但現實從來不是這樣。州和省有自己的法律，市也有自己的法律，我們過日常生活的比較小型單位（比方說公共住宅、社區組織或大學校園）也有自己的規定，有時候還有私人保全。杜拜的特別之處，在於此地接受法律多元性的現實，然後轉化成整個大公國的組織原則。觀察家就提到，走在杜拜的不同鄰里之間，基本上就像是從一個國家走到另一個國家。新聞記者丹尼爾．布魯克（Daniel Brook）把這裡的情況和十九世紀的中國通商口岸拿來做比較。在中國，治外法權代表不同國家的公民適用不同的法律；在杜拜，不同的區塊適用不同的法律。麥可．戴維斯講了一個讓人記憶深刻的比喻，他說特區這樣的地方是在「規範與法律的泡泡圓頂屋」之下，每一個都有一套自己的法規。

各處紛紛出現新式司法管轄區，這些特區根據功能叢聚：矽谷綠洲（Silicon Oasis）是科技製造業，杜拜醫療保健城（Dubai Healthcare City）專供醫療企業，如今已經更名為知識園區（Knowledge Park）的杜拜知識村（Dubai Knowledge Village），則用來設立大學分部。另有設有門禁的特區叫媒體城（Media City）和網路城（Internet City），這裡不會過濾網路存取。二〇〇六年，進行中的開發專案就達千億美元，包括「一座航空城（Aviation City）和一處貨運村（Cargo Village），一座救助城（Aid City）和一個人道主義自由特區（Humanitarian Free Zone），一座展覽城（Exhibition City）和一座節慶城（Festival City），一座醫療保健城（Healthcare City）和一座鮮花城（Flower City）。」最驚人的特區實驗，或許要算是二〇〇四年開幕的杜拜國際金融中心（Dubai International Financial Centre，簡稱DIFC）。負責監督金融中心的是澳洲的金融監理人員艾洛爾・胡普曼（Errol Hoopmann），他說他的目標是圍起一百一十英畝（約十三萬坪）的土地，裡面不要有任何既有法律，之後「寫出我們自己的法律以補上空缺」。他把杜拜國際金融中心比做梵諦岡，他說這是「一個國家內的國家」。

二〇〇二年之前，只有在傑貝阿里才允許外國人擁有土地，這一年之後，外國人在大公國任何地方都可以合法擁有房地產，結果是掀起一股炒土地熱潮。各地為了安頓新來的人以及錢到人不到的投資客蓋起房子，遵循熟悉的有門禁社區形式，彷彿是美國西南部的總體營造社區。中東地區有一些人造市郊城鎮，就是這類住宅區的前例，比方說一九三〇年代沙烏地阿拉伯的沙烏地阿拉伯國家石油公司（Aramco）煉油廠附近興建的美國營區（American Camp）：這裡是一處有圍籬的社區，裡面是蓋給白人家庭居住的牧場風格房舍，完整的配置有游泳池和電影院，周邊住的則是人數多更多的移工和沙烏地阿拉伯人，他們住在另外隔離開來的劣質房舍。二〇〇〇年代杜拜的市郊房屋風格千變萬化，從西班牙別墅到傳統阿拉伯住宅，從墨西哥聖塔菲（Santa Fe）風到包浩斯立方體（Bauhaus cube），應有盡有。這種以汽車為中心做城市規劃的有空調市郊化模式，呼應了休士頓與洛杉磯的陽光帶模型（Sunbelt model），而且更發揚光大。波斯灣人民面對的是更極端的氣候條件，他們的人均耗用水、電以及汽油數量，高過地球上其他人。

「買土地，人無法做出更多土地了。」人們穿鑿附會說這句話是馬克・吐溫（Mark Twain）的名言。但，就算他真的說過，這句話也不對。十九世紀時，波士頓市中心有一半就是用墾殖沙洲蓋出來的。下曼哈頓、新加坡和香港也有樣學樣。杜拜二〇〇〇年初就已經用光了海岸邊的土地，同樣也創造出更多地方，把沙子堆成伸入海中的大型棕櫚樹，為了創造出最多的海灘，還把葉子設計成細細長長。第一座朱美拉棕櫚島（Palm Jumeirah）用了三・八五億噸的沙子，之後蓋起來的是傑貝阿里棕櫚島（Palm Jebel Ali），最後則是人工島世界島（islands of the World），上面用沙子蓋出來的每一個假國家都可供出售，最高售價是三千萬美元。杜拜的房地產變成全球流動現金的藏身處，尤其是「中東、北非、南亞和前蘇聯的大亨與腐敗政客」。有一個例子特別引人側目，亞塞拜然的國家領袖「用十一歲兒子的名義」，兩個星期內買下了九棟杜拜豪宅。

杜拜具備了千禧年全球性城市的三項特質：垂直性、新穎性和尊榮性。這裡的開發商（尤其是國有巨型企業棕櫚地產〔Nakheel Properties〕）已經把全球城市化的訓諭內化，成為辨識度很高的品牌：獨特而不奇異，有異國風情但不讓人難受，脫俗但不至於太不熟悉，可以抓住投資人的目光但不代表太高的風險。就像貨幣一樣，當代的城市必須成為既是價值儲藏之地，也是交易的單位。一如倫敦和紐約的超奢華公寓，杜拜有很多高檔住宅也是被買下後從無人入住，這些都是批評家所說二十一世紀殭屍建築的一部分。

坐飛機過來的人，會經過大片滾滾黃沙的沙漠，中間穿插著建有海水淡化廠、豪宅與工業建築的小島，對他們來說，杜拜的各種特區看起來就像「電腦主機板」。大公國也是這樣向投資人呈現自己：這裡就像是出租公寓的空間，「跨國企業可以即插即用，即時展開地區營運」。然而，在最基本的架構上，杜拜並沒有統一化的外觀設計。地方分權的法律造成了視覺上的混亂，街景讓人眼花撩亂，有「偏方形的橢圓形、圓的方型、曲線型的金字塔……箱型上有球體、掛在柱子上的淚滴型、綁在水泥球門柱上的彎曲浪板。」效果是沒有極端現代主義（high modernism）乾淨俐落的線條，比較像是超大型版的美國高速公路霓虹招牌大亂鬥。順應資本的邏輯發展下去，就會出現這副模樣。

一九六八年阿拉伯聯合大公國在傑貝阿里破土時，計畫是要把這裡變成聯合大公國未來的首都。四十年後，這裡並沒有成為組裝國家內部各種法律模組的工具，反而是變成可以拿起來隨處放置的一塊拼貼。此地不再受制於僅能成為聯邦或國家政體的政治首都，反而變成靈活度很高的載體，可以容納新的勞工、資本與科技安排。

只需要土地再大一點就好。

## 3

如果說二十一世紀的信條之一是要具備不冒犯他人的象徵性，那麼，另一條應該是要平順地和全球經濟體裡的其他節點搭上線，跟大家連在一起。以物流的語言來說，就是既要成為門戶，也要成為通道。在千禧年之交，杜拜想著要在海外複製自己，打造特許經營的特區，攜帶式的傑貝阿里。這一切，透過一大群新的國有企業子公司實現了。

其中有一家所謂的國有組織（parastatal organization）叫杜拜環球港務集團（Dubai Ports World，簡稱 DP World），這個組織將運輸、房地產、物流以及輕工業集結在同一個屋簷下，掌管了「城市裡的城市」，負責的任務是帶著「法規的泡泡圓頂屋」到海外自我複製。杜拜環球港務集團始於一九九九年，當時從杜拜政府手中接下紅海的吉達伊斯蘭港（Jeddah Islamic Port）的共同管理責任。隔年，傑貝阿里自由區國際管理局（Jebel Ali Free Zone Authority International，簡稱 Jafza International）成立，專門為外國政府提供建議，告訴他們如何設立自家的經濟特區，把拼貼模式全球化。傑貝阿里自由區國際管理局說他們的工作是提供「杜拜專業」。二〇〇四年，這個單位開始管理馬來西亞的巴生港（Port Klang）。到了二〇〇五年年底，國際管理局已經和五個非洲國家簽約，替他們監督港口開發案。同年，杜拜買下美國的環球貨櫃碼頭公司（CSX World Terminals），成為全世界第六大的貨櫃碼頭營運商。

杜拜以急切的腳步擴張，和印度大財團塔塔集團（Tata Group）簽訂合資企業夥伴關係，在印度開發七個物流園區。大公國大肆宣傳自己跨入了俄羅斯，在當地針對如何打造經濟特區提供顧問建議，和利比亞簽訂合作備忘錄（memorandum of understanding），並宣布花八億美元在塞內加爾（Senegal）建造免稅港。羅馬尼亞官員來杜拜參訪，想要在他們位於黑海（Black Sea）的短短海岸線打造「與傑貝阿里自由區國際管理局相類似的平台」。二〇〇六年，杜拜環球港務集團在一場和新加坡的競標戰中勝出，取得過去服務大英帝國的英國公司鐵行輪船（P&O）。從可倫坡（Colombo）到直布羅陀（Gibraltar），過去把大英帝國串在一起，就是燃料供應站、海軍基地與自由港；政治學家拉蕾赫．哈莉莉（Laleh Khalili）曾說，海運是「戰爭與貿易的主要手段」。如今，全球最大的港口營運商都是大英帝國過去的領地或保護國，比方說新加坡、香港和杜拜。

杜拜在母國前面毫不手軟，買下倫敦證券交易所（London Stock Exchange）兩成的股權，也持有倫敦眼（London Eye）的股份。杜拜的國籍航空公司阿聯酋航空（Emirates）的名稱，出現在倫敦的兵工廠（Arsenal）足球隊制服上，他們新開幕的主場叫酋長球場（Emirates Stadium）。二〇一三年，杜拜環球港務集團也啟用了倫敦蓋特威港（London Gateway port）。倫敦蓋特威位在道格斯島下游三十里處，跟碼頭區截然不同，這裡是一處物流園區、商業園區，也是可容納全世界最大型貨櫃船的深水港。這個營造案有很多工作，都交由機器人與自動化的吊車和卡車完成。不過幾十年前，杜拜還是英國的半殖民地，但現在已經負責管理進入母國最重要水道的入口了。

另一個焦點在葉門（Yemen）和吉布地之間的巴布．埃爾—曼德海峽（Bab el-Mandeb Strait）沿岸，每年有兩萬艘船路經此地前往蘇彝士運河，乘載著三成歐洲要用的石油。杜拜環球港務集團二〇〇〇年接下管理吉布地港的工作，兩年後，又承擔起管理吉布地—安布利國際機場（Djibouti-Ambouli International Airport）的任務。杜拜也興建該國第一棟五星級旅館，並接手管理吉布地海關。杜拜環球港務集團一家子公司買下吉布地航空。前一章也提過，杜拜環球港務集團幾年後把觸角伸入柏培拉港，這裡是索馬利蘭事實上的政府所在地。

這個積極主動、充滿活力且成就非凡的杜拜，很難不讓人拿來和波斯灣北方扭曲的分身伊拉克來做比較。那廂的伊拉克，被外國占領者用戰斧飛彈（Tomahawk missile）強迫實施民主制度。這廂的杜拜，沒有民主制度，每個月都舉辦池畔派對和早午餐會、剪綵活動與新的購併。渴望小型政府拼貼的部落客柯蒂斯・亞文，就是拿這兩個國家來做對比的其中一人。在伊拉克，有民主無法律，在杜拜，有法律無民主，哪一個比較好？

但這樣的選項是假議題，對比亦然。杜拜的興起很難和美國軍方在附近鄰國進行軍事干預分開來講。自一九九一年來，阿拉伯聯合大公國就允許美國在境內部署基礎設施，到了二〇〇〇年代初期，傑貝阿里港已經成為美國海軍最繁忙的停靠港。杜拜的經濟繁榮，完全歸功於美國入侵伊拉克和阿富汗（Afghanistan）之後的油價大漲。兼營石油與營造業的哈利柏頓公司（Halliburton），二〇〇七年從故鄉德州搬到傑貝阿里自由特區，便是意向很明顯的行動。吉布地的杜哈雷（Doraleh）油庫啟用時，開幕儀式就在導航飛彈巡洋艦**維克斯堡號**（USS Vicksburg）上。美國軍方在油庫中投資了三千萬美元。

最大力反對杜拜在海外擴張的聲浪來自美國，以杜拜和美軍之間的密切合作關係來看，顯得甚為諷刺。在鐵行輪船公司經營的碼頭中，有二十二處都在美國。杜拜環球港務集團二〇〇六年買下鐵行輪船公司時，美國的政治人物以可能有安全疑慮反對這項交易，最終導致杜拜這家公司出清碼頭的管理契約。杜拜環球港務集團的安全措施非常先進，從這一點來看，抗議極為無稽。事實上，地理學家黛博拉·考文（Deborah Cowen）就觀察到，美國和杜拜合作篩選過濾貨櫃，並要求港口員工以嚴密的監控追蹤貨櫃。

幾年後，杜拜透過南邊的後門重返美國。大約有八萬人口的南卡羅萊納州奧蘭治堡郡（Orangeburg County, South Carolina），二〇〇八年三月有四位官員搭上飛機飛十四個小時到杜拜，要去大公國磋商一項六億美元的投資案。南卡羅萊納人帶來了棕櫚樹胸針和棕櫚樹領帶，強調他們眼中代表讓兩地團結在一起的植物。一位代表團成員表示，希望穆斯林國家會喜歡南卡羅萊納州旗上的棕櫚樹和新月圖樣。傑貝阿里自由區國際管理局買下一千三百英畝（約一百六十萬坪）南卡羅萊納土地，宣布興建一處有輕工業、倉儲和配銷的商業園區。

新月聯盟並不是注定長相廝守。杜拜模式發展到最頂峰時，撞上了全球金融危機這堵牆。二〇〇八年十一月，杜拜環球港務集團要求暫停償還貸款，杜拜自己也需要阿布達比紓困。傑貝阿里自由區國際管理局退出奧蘭治堡。杜拜規劃在朱美拉棕櫚島樹幹上興建的川普大樓（Trump Tower），也從未蓋成。

## 4

杜拜是一種專為全球化而設計的新國家政體。鬆綁船運和陸運法規容許複合運輸模式，便讓海運貿易更添威力。起重機的技術創新，讓船隻裝卸貨的速度快過以往。寬體長型的飛機，讓遠離主商業中心的地方有機會成為全球網路中的關鍵節點，一位新聞記者說這叫「航空城」（aerotropolis）。（有一本教科書說，只要把杜拜當中途停留點，全世界幾乎任兩個地方都可以連起來。）杜拜成為資本控制與資金流向的終點，把大公國光彩耀眼的高樓大廈和別墅變成立體的免稅儲蓄帳戶。杜拜是二十一世紀初全球經濟成型的完美象徵。

杜拜於二〇〇〇年初興起，剛好和各國操作國家品牌定位同時，這一點很重要。品牌定位過去是企業才關心的主題，但後來也開始套用到國家上。顧問和公關公司把各國的特質和優點包裝成容易琅琅上口的名言金句。各種國家品牌指數使用新的名次計分表，量化衡量一般人對不同國家的想法。這類指數以受雇員工生活難易度、做生意的難易度、經濟自由度以及使用產品上面寫了「XX國」製有沒有隱性附加價值等等為標準，會幫忙引導金額愈來愈龐大的觀光旅遊花費和房地產投資，也牽動企業轉移陣地。早期的國家品牌定位著名範例是英國，一九九七年之後，「酷啦，不列顛尼亞」（Cool Britannia）與首相湯尼·布萊爾以及新工黨（New Labour）緊密相連。另一個範例是香港，香港二〇〇一年開始推動一項活動，自詡為「亞洲國際都會」（Asia's World City）。二〇〇四年有「非常新加坡」（Uniquely Singapore），二〇〇五年「有不可思議的印度」（Incredible India）。杜拜的天際線與這個城市擁有的諸多世界紀錄，讓此地成為阿拉伯聯合大公國的旗艦品牌與一流的世界觀光城市。二〇一四年，這裡在全世界最多人到訪城市中排名第五。

一九九〇年代大家都在談民主與資本主義要攜手同行，之後，國家品牌定位的顧問很早就發現，民主不太能為國家的聲譽增添多少價值。事實上，在觀光客和投資人心裡排名很高的，都是像杜拜和新加坡這些非民主國家。這當中有很值得學習的重要課題。能在全球資本賽局中勝出，似乎和自不自由、民不民主這些抽象問題沒有太大關係。業界人士認為這並非巧合：權力集中在如執行長一般的國家領袖身上，有助於整合訊息。民主是一團混亂，會呈現不同版本的國家，放任著交代不清的東西和懸盪、參差不齊的訊息。確實，如果用評斷公司的角度來評斷國家（跟全球市場有關的每一件事都說我們應該這麼做），那麼，杜拜在所有指標上都會贏。與全球最高的摩天大樓相比之下，軟弱無用的自由之家自由度排名算什麼？站在估值每年成長一成的土地旁，在世界新聞自由（World Press Freedom）排行榜上敬陪末座又怎樣？憂心政治與人民的自由，就像是對過去不合時宜的感懷，這是人在持續的全球競爭戰鬥中，再也負擔不起的沉溺。

一位都市計畫人員提到杜拜一邊打造出恢弘的基礎建設、又同時把這些東西藏起來。傑貝阿里港就用有刺的鐵絲網圍起來。世界島和朱美拉棕櫚島這些史詩級的填海造陸大案子都是有門禁的社區，一般人無法進入。杜拜真實到不得了，不斷出現在充滿高聳建築的照片與戲劇性的空拍影片裡，複製再複製；但，杜拜也是一個無法理解的地方，只能從天上看，從地上看不出什麼端倪，街上跑的巴士車窗上裝了圍欄，接駁工人往返他們的營區。杜拜很可能就是這樣刻意把自己當成投影螢幕，才有辦法讓錢不斷湧進來。

主流媒體在報導杜拜時，會小心地不要太被二〇〇九年開張的杜拜品牌媒體辦公室（Brand Dubai media office）牽著鼻子走。新聞記者通常會提到沒有民主是杜拜的黑暗面，另外還有性剝削人口販賣、兒童騎師[54]和被剝削且常常拿不到錢的勞工。亞文這類反動派思想家認為沒有必要這樣，反之，他順著杜拜的成就推演出更激進的結論。他替伊拉克提議的解決方案，就借用了杜拜分裂式政府的優點。他寫道，一開始先打破政治架構，回到鄂圖曼帝國

54 譯註：阿拉伯半島有賽駱駝的傳統，通常是由體重較輕的少年擔任騎師，後來甚至讓幼童參加比賽，由於駱駝並不溫馴，再加上比賽常有意外，造成兒童騎師傷亡。

時代的省制，之後再讓每一片領地交由營利型的「主權安全公司」（sovereign security corporation）掌控。這些公司都由私人擁有、私人經營，並在杜拜金融交易中心公開上市。這個「新美索不達米亞聯合大公國」（new emirates of Mesopotamia）會是雙股權制，出生在前伊拉克的人持有公司股份但沒有投票權，有投票權的股份會在杜拜拍賣出售。國內不容異議分子，也不保障政治自由或公民自由。亞文寫道，在主權安全公司之下，「伊拉克就跟杜拜一樣，需要費心的只有商業這件事。」

這跟（美國在）伊拉克事實上交由私人包商負責行政管理的狀況相去不遠。亞文二〇〇七年春天寫下他的建議，到了二〇〇八年第一季，在伊拉克，（美國）外包商已經和軍方人員一樣多了。私人利益涉入戰爭前所未聞，而且獲利豐厚。《金融時報》發現，在二〇〇七年之前，賺最多的是哈利柏頓公司旗下的凱洛格布朗魯特公司（KBR），在伊拉克至少獲得三百九十五億美元的聯邦契約。哈利柏頓公司以一紙統包合約（no-bid contract）參與其中。

就算「杜拜公司」成為典範，但杜拜公國實際上也不是公司。雖然住在杜拜大公國的人裡，公民只占很少數，但這裡還是有；雖然傳統的國家領袖不用對人民負責任，而且是透過血脈特權成為統治者，但這裡還是有。換言之，亞文的夢想只實現了一半。他在想，如果消除世襲君主制，然後轉向更傳統的匿名公開所有權公司模式，主權公司（sovereign corporation）是否能讓杜拜變得更好。他寫道，假設杜拜可以公開發行的話，那會如何。

亞文常有一些很辛辣的離題言論，有一次他在想，讓杜拜的謝赫阿勒馬克圖姆管理巴爾的摩港（Baltimore）是不是好主意。在之後的幾年，他的圈子裡的某些人會問同樣的問題，但版本有點差異：如果讓矽谷（Silicon Valley）管理宏都拉斯（Honduras）那會怎樣？主權公司這樣的構想快要成真了。

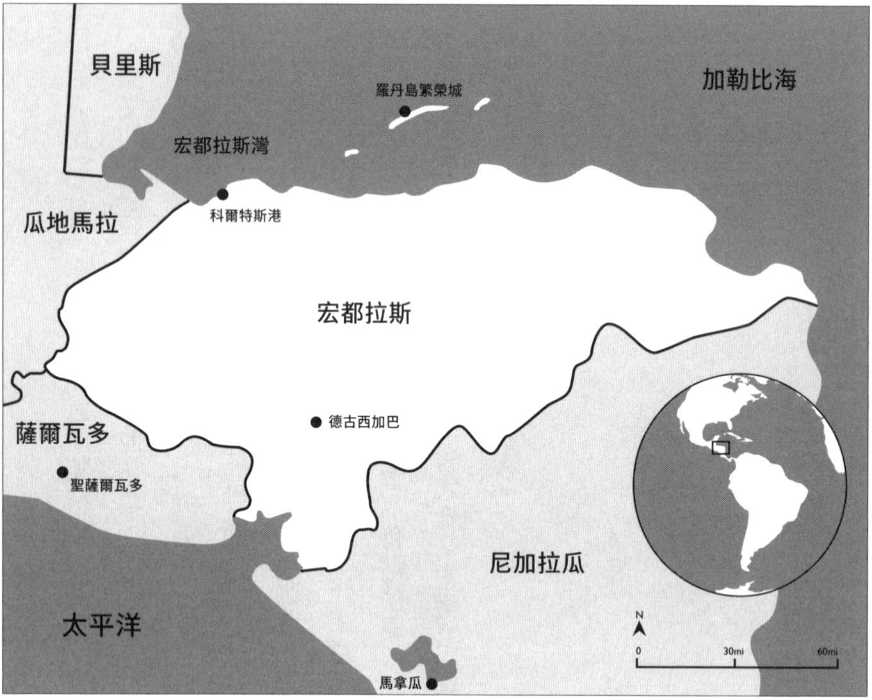
貝里斯
羅丹島繁榮城
加勒比海
宏都拉斯灣
科爾特斯港
瓜地馬拉
宏都拉斯
德古西加巴
薩爾瓦多
聖薩爾瓦多
尼加拉瓜
太平洋
馬拿瓜
N
0
30mi
60mi

宏都拉斯

Chapter 10

# 矽谷殖民主義

二〇〇九年，一位史丹佛大學的經濟學家保羅．羅默（Paul Romer）以復興殖民主義為題發表演說。他問了以下這個問題：為何有些國家可以變得富裕、有些卻仍貧窮？他說，重點並不是只在享有對的地理位置或擁有對的自然資源而已，關鍵是更隱不可見的因素：對的規範。規範指的是訂出稅率、監管勞工與保護財產的法律，也指的是政府的整體風格。在更深刻的層次，規範是文化慣例、價值觀和信念，是我們被教導的行為模式，也是我們想都不用想的行為模式。資本主義是在不同的規範之間奮戰的歷史，有最佳規範的國家勝出。

香港這個海邊的小地方，自十九世紀之後就根據不同的規範安排，與接壞的中國大陸大不相同，這是羅默的最佳範例。他說，中國一九七〇年代末期將香港模式帶進珠江三角洲，「複製香港的過程」幫助中國開始趕上西方。羅默不理會指稱香港不民主的反對意見。在回歸之前，殖民地的總督是由英國國會任命，而國會是由英國選民所選。香港是民主體制，「但剛好是一種和本地居民無關的民主」。至於鴉片戰爭（就是因為這場暴行，才有後面的事），羅默堅稱那是偶發事件。用他的話來說，香港之所以成為香港，是被英國殖民的**「歷史意外」**。

要怎麼做才能讓這類歷史意外再度出現？羅默提出一條邁向香港的捷徑，叫特許城市（charter city）。公式如下：說服貧窮國家拿出無人居住的領土，交由富裕國家管理，把空著的土地搭配已知能讓資本主義順暢運作並看著資本主義壯大的規範。這是合意的殖民主義，是受邀的占領。他用矽谷的術語來講，把這叫做「新創政治管轄區」（start-up political jurisdiction）。哪裡都可以有特許城市。他展示了一張非洲夜間也無燈火照明之處的地圖，指出「世界上還有很多利用率很低的地方。」領導者要面對一個事實：在全球化之下，主權已無意義，那何不乾脆一點，把國家交給外部管理者？你沒什麼可損失，但香港會得利。

## 1

尋找下一個改變世界的「殺手級應用」（killer application，簡稱 killer app），定義千禧年之交的科技產業。在矽谷眼中，這個世界到處都是需要靠科技解決的問題。愛彼迎（Airbnb）動手解決旅館住宿的問題，優步（Uber）動手解決計程車的問題，療診（Theranos）解決血液檢測的問題。特許城市的概念借用了特許學校（charter school）概念中的光鮮亮麗；這是一種私立的新創教育機構，從二〇〇〇年到二〇一二年之間數目成長三倍。《華爾街日報》將兩者連上關係，把羅默的特許城市模式比喻成一所「沒有工會契約與公共官僚體系」的特許學校。就二〇〇〇年代的美國主流來看，特許學校的瞄準打擊目標是過時的公立學校機構；特許城市瞄準的則是過時的國家政體機構。

第一個實現羅默計畫的地方，是非洲東南海岸外的馬達加斯加島（Madagascar）。他的盟友是馬克・拉瓦盧馬納納（Marc Ravalomanana），這位乳業大亨二〇〇二年時成為馬達加斯加的總統。六年之後，拉瓦盧馬納納因為被人揭露一樁秘密計畫而成為新聞頭條：他把一百二十萬公頃的農地免費交給一家南韓的財團，使用期九十九年。這樁交易是非洲最高調的土地掠奪未遂事件之一，起因是富裕國家在全球糧食價格高漲之後尋求取得海外農耕地。東道國以免費或接近免費的價格提供土地，希望能替當地人民爭取一些工作機會，並因為海外投資而雨露均霑。羅默認為，拉瓦盧馬納納是一個即便面對爭議也願意重新思考主權的人，他飛到馬達加斯加推銷特許城市模式，當這位總統同意打造兩座特許城市，他甚感欣慰。該國其他菁英人士不太信服劃分國家的概念，他們支持發動政變，二〇〇九年推翻了拉瓦盧馬納納。

一場政變關上了一扇門，另一場則打開了另一扇，這一次，基地換成了宏都拉斯（Honduras）。宏都拉斯十九世紀時便是一個飛地經濟體，大農場都由海外公司經營。自一九六〇年代以後，這個國家在後續幾任美國支持的軍事強人統治之下垮台。一九七六年，宏都拉斯加入了第一波加工出口區的浪潮，給予進駐科爾特斯港（Puerto Cortés）的各家公司免稅優惠；此地是加勒比海岸的一個港口，以一五二六年時登陸此地的征服者命名。從這裡開始，特區散布到更多地方，到最後，一九九八年宏國頒布一條法律，准許國內任何地方設置加工出口區。加工出口區吸引很多勞工，製造業多半做的是低薪紡織業。一九九〇年區內有員工九千人，十年之後成長到十萬人，然而，到了二〇〇〇年代，羅默一直大力強調其成就的中國製造業特區已經開始削價競爭，搶走宏都拉斯的低薪優勢。

二〇〇九年在宏都拉斯政變的，是波爾菲里奧・「沛沛」・洛博（Porfirio “Pepe” Lobo）的國家黨（National Party）。他的顧問群裡有一些美國菁英大學的畢業生，他們跟羅默一樣，都在找解決方案和花招技巧，想辦法擴大他們看過的加工出口區成績。他們的想法之一，是升級加工出口區，變成接近十九世紀的租界。他們宣傳一種講法叫「超級大使館」（superembassy），一位顧問說這是指「由其他國家法律管理的地區」。洛博的團隊充分研究了羅默的論點，等他把特許城市的演講放上網路，他們就聯繫他。到了二〇一〇年底，宏都拉斯的領導團隊與羅默會面，同意把他們的國家變成「一場經濟實驗的基地」。

宏都拉斯的特許城市在法律上稱為特別發展區（西班牙語為 Región Especial de Desarrollo，簡稱 RED），是一種由海外合作國家管理的治外法權實體。特別發展區是宏都拉斯國家議會透過修憲創造出來的產物，可以說是國家境內的殖民地。外國可以在這些地方設立法庭並配置人力，可以訓練警察，也可設置學校、醫療保健系統與監獄。區內政策由透明委員會（Transparency Commission）九人小組制定，第一任區長由宏都拉斯總統任命，之後則從內部產生。特別發展區很像十九世紀的租界，但，某些方面有過之而無不及。最明顯的是各區自有法律地位：特別發展區可以和其他國家政體簽署條約、決定自家的移民政策，還可以和宏都拉斯政府並肩做外交。以國際法來說，特別發展區的自治程度至少和香港特別行政區一樣。這也契合了羅默的說法，他說這樣的模式是「一國兩制」。釋出領土、不受國家監管，把所有國家政體的職能授予外國，這樣的特別發展區是把主權拿去拍賣。

「有誰想買宏都拉斯嗎？」《紐約時報》如是問；報導中預期羅默將會成為一座有千萬人民的特許城市「董事長」（地點在一個當時的總人口數為八百萬人的國家裡），《華爾街日報》則讚許羅默管理「一座快速城市的發展」有功。《經濟學人》驚嘆「宏都拉斯的香港」前景，重現了羅默在宣傳時想像的畫面：一座周邊有「林立的摩天大樓和幾百萬人」的天然港。《大西洋》（*Atlantic*）雜誌提問：「苦苦掙扎中的國家應否讓投資人經營他們的城市？」答案是肯定的：「就算只是領土內的小部分，重新開始可能比較容易化解該國面對的系統性治理挑戰。」自由意志主義者的聲音更熱情。《自由人》（*Freeman*）雜誌說特別發展區是「治理上的革命」。這些由「公民顧客」進駐的特區，可以成為其他治理實驗的「田野試驗場」。一位英國自由意志主義部落客熱情迸發地說：「這些特區是新疆界，是全新的事物，是冒險，是人性的新添加物。」

羅默設法在地主國國內爭取到必要的條件，但他無法找到願意管理特許城市的富裕贊助國。他的夢想對象之一是加拿大。早期針對特許城市做簡報時，他想像的是加拿大會從美國手中接手古巴的飛地關達那摩灣（Guantánamo Bay），一改這個在全球反恐戰中惡名昭彰的監獄，變成該地區熙來攘往的商業中心。他向加拿大推銷，請他們在宏都拉斯扮演相同角色。他強力主張，這不是人道主義任務，而是商業提案。

加拿大在宏都拉斯已經是主要投資者之一，二〇〇〇年代初期，在宏國的海外直接投資中的平均占比為28.7％，比美國還高。一家生產襪子、T恤和其他衣物的加拿大公司吉爾登（Gildan），是宏都拉斯加工出口區雇用員工人數最多的一家公司。宏都拉斯裡的特許城市將會是一個迷人的市場，也會是需要加拿大相關服務的客戶；加拿大可以用付費服務的方式提供教育、醫療保健、環境管理與稅務管理。羅默甚至想像有一隊由皇家加拿大騎警（Royal Canadian Mounted Police）組成的加勒比分隊巡邏各特區，他們的薪水就用這些地方的營收支應。他不斷地講著一句口號：「這個世界需要更多加拿大。」（The world wants more Canada）但加拿大很遲疑。

特許城市連結上矽谷夢，但也連結上更大的地緣政治脈絡。羅默講到需要「重新思考主權」，講的好像這是什麼新概念，但，美國自二〇〇一年入侵與占領阿富汗、二〇〇三年揮軍伊拉克以來，一直都很熱切地重新思考主權。羅默第一次以特許城市為主題發表演說時，美國仍有十三萬兵力留在伊拉克。康朵麗莎·萊斯（Condoleezza Rice）去了史丹佛聽他演講；萊斯是小布希政府時代的國務卿，她剛剛才擺脫了自己在任內幫忙製造出來的大災難，接下享有聲望的新職，成為胡佛研究院的院長，這裡是朝聖山學社成員的西岸前哨站。羅默提到她時稱呼她的小名，在群眾面前叫她康蒂（Condi）。真正已經在重新思考主權的人，都算是羅默的同道中人。

中東的戰事解放了很多英美菁英分子對於該如何打造世界的想像力。各門各派的歷史學家與公共知識分子思考著，認為帝國過去遭到惡意中傷，必須復興。其中一個啦啦隊是胡佛研究院的兼職研究員尼爾·弗格森（Niall Ferguson），他自稱「全職的新帝國主義幫派成員」。隨著日常新聞不斷報導著美國「打造國家」的行動又失敗了，媒體很樂於呈現羅默的夢想：以經濟自由為目標的低度軍事化帝國主義。

少有批評者指出，媒體在報導羅默的想法時，美化了和他往來的宏都拉斯政府本質。就像新聞媒體在講芝加哥學派對於皮諾契特總統治下的智利有何影響時一樣，會講羅默經濟提案中的創新特質，但不會關注成千上萬的抗議者和運動人士遭到非法居留、謀殺或不知去向。有一名律師就特別發展區計畫是否符合憲法提出質疑，他接受電視訪問並在螢幕上批評把土地讓給投資人變成自治「示範城市」，幾個小時之後就在一次明顯的暗殺行動中被槍殺身亡。但，看看當西方嘗試把普選帶（回）到中東造成了多少人死傷？相比之下，這些個別的警察暴力事件與違反人權行動又算什麼了？美國的外交政策與羅默的特許城市提案殊途同歸，把奥弗頓之窗（Overton window）[55]轉向，聚焦到外人治理的概念上。如果世界上最有聲望的刊物都可以在背後支持受邀殖民主義的案子，還有什麼不可能？柯蒂斯．亞文一如以往很敢講。他不解，為何羅默堅持他的特許城市不是殖民主義。他寫道，這些「就是殖民主義」，而且不需要為此道歉。他主張，非歐洲人被歐洲人統治時，他們過的比較好。羅默正在創造一個新流派，靠攏亞文所說的「二十一世紀殖民主義」，而他本人深感興奮。

## 2

對羅默的宏都拉斯計畫最感興奮的，不是加拿大這些既有的國家政體，而是認為自有小型國家政體是好事的創業型自由意志主義者。還記得本書提過彼得．提爾在一場大型研討會上設想一個由千個國家組成的世界嗎？主辦單位也安排了羅默演講。特許城市概念（更別提中東對軍事承包商和營造公司殷殷需求）獲得正面迴響，意味著把分割領土後重新殖民視為禁忌的態度正在弱化。民間為何不能插手做政府做的事？政府可是人類創造出來獲利最豐厚的業務線。派崔．傅利曼就指出，政府服務在全球國內生產毛額中約占了三成。「人們討論有爭議的醫療、能源或教育，」派崔．傅利曼說，「那些都是小事，政府才是大事。」他說政府是全世界最大的卡特爾組織。他提議：「讓我們把國家想成公司，把人民想成顧客。」如果有政府垮台這種事，「我們能不能像企業家一樣注資？」把新創城市當成純企業，這些地方看起來就像是等著膽子夠大的投資人進來闖一闖。

「如果說法律是軟體，」傅利曼問到，那麼，為何「美國的作業系統……還是一七八七年寫的那一版？」改革國內法的效果太慢，最好找個可以從無到有寫出新法律的地方。傅利曼希望，宏都拉斯會是實現這幅願景的國家。他從提爾的圈子裡集結了一些人，支持一個名為未來城市發展（Future Cities

55 譯註：政治學家奧弗頓（Joseph Overton）提出的理論，指在特定政治氛圍下公眾所能接受的政策。

Development）的投資群體，這個群體發布計畫，「要把矽谷的創新精神帶進宏都拉斯。」二〇一一年，他們和宏都拉斯政府簽訂了打造特別發展區的合作備忘錄。

陸陸續續有投資人因為創造國家打造自由市場的前景看好受到吸引，加入宏都拉斯開發專案。有些人的政治動機高一點。海上家園研究院也有一位董事個人和宏國政府簽下合作備忘錄，他宣稱，他希望能把特區變成「無政府資本主義天堂」。他想像，特區會在政治架構上穿孔打洞，把人和資本吸走，直到周邊地方只剩下一片荒蕪。「等過了二十、三十或四十年後，」他說，「我們終究看到國家政體系統萎縮的局面。」他把國家政體比擬為美國的郵政服務，每一天都被電子郵件和私人快遞公司一點一點侵蝕。特區遍地開花，代表「國家政府就像郵局一樣，會存在一陣子，但到了某個時候」終將消亡。

另一個人則認為宏都拉斯的特區解答了唯一重要的問題：「你接受哪種國家政體？」他認為，理想的政體應該是可供「契約公民」根據真正的社會契約聚在一起的地方，沒有機會打著「共好」的旗號損害私人財產權。原子化個人本身就是「自己的主權實體」，個人之外沒有任何集體政治。他寫道，隨著「舊秩序顯然已經走到盡頭，新秩序卻尚未建立」，自由意志主義者別無選擇，必須退回到解放了的領地內。宏都拉斯特區可以成為混亂時代裡的據點與堡壘，這是某個版本的「高特峽谷」，是《阿特拉斯聳聳肩》裡，富豪在科羅拉多州裡的藏匿處，但海灘更美。

還有一位投資人艾瑞克．布里曼（Erick Brimen）說他的專長是「創國」（countrypreneurship），成立一檔創投基金提供種子資本，以供「從無到有」創造新社會。布里曼和派崔．傅利曼合作，相中宏都拉斯北海岸外的羅丹島（Roatán），二〇二一年五月破土動工要開發一處五十八英畝（約七萬坪）的特區，投入資本達一千七百五十萬美元。這個特區名叫繁榮城（Próspera），這裡不是一個特別發展區，而是特別發展區在法律上的後繼者，稱之為**就業和經濟發展區**（zona de empleo y desarrollo económico，簡稱 ZEDE）；宏都拉斯國內有兩個這種特區，這是其中之一。新的就業和經濟發展區受宏都拉斯的國際法和刑法管轄，不能再以獨立的身分簽署條約，但這裡是一張白紙，可以在內部從無到有成立新的機構。提供就業和經濟發展區免交進出口稅，可以有自己的法庭、保全人力、教育系統和法律體系。「我們是一家私人企業，所有的關係都根據主辦方與個別企業或居民之間的契約決定。」一位顧問說，「我們是自由市場原則的縮影。」

就業和經濟發展區規劃有豪華住宅、辦公室和實驗室，但住在繁榮城的賣點之一是你不一定要住進去；要求繁榮城投資人入住當地的規定，不會比開曼群島的規定嚴格（這些投資人資金的註冊地點都在開曼群島）。支持新創社會的人堅稱，建造二十一世紀的城市靠的不是鋼筋水泥和玻璃帷幕，而是法律。這很契合羅默的看法：一個地方最重要的就是這裡的規範。過去的拓荒者曾經在黃金、作物或鐵路當中找財富，像繁榮城這種二十一世紀的特區，財庫是其身為司法管轄區的地位：這些新地方的潛力，來自於可從不同的規範和授權要求中自行挑選適用。特區是活生生的範例，說明在全球資本主義行為模式下的標準作法是什麼。不管在哪個地方，當人簽訂商業契約，就等於選擇了他們要用的法律；多數商業契約都以英美法寫成。對於一位學者所稱的「流浪資本」（roving capital）來說，法律是可以用選的，而且可以自由搭配。舉例來說，替繁榮城提供資金的創投公司，註冊地在懷俄明（Wyoming），企業本身則在德拉瓦（Delaware）註冊。這些司法管轄區是門戶，通往奧立佛・布洛（Oliver Bullough）所說的「金錢島」，在這座島上人民可以自由選擇「在特定時間最適合這些富的要命的人遵守的法律。」

繁榮城希望能打造通往金錢島的新入口，並加快自選法律的動態。這些人的願景前提，是相信靠網路來治理有可能達成無摩擦的境地。他們的範本之一是波羅的海小國愛沙尼亞，這裡也是Skype的出生地；二〇〇〇年代，這個國家很努力要成為一位記者口中的「數位共和國」，讓人民可以在網路上投下選票、質疑停車費，甚至還可以在刑事案件中作證。二〇一六年之後，愛沙尼亞推出一套居留方案，人們花一點小錢就可以成為該國的「虛擬居民」，可以在這裡註冊公司，存取各式各樣的網路服務，也可以進入歐盟數位單一市場（European Union's Digital Single Market）。這套方案的幕後推手是一名顧問。

長久以來，無政府資本主義者夢想著把政治理論學者討論的「社會契約」從比喻變成現實，可以是白紙黑字的書面也可以是電腦上的數位檔案，交由顧客簽署，同意接受某些規範約束。一九七九年的無政府資本主義經典科幻小說《夜幕降臨》（*Alongside Night*）實現了這樣的場面；這本書描述美國陷入貨幣危機，自由市場的堅貞信徒齊聚在地下組織「本部」（Cadre）掌控的飛地和堡壘。這些人跟彼此打招呼時喊的是通關密語「自由放任！」，並享受塞滿了米塞斯、蘭德和羅斯巴德等人著作的書庫，以及由第一無政府主義者銀行信託公司（First Anarchist Bank and Trust Company）、無政府保險公司（NoState Insurance）和TANSTAAFL咖啡廳（這幾個字母是「天下沒有白吃的午餐」這句英文的字頭縮寫）提供的服務。

要能進入這類據點，首先你要簽署一份〈一般性接受仲裁同意書〉（General Submission to Arbitration），未來若有任何爭議，你都要透過第三方私人法庭解決。這套系統某些部分還真的存在於商業世界裡。商業契約通常會提到萬一出現歧見，要在哪裡解決爭議。跨境案例通常由國際性的商業中心處理，倫敦、香港和新加坡都是主要的仲裁地。在《夜幕降臨》書中，這套機制擴大到適用民事法律與行為的所有面向。拒絕簽署合約的人不得進入，拒絕審判結果的人會遭到抵制與放逐，「遭到『驅逐』就相當於被剝光光交給敵人。」

就像「本部」的堡壘一樣，繁榮城的仲裁也涵蓋和商業無關的日常事務。

簽署「共存同意書」（agreement of coexistence）以加入就業和經濟發展區，就代表違法犯紀的事不會被當成罪行，而是違反契約。繁榮城由仲裁中心（Próspera Arbitration Center）負責解決爭端，裡面的資深仲裁官是三位來自亞歷桑納州的年長白人。

從這種觀點出發的政府，和以權利義務為根據的政府不同，與人民主權主義就相差更遠了。這是刻意選擇把企業治理變成人類社群的基礎，實現了大衛・傅利曼和很多其他人草擬出來的無政府資本主義藍圖。

繁榮城一位顧問大讚宏都拉斯放棄領土控制權的決定。「宏都拉斯放手，」他說，「這是世界上絕無僅有的事。你必須到很絕望的地步，才會明白問題可能在於你必須讓別人來接手領土和政治階級。」就業和經濟發展區變成了狗急跳牆的象徵，這道理宏都拉斯人民也不是不懂。特區引發的辯證，在宏都拉斯國內重啟層面更廣泛的對話，討論國家領土分裂議題。批評者看到，從香蕉飛地到保稅加工出口（maquila）血汗工廠、再到新創特區，這一條線貫穿了國家主權穿孔史。一位新聞記者提到，特區合法化的時間，剛好也是曼努埃爾・博尼利亞將軍（General Manuel Bonilla）授予美國的香蕉公司類似特權的百年紀念日。另一位指出，另一處規劃設立就業和經濟發展區的地點，正是十九世紀自命為尼加拉瓜總統的美國傭兵威廉・沃克（William Walker）最後被宏都拉斯政府折磨與處決的地方。當地人抱怨「為了富人的利益而創造的模範城市入侵人民生活」。

宏都拉斯的特許城市之夢之所以能實現，全是因為有一個非常強硬的政府，以非法拘留和謀殺消除了成千上萬的抗議者和運動人士。推出特區專案時，政府甚至還同時發動一項對抗反對人士的恐怖行動，尤其把女性和多元性別認同（LGBTQI）的人當成目標。就業和經濟發展區成為匯聚憤怒的焦點，讓人民把矛頭指向國家體制，以及美國與其他支持特區外國強權的共謀。二〇二一年六月，在人權律師與教會代表發起之下，展開一場全國性的反就業和經濟發展區暨支持國家主權運動，控訴繁榮城未事先徵詢原住民便逕自進行開發，違反了國際勞工組織（International Labour Organization）的條文規定。就業和經濟發展區不只招致當地人的批評，不滿的還有派駐宏都拉斯的聯合國代表（他們很擔心特區裡對反歧視監督不周），以及非政府機構的全國反貪腐諮議會（National Anti-Corruption Council）。

二〇二〇年九月，布里曼和羅丹島當地民眾叫囂互槓，因為他的保全人員和當地的警察互相對峙。他去當地的新聞台上節目，試著緩和衝突。「當你在思考羅丹島繁榮城時，」他說，「要把這想成一個平台。」他說，是的，目標是要打造低稅賦的環境，但「繁榮城的整體重點是要創造一個人權與財產權均受到保障、捍衛的環境。」布里曼拿出安永會計師事務所（Ernst & Young）提供的統計數字投影片以及人在塔林（Tallinn）[56]、杜拜和倫敦的顧問群像，他看起來完全不明白，這一群人明明幾世紀以來都臣服於其他更強大國家，如今卻對於他的開發專案「干擾」他們的政府反應這麼激烈。布里曼自己經營一片根據外國法律治理並受外國顧問監督的租界地，對他來說，把海外援助貶低為「戴著人性假面的殖民主義」是非常可笑的事。

56 譯註：愛沙尼亞首都。

# 3

保羅・羅默對特許城市的概念講了很多好話，其中之一是他很含糊地說這是一種嘗試，「提議用一套不同元規則（metarule）來改變發展中國家，從某方面來說，這可以規避很多阻礙規範改革的障礙。」當然，「元規則」是指把領土控制權讓渡給外國強權，繞過的「障礙」指的則是國內對於自家領土內或相關事項所做決策的民主掌控權。然而，我們也看到了，對自由意志主義者來說，沒有政治自由的經濟自由，一點都不矛盾，事實上，一家自由意志主義智庫在發表經濟自由度歷史回溯分析時，把一九七五年軍事獨裁統治下的宏都拉斯列成全世界經濟自由度第二高的國家，僅次於香港。

新創城市和一九七〇年代的香港、一九九〇年代的新加坡和二〇〇〇年代的杜拜，都是同一套吸引自由意志主義者和新自由派的幻想：沒有民主的資本主義美夢。他們有時候說這叫「限縮國家政體」，但一位宏都拉斯的漁夫講的比喻更好，他說，就業和經濟發展區放任投資者「綁架國家政體」。

二〇二一年底，老派的普選制度勉強轉動了槓桿，民主回來復仇了。宏都拉斯的新政府上台掌權：贏得選舉的是秀瑪拉．卡蘇楚（Xiamaro Castro）。「沛沛」．洛博二〇〇九年發動政變，她是當時遭罷黜的總統之妻。她把就業和經濟發展區放在要對付對象清單的第一位，試著修訂容許成立特區的憲法修正案，或者用人民投票來決定要不要讓這些特區繼續存在。在此同時，支持新創城市的人希望各種條約可以捍衛他們的立足點，比方說〈多明尼加—中美洲—美國自由貿易協定〉（Dominican Republic–Central America–United States Free Trade Agreement），如果投資人的投資因為法律變動而受到負面影響，本協定准許投資人控告地主國。有一位前投資人完全不帶諷刺地這麼說：「自由意志主義者不喜歡國際貿易法，但到頭來，國際貿易法可有用了。」

愈演愈烈的反對聲浪，使得存在已久的飛地模式受到檢視。二〇二二年四月，秀瑪拉．卡蘇楚的前任（他在任內負責監督開發就業和經濟發展區相關事宜）被引渡到美國，被指控走私大量的古柯鹼，並用販毒所得支應他的政治活動。同月，宏都拉斯國會投票一致通過，以違憲為理由推翻就業和經濟發展區法。現有的就業和經濟發展區，例如繁榮城，預計一年內就要廢止。

未來有可能完全擺脫這種無政府資本主義天堂嗎？繁榮城顧問團另一位成員奧利佛．波特（Oliver Porter）號稱「特許城市教父」，二〇〇五年時，他負責監督喬治亞州桑迪泉（Sandy Springs, Georgia）脫離亞特蘭大獨立成市；此舉切斷了繳交給亞特蘭大這個內陸城市的稅收，並將所有政府服務外包給私人供應商，呈現出加拿大作家兼社會運動人士娜歐蜜．克萊恩（Naomi Klein）所說的「瞥見災難式種族隔離未來」。波特經常熱切地談到繁榮城，但他從未提到桑迪泉二〇一九年走了回頭路，重新讓政府服務回歸內部。很多國有公用事業私有化之後的結果是價格更高、選擇更少，這次也一樣，桑迪泉的私人外包商價格也變得十分昂貴。城市的領導者得出結論認為公家是比較便宜的選項，拒絕了公開市場。

通往虛幻的經濟無限自由應許之地的分裂之路，並不是一條單行道。二〇二〇年代，各國人民普遍認同要召開修憲會議以修改國家憲法，認為這是重寫國家政體與人民之間契約的方法。卡蘇楚提議過一次新政府要修憲，完成她的丈夫因為政變而未竟的計畫。更南邊的智利，想要修改奧古斯托．皮諾契特軍事獨裁統治下制定的憲法。祕魯政府也希望制定新憲法。但只要講著民主語言的人還不放棄未竟的夢想，把世界當成布滿可替換元件的迴路板這個想法，就仍會遭遇強勁的對手。

但特區熱繼續延燒。隨著宏都拉斯愈來愈沒那麼殷勤，新創城市的熱情支持者開始轉向鄰國。二〇一九年，納伊布·布格磊（Nayib Bukele）成為薩爾瓦多首相，隨即推出激進的計畫，將自己的國家定位成另一條退出路徑的全球中心：加密貨幣（cryptocurrency）。二〇二一年十一月，他發表了打造比特幣城（Bitcoin City）的計畫，以火山發電來供應電力需求，中心還有一座形狀打造成比特幣標誌的大廣場。新創城市的支持者在會議上演講，說著比特幣如何有助於「在每一個層面都選擇退出」的美夢成真。這些人和布拉磊商討，如何把這個概念再轉化成一座「自由的私人城市」，只不過，他們在芝加哥大學教出來的巴西經濟部長保羅·蓋德斯（Paulo Guedes）牽線之下，去了更南邊由雅伊爾·波索納洛（Jair Bolsonaro）統治的巴西尋找機會。歷史證明，遠方永遠都有另一座夢幻島。

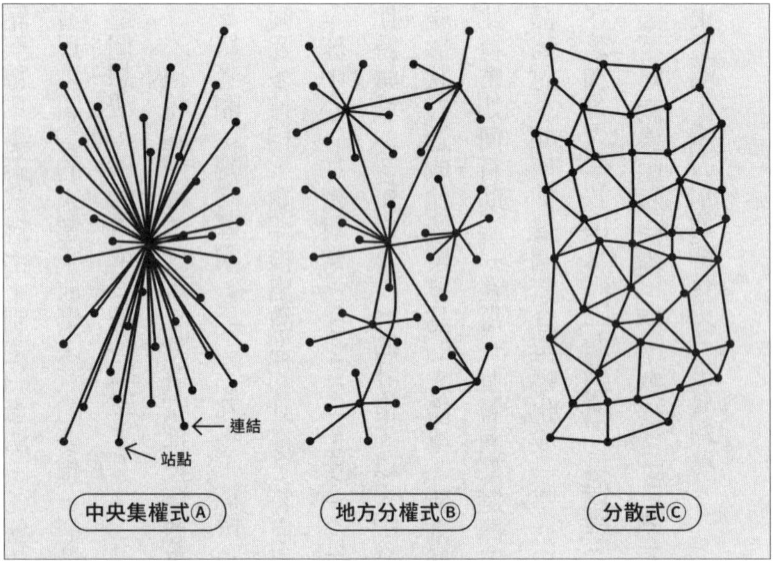


## 網絡類型

本圖為重製圖，感謝保羅・巴倫（Paul Baran）慷慨允用「論分散式溝通」（On Distributed Communications；Santa Monica, Ca: The Rand Corporation, 1964, Rand Report: Rm-3420-Pr）。

Chapter 11

# 元宇宙的雲端國家

尼爾．史蒂文森一九九二年的小說《潰雪》有很多場景都出現在分裂的世界裡，比方說有門禁的社區、私人監獄、種族主義飛地和簡陋拼湊難民船，但故事的核心發生在一個不是地方的地方：元宇宙（Metaverse）。小說裡的角色戴上特製眼鏡和耳機，就可以逃開本來做的送披薩或包裝等零工工作，遁入虛擬實境化身為大猩猩、日本武士或惡龍。他們在元宇宙裡買賣開發房地產，但就像新加坡和香港一樣，基本上擁有土地的是單一機構，會把營收再拿去投資，擴充基礎建設。現實中有些地方只有特定人才能進入，但只要有電腦，誰都可以拋下日常現實，躲進網路世界。書中一個角色就說了：「當你活在屎坑，永遠有元宇宙可去。」

臉書（Facebook）是史上少數幾家市值超過一兆美元的公司之一，二〇二一年宣布改名為元平台（Meta Platforms），為的就是順應一股推力，推著世界朝向這家公司也稱之為元宇宙的境地。這個元宇宙想要達成的局面，是要藉由給你身分認同、面貌（或者「皮囊」）與可在不同平台使用的支付系統，把融合遊戲、社交媒體與職場的網路使用都融合在一起：你可以在臉書上和家人聊天，可以進到「Zoom」參加商務會議，也可以在《最終幻想》（*Final Fantasy*）或《魔獸世界》（*World of Warcraft*）等大型多人線上角色扮演遊戲裡安排一場突襲。在該公司的宣傳影片中，用戶化身成卡通人物玩牌，馬克．祖克伯（Mark Zuckerberg）則和員工進行一場你來我往的談話，兩人之間的茶几上就放著一本《潰雪》。其他科技公司也跟上。微軟買下創作出《魔獸世界》的公司，新聞媒體裡的財經版開始充斥著一個一年前只有科幻小說讀者才聽過的詞。

這個詞對很多人來說是新鮮，但這件事並不是。在很多千禧之子出生之前，沉浸式線上體驗的概念早就是科技未來主義（tech futurism）的特色了。威廉．吉布森在他一九八四年的小說《神經喚術士》（*Neuromancer*）裡就發明了「**網路空間**」（cyberspace）一詞，早至一九九二年，電影《未來終結者》（*Lawnmower Man*）就演過主角戴上頭戴裝置後就會在三維電腦空間裡變身成不可一世的厲害人物。虛擬實境頭戴裝置早就用來訓練士兵和飛行員，一九九〇年代進入了遊戲圈，成為《連線》（*Wired*）等推動科技的雜誌裡固定出場的角色。一九九〇年的熱門大片《駭客任務》（*The Matrix*），把陷入虛擬實境這種電腦叛客才會想到的概念帶入一般人的腦子裡；在這個時候，美國有三分之一的人開始使用網路。二〇〇〇年推出的電玩遊戲《哈寶》（*Habbo*）、二〇〇三年推出的《第二人生》（*Second Life*），都是元宇宙的初級版，在這些遊戲裡的化身可以在三維的房間裡和城市景致裡穿梭，偶爾還可以跟陌生人社交。

當有人表示有意願花錢買遊戲裡的配件和建築物時，有很多文章開始討論「在虛擬世界裡賺真正的錢」以及「投資線上房地產熱」等新概念。有一個看著數字變化的人是金融家史帝夫．班農（Stephen K. Bannon），此人後來成為川普的重要顧問。班農二〇〇七年募到了六千萬美元（大部分都來自於他的前東家高盛〔Goldman Sachs〕），投資一家總部在香港、招募低薪中國員工玩《魔獸世界》的公司。完成簡單任務後，這些「農錢人」（gold farmer）[57]就可以賺得虛擬貨幣或其他寶物，這些東西可以賣給西方的玩家，換成真正的錢獲利。除了聰明套利之外，班農也盛讚這次經驗讓他注意到原來線上能量這麼豐沛。班農說，他在對社會不滿的掛網年輕白人男子身上看到了「野獸的力量」（monster power），日後他更將這股力量導引到他的媒體平台《布萊巴特》（*Breitbart*）上，這是二〇一六年以後冒出來的另類右派論壇其中之一。在最近的二十年，談政治意識形態的時候，就不能不講到遊戲與網路的影響。到目前為止，我們多半以傳統觀點來看「地方」的概念，然而，近期激進派資本主義者想到的退出路線，已經是一邊看著日常世俗、一邊盯著虛擬天地了。隨著資金如海嘯一般湧進科技業以及之後如比特幣等加密貨幣，過去這二十年來，自由意志主義者的心已經開始在線上和線下這兩個範疇間擺盪。自一九九〇年代末期，無政府資本主義者便將網路當成一個把社會規範剝除到僅剩私有財產權和契約基本骨架。我們一再看到，他們的目標不是一錘把國家政體敲個粉碎，而是要脅持、分解國家政體，之後用他們自己的私有權概念重建。他們要建造能影響真實世界的國家玩具模型。

# 1

二十一世紀科技自由意志主義的原典發表於一九九七年，書名很有傭兵的意味：《主權個人：如何在福利國家體系崩潰時活下來並活得好》（*The Sovereign Individual: How to Survive and Thrive During the Collapse of the Welfare State*）。本書的作者是美國創投資本家詹姆士・戴爾・大衛森（James Dale Davidson）與英國記者兼企業家威廉・里斯—莫格（William Rees-Mogg），他們的心血包括之前寫的書《街上的鮮血：瘋狂世界裡的投資利潤》（*Blood in the Streets: Investment Profits in a World Gone Mad*）。（書名參考的是十八世紀英國貴族羅斯柴德男爵〔Baron de Rothschild〕信奉的真理：「當街上開始流血，就是買進之時。」）里斯—莫格說他自己和大衛森是「不穩定性的預言家」（instability forecaster）和「不連續主義者」（discontinuist）。他們這種人被視為未來主義加上商業顧問的綜合體，關心的重點是如何從崩潰中

57 譯註：農錢指的是在遊戲中透過某些行為獲取寶物或點數，賺取遊戲內的資產。

獲利。

到了一九九一年，他們大力宣傳微晶片是「顛覆性發明」（subversive invention），而且有能力「摧毀國家政體」。他們主張網路正在侵蝕已經廣為人接受的有領土政府概念，以網路為核心的論據慢慢成形。他們說，有了「網路現金」（cybercash），人就可以透過匿名交易把錢帶到任何他們喜歡的地方；隨著財富逃離高稅率司法管轄區，這種可攜帶性將會讓福利國家資本枯竭。他們把看到的資本逃離現象，結合取自表觀遺傳學（epigenetics）[58]認為人類會進入更快速演化階段的推測性理論，認為兩者交互作用的結果是出現超級階級，這一群流動性很高的人智商也高，可以遠端協調溫馴的低智商工人，同時把自己的財富藏起來，擺脫政府的控制。

大衛森和里斯—莫格把這極少數的一小群人稱為「主權個人」，估計世界上這種人達到一億人之譜。國家政體形式不符合優生學，運作方式不利於演化上的進步與生存必要之條件。在超流動時代，鬆開國家政體的限制對演化有益。這兩人預測，這群全球新菁英認為規模要縮小。菁英群不再認為國家認同有什麼意義，癡心妄想認為他們應該對所謂的同胞擔負任何責任，也只會徒惹笑話。在他們的理解中，所謂同胞實際上是「主要的寄生蟲和掠奪者」；普羅大眾的腦子已經被污染了，居然認為自己可以從別人辛辛苦苦賺到的所得中分一杯羹。主權個人知道，除了自己之外，他們不用對任何人負責。

這兩位作者講到要回到中世紀的多元政治地理分布。「在出現國家政體之前，」他們寫到，「很難計算出存在於這個世界的主權到底有多少個，因為這些主權實體以複雜的形式互相重疊，執行權力的組織形式也各不相同。未來也會再度出現這樣的局面。在新的千禧年裡，主權會再度分裂。」分裂對少數有利。「每有一個國家政體分裂，就會促動更多的中央政府下放權力，並鼓勵主權個人自治。我們預期會出現多樣的主權實體，從國家政體的碎石堆中出現了幾十個比較類似於城市國家的飛地和司法管轄區。」

這是一種沒有民主的資本主義模型。既然多數決無法滿足在經濟上得以生存的必要條件，那就應該慢慢地把民主淘汰掉。民主體制會自然而然凋亡，

58 譯註：表觀遺傳學研究的範疇，是基因序列並未改變，但透過某些機制使得基因的表現出現變化。簡單來說，是研究基因表現會受外在環境變化影響。

根本不需要政變。

《主權個人》一書後來熱度再起，廣受矽谷自由意志主義者好評。出色的創投資本家兼第一個網路瀏覽器的共同開發者馬克·安德烈森（Marc Andreessen）說，「關於二十一世紀會如何開展，這是我讀過最能激發思考的書」。另一位在本書一上市就深受影響的讀者是彼得·提爾，他打造出線上支付系統PayPal，部分理由就是想要實現這本書「加密網路現金」的願景。他說，這本書讓他明白，要成功，要以未來的十年或二十年為思考架構。

《主權個人》一書有一點很吸引人，那就是此書反駁了所謂的網路「公社故事」（commune story）。公社故事的說法是，當初會有矽谷，是一九七〇年代嬉皮的拓荒屯墾行動失敗了，導致諸如史都華·布蘭德（Stewart Brand）這些人（布蘭德是《全球型錄》〔*Whole Earth Catalog*〕雜誌發行人）捨棄污穢的戶外環境，嘗試在程式碼創造出來的潔淨之地打造自己的烏托邦。前死之華樂團（Grateful Dead）的作詞人約翰·裴瑞·巴洛（John Perry Barlow）寫出〈網路空間獨立宣言〉（Declaration of Independence of Cyberspace），並於一九九六年在達沃斯（Davos）的世界經濟論壇（World

Economic Forum）上發表，文中對網路空間讚美有加，說這是「心智的新家」（new home of the Mind）。巴洛說網路是一種幻覺似的夢想之地，他寫下了一段話，指稱「財產權的法律概念、表達、身分認同、運動和背景脈絡都不能套用在我們身上。這些東西是以物質為根據，但物質在這裡根本不重要。」

但無政府資本主義者持相反主張，他們認為在創造數位中介空間時仍然要套用物質，也少不了財產。如果做得對，線上的財產會比線下更不受侵犯。無須懷疑，《主權個人》之所以能打動提爾這種保守主義者，是因為這本書體認到前述事實，而且對於公社故事的感性無動於衷。大衛森和里斯—莫格很坦白，指出網路這套新範式帶來的獎賞並非雨露均霑。他們認為，網路實現了一九七〇年代失敗了的夢想，但網路不會抹去差異，反而是以價值為標準，堂而皇之強化階級。之後的情況驗證了他們的看法。到了二〇〇〇年，包括亞馬遜和電子灣（eBay）等最成功的企業，都把網路轉化成線上購物中心，這些是私人擁有的公共場合，設定參數規定訪客能做哪些事的人，是擁有網站的人；進帳有兩條管道，一是訪客直接的購買金額，最終則是訪客滑鼠每個動向產生的數據。實際存在的網路並不是一個超越財產的烏托邦，根本是一個財產的烏托邦。顯然，網路新疆界和過去的舊疆界一樣，先發者將能掌握到新土地。得到新領土，就代表了所有權出現了新的可能性。

## 2

在新的虛擬世界政治地理領域，最辯才無礙的激進資本主義代表人是巴拉吉．斯里尼瓦森（Balaji Srinivasan），他也是《主權個人》這本書的書迷。斯里尼瓦森一九八〇年生於美國長島，雙親是印度移民，他拿到史丹佛大學電機工程博士之後就開了一家生物新創公司，提供在家做遺傳疾病基因篩選的檢測套件。他二〇一三年獲得《麻省理工學院科技評論雜誌》（*MIT Technology Review*）選入一流「三十五歲以下創新者」（innovators under 35），在此名聲加持之下迅速進入創投界，成為馬克．安德烈森公司的業主之一。

二〇一〇年代初期讓人興奮，美國大眾期待矽谷找到方案，解決從醫療保健到教育的所有問題，斯里尼瓦森則高調宣揚他的論調，也就是他在一場惡名昭彰的演說中講的「矽谷的終極退場」（Silicon Valley's ultimate exit）。

根據他的說法，過去強勢的美國東北部已經進入了長期且不可逆的衰敗。他以一九七〇年代末期成為鏽帶（Rust Belt）[59]的美國中西部鋼帶（Steel Belt）[60]做比喻，指稱東北部的紙帶（Paper Belt）已經完蛋了。他講的「紙」，包括華府制定的法律，紐約市的報社、雜誌和廣告，以及哈佛與耶魯的文憑。

斯里尼瓦森引用安德烈森的話，說未來國家數目將激增；他提到了Google的賴瑞．佩吉（Larry Page）的言論，後者二〇一三年時說「或許我們可以把這個世界劃一塊出來，讓人們在那個地方嘗試新東西。」斯里尼瓦森和提爾一樣，都投資柯蒂斯．亞文的托隆公司（Tlon），一心一意打造新網路，更接近把社會當成企業經營的理想。

斯里尼瓦森並不支持分離主義定義下的實質退出。他很俏皮地說：「他們有航空母艦，我們沒有。」但他引進了一種嶄新的新創城市變化型，這也是他接下來十年的開發重點。他稱之為雲端國家（cloud country）。這個概

59 譯註：鏽帶指曾經盛極一時，但後來沒落的工業發展地區。

60 譯註：指美國過去以製造、鋼鐵、煤炭、汽車等產業為主力的中西部地區。

念始於他觀察到人們會在網路上找新的志同道合的人。有了網路，人們就可以組成新的親密群體，即便並無實際接觸也可以建立有意義的連結，通常跨越了性別、地理區、階級和國籍的差異。「如今有千百萬人移居到雲端，」他寫道，「一天花很多時間在高解析度螢幕面前即時和千里外的人一起工作、玩樂、聊天與歡笑……卻不認得隔壁的鄰居。」最後出現的結果，是建構出了人們甚至無法下筆描繪的新地理區。他說，「雲端地圖」（cloud cartography）是從社交網路中刻出來的，「對應的不是國家政體，而是心智狀態。」一個人在三維空間裡住在哪裡，還不如你在網路上和誰相連結來得重要。

分裂與退出是充滿情緒的用詞，但人確實也透過自願依附在線上遊戲、品牌、服務、平台和公司建構出新的社交型態。斯里尼瓦森指的是社交媒體。像紐約這樣的城市裡，多數人每天都使用諸如臉書等服務，但我們不是社交媒體公司裡的工程師或行銷高階主管，無法得知有多少人、在哪裡以及用多久。假設每有一名用戶登入，社交媒體公司的標誌，就在此人家的窗戶上閃一下，那會怎麼樣？臉書的藍色在風中會匯聚成一條河，有時候會把建築物的整面外牆都遮起來，有時候消退一點，就像掠過太陽的雲影一樣。看著公司標誌一周一周、一年一年的開展模式，很可能會讓人甚感驚異，而且看起來像是在攻城掠地。臉書二〇〇四年時每個月有百萬有效用戶，到了二〇一九年時增至二十四億，幾乎是全球人口的三分之一。想一想，如果這些人轉投入一個尚未出生的新國家，那會怎樣？

這些個人和企業之間的連結關係，很可能比人與國家之間的連結更強韌。人幾時會認真刻意地和國家的政府互動或好好思考一下自己的國籍？如果你是還在就學的美國小孩，每天早上都要對著國旗宣誓，但大人呢？偶爾在棒球比賽中唱國歌，如果有機會出國的話在海關拿出護照，每年四月要報稅[61]，每幾年要投票。相對之下，多數美國人每天都會點選他們喜愛的社交媒體平台一次、兩次、十幾次甚至幾百次。半個世紀以來，知識分子一直在批評消費主義取代了公民認同，斯里尼瓦森的劇本則不同。消費主義為何不能壓制愛國主義？說到底，企業不是比二十一世紀殺人的國家政體更善良嗎？臉書與Google造成的死亡人數，與毛澤東和希特勒（Adolf Hitler）相比之下差多

61 譯註：美國報稅季於每年四月截止。

少？如果說社交媒體公司是權力集中在單一執行長身上的新式獨裁，看來沒人介意。

「網路公民」（netizen）與線上社群的概念，並不是什麼新鮮事，有新意的是斯里尼瓦森提出的跳躍想法：把原本的自選線上社群雲端世界，變成有可能降落在地面。「我們不從實體領土開始，我們從數位社群下手。」他寫道，「我們在線上徵求一群有志之士，創建一種新虛擬社交網絡、一座新城市，最終創立一個新國家。我們把打造國家政體胚胎當成一個開放原始碼專案來做，我們以遠端工作為核心安排內部的經濟運作，我們滋養禮貌客氣的真人互動，我們用虛擬實境模擬建築，我們創作反映出自我價值觀的藝術與文學。」成員的人數以及他們的投資或支付的費用，可以登錄在大家都看得見的儀表板上，直到累積到某個關鍵點，潑濺的水滴匯聚成一朵雲，發展出第一個雲端小鎮，之後擴大成雲端城市，最終會變成雲端國家。

斯里尼瓦森設想要達成目標需要有兩個步驟。一開始，會先以虛擬的姿態退出，人們仍然住在本來的居住地，但鼓勵這群人把自家想像成未來雲端之國的大使館。物理上，雲端之國並非一片連續的領土，但這不是問題。斯里尼瓦森以印尼為例，這個群島國家有超過一萬七千多座小島，但自一九四五年脫離荷蘭獨立以來，仍保留著強烈的國家認同感。數位用戶為何不能創造自己的群島？他寫道：「連結不同城市裡的千棟公寓、百棟房屋和幾十處死巷，組成首都設在雲端的新式分散式政治架構。」

這些東西很多都已經有了。人們現在可以用第三方支付系統，可以在網路銀行開立帳戶，可以從遠端做公司登記，也可以一整天醒著的時間裡都耗在沉浸式遊戲的世界裡，比方說《要塞英雄》（*Fortnite*）、《當個創世神》（*Minecraft*）或《機械方塊》（*Roblox*）；很多人都是這樣。差別在於斯里尼瓦森看到的終極目標不同：替私人企業插上旗幟，讓人民可以宣告自己隸屬於這種不同的政治架構。

人不單只是上網而已，到最後會開始利用「群眾募資」購買領地，在地球上的某個地方安頓下來。斯里尼瓦森從沒提過這個雲端國家可能出現在何地，也沒什麼理由認為他能避開過去其他諸多設想打造微型國家的人陷入的困境。但他的「先雲端，後實地」概念改變了通常的鋪陳，把建立線上顧客群當成開拓新特區的前奏。社交媒體平台證明了規模可以快速擴大。斯里尼瓦森用對比的形式來講他的案子。臉書每個月有二十八．九億有效用戶，Instagram有十億，相較之下，世界上有兩成實體國家的公民不到百萬人。他用科技業的行話來說，說這些國家的「用戶人數」真是少到可憐。他說：「想像全世界有一千個新創城市在競求居民，那會怎樣。」這樣一來，將會把主權個人變成「主權集體」（sovereign collective）。

斯里尼瓦森以「雲端國家」為退出路線，這個概念完全不同於打造物資充足、防衛森嚴的宛若金色甲蟲隱密避居地。這種避居地文學裡有，現實中也有。舉例來說，蘭諾．絲薇佛（Lionel Shriver）的小說《下顎》（*The Mandible*），就描寫了在災難性的金融危機之後打造出來的內華達自由州（Free State of Nevada）。在現實世界裡，也有自由意志主義者在新罕布夏州（New Hampshire）從事類似的工作，打造「自由州」，白人優越主義者自一九九〇年代之後也搬進愛達荷州（Idaho）森林裡，打造未來故鄉。北達科他州（North Dakota）有人出售除役的火箭發射井，提爾的群眾也在紐西蘭建設豪華的末日後避難所。以上所有情境的本質，都是找一個與世獨立的地方，回歸更自給自足並減少仰賴全球經濟連結。斯里尼瓦森相反，他對自給自足或打造自給自足都沒興趣，他的模型不是希奧多德・卡辛斯基（Theodore Kaczynski）[62]的小屋，他要的是李光耀的新加坡。他最喜歡的書之一，是李光耀的《從第三世界到第一世界》（*From Third World to First*）。他說他的模型是「集體退出」（collective exit）。「創建型人物才不會躲進小木屋裡。」他說，「他們會吹口哨召集備援，把自己的朋友叫過來，把小木屋變成小小的安居地，然後變成一個小鎮，然後變成一座城市，然後愈來愈壯大，直到超越他們之前離開的地方。」

斯里尼瓦森跟很多有科技背景的自由意志主義者一樣，他費盡苦心用商業計畫的角度來描繪他的建國專案，內容滿滿都是企業界的推銷簡報與報表。面對自由意志主義者，看來重點就是要強力主張他們抗拒共和民主的傳統，偏好嚴謹並以實證為導向，比方說，「一個靠訂閱費和鑄幣稅（seignorage）[63]支應

62 譯註：希奧多德・卡辛斯基是美國人、無政府主義者，隱居在美國蒙大拿州的偏遠小屋，以大學和航空公司為對象寄出恐嚇炸彈，別名「大學航空炸彈客」。

63 譯註：鑄幣稅指的是國家因擁有發行貨幣權力而賺得的收益。

的社會」，這也是斯里尼瓦森對自家雲端國家的描述。然而，即便是這些自認設法要脫離政治的人，仍受制於共和政體主義的政治想像。斯里尼瓦森說他的建國大計是要從主權個人轉向「主權集體」，聽起來很像「同樣的人會集結成一群」的古典概念。他稱創建雲端國家的人為「創建型人物」，刻意應和矽谷，但差不多也同樣明顯呼應美國獨立革命；他的投影片裡不時也會出現「獨立宣言」一詞。

不同於提爾和傅利曼的是，斯里尼瓦森也以善用民主的語言而聞名。他說，美國等地現存的體制是「百分之五十一的民主」，而他倡導的是要透過每一個人都必須主動選擇加入的模型來達成「百分之百的民主」。你要多想一下，才會明白兩者的差異就出在所有權上。共和民主制的基本原則是一人一票，斯里尼瓦森的雲端國家藍圖非常奇特，完全不講如何做決策，但我們可以假設這些人會從企業治理中找線索：一股一票。斯里尼瓦森被問到未來雲端城市的財產所有權問題時，他的回答讓訪談人很意外，他說實際上擁有土地的並非個人，而是負責開發的企業，個人擁有的是整座城市的股份。這樣的模式在社交媒體平台的世界裡非常有道理。擁有你的臉書檔案的人並不是你自己，你同意臉書用服務換取你的使用者資料。斯里尼瓦森甚至引用了一個實體世界裡的範例模式：南韓的松島新都是一座由私人企業打造的城市，裡面的公民客戶握有股份。雲端城市是一個由條款與細則建構的城市，無關乎權利與義務。這實現了亞文的主權公司共和體制。

創建新國家是遙不可及的願景，但斯里尼瓦森看來很有信心，原因之一很可能是因為他之前做過類似的事。二〇〇九年推出開啟了加密貨幣世界，他向來是很活躍的早期參與者。海耶克一九七六年寫了「貨幣去國家化」（denationalization of money），自此之後，自由意志主義圈子就一直在討論與國家貨幣互相較勁的私人貨幣。私人貨幣一直不成氣候，部分理由是因為很難找到正確的技術方法。

由神秘人物中本聰（Satoshi Nakamoto）設計出來的比特幣，是一套很精巧的系統，系統裡的數位「貨幣」可以秘密地在不同的參與者之間轉移，所有交易與持有紀錄都放在名為區塊鏈（blockchain）的公有帳簿（public ledger）上。利用電腦程式解決困難的方程式可以「挖」（mine）到數位貨幣，也就是取得的意思，系統會限制挖出的比特幣總數為兩千一百萬。如果你不信任民主國家政體組織的貨幣管理，特別是，如果你很擔心國家造成的通貨膨脹，比特幣的供給量訂出上限，就非常有吸引力。在此同時，公開可見的區塊鏈顯然保證可做到非常透明，同時又可提供嚴格的防操縱保護。比特幣代表了世界上可以有超越央行系統的貨幣。把《主權個人》書中的「網路現金」帶進真實世界裡，會消除貨幣裡的人的因素。加密貨幣也提出了以科技取代信任這種讓人心癢的可能性，啟用以演算法管理的「智慧型契約」，無須動用法官或法院。從這一點來看，把貨幣和法律「放到區塊鏈上」，是終極的退出形式。

二〇一五年，斯里尼瓦森離開安霍創投（Andreessen Horowitz），在一家全力要把比特幣推向主流的新公司擔任全職。他剛進公司時，這種加密貨幣的交易價格是一比特幣兌換二五八美元，六年後，高點來到約五萬八千美元，換算成投資報酬率超過兩百四十倍。從經濟角度來看，他親眼見證的變化，可以說很接近我們可能都看過的變魔術。斯里尼瓦森為了描述加密貨幣之誕生借用了一個詞，是我們之前在講大衛·傅利曼的中世紀再造運動「聯合幻想」也看過的：實境角色扮演。

他說，比特幣的支持者是在做讓一種貨幣從無到有的「實境角色扮演」。他們把程式碼當成錢來看，等到夠多的人相信這種模式的品質，就會變成貨幣。二〇〇八年時，加密貨幣是個人想像力中的虛幻事物，到了二〇二一年，已經成為世界金融系統中達上兆美元的一個區塊了，全球各國央行都在籌畫，看要如何跨入數位貨幣。貨幣是社會架構中一條由中央掌控的絲線，如果這也可以拿來做實境角色扮演，那何不把國家也拿來這麼做？「我們目前的所在位置是：啟用自己的貨幣。」斯里尼瓦森二〇一七年時說，「我們從現在開始要達成的目的是：開創自己的國家。」

同樣的，這番話聽起來很狂，事實上並不然。幾十年來，政治史學家都在書寫現代國家主義「發明出來的傳統」：現代國家的存在，其表現方式基本上就是創造大量的儀式與盛典、編纂辭典裡的語言與人類學的民間故事、書寫國家詩詞與展演戲劇、豎立紀念碑以及把傳統服飾形式化。

古典文化史說明了印刷資本主義（print capitalism）[64]如何創造出現代國

64 譯註：印刷資本主義是美國學者班納迪克．安德森（Benedict Anderson）提出的概念，他說資本主義企業家為了帶動銷量，會依賴於廣泛傳播、使用共同語言的印刷品。

家的「想像的共同體」（imagined community）：閱讀相同的報紙、小說、傳記與詩歌的人，會認定自己是某個共同集合中的成員。社會學家稍做改變，指線上媒體也有類似效果，常根據人們對未來會怎樣的不同預期，把世界各地的人串連成各種不同的新集體。散戶投資人和加密貨幣的熱情支持者，也都是這種「臆測性共同體」（speculative community）的一部分。

斯里尼瓦森盛讚網路是「沒有敵對性的疆界」（non-rivalrous frontier），在網路上，任誰都可以重新塑造自己，重新混合自己的身分。他的雙親為了尋找機會來到美國，下一代卻移往了雲端。他很喜歡用一個詞來描寫這種情況，他說這叫「逆向離散」（reverse diaspora）。他認為，冷戰結束後，隨著各種臆測性共同體打破國境（至少是在防火牆許可的範圍內）藩籬重新整合忠誠度，全球社會實際上在網路上重組了。擁有實體領土的美國之於網路，就像一七七六年的英國之於美國：現有的政治架構注定被揚棄、被超越。

斯里尼瓦森的新創城市模型稍做了變化，他指出線上與線下世界可能不是替代彼此，而是互補：你先打造線上世界，然後再回到地面上來。他用「主權集體」來取代「主權個人」，看來是突破了大衛森和里斯—莫格的想法，但兩者之間的差異只在於用詞。這三人看到的東西都相同：發展新科技，創造出由菁英行家組成的新全球城堡，揚棄徵稅與制定規範的國家政體，轉向跟著私人企業發展出來的新的親密關係甚至新領地，有可能創造出退出路徑。

## 3

雲端國家的美夢建構在一系列非常明顯的視而不見上。首先，斯里尼瓦森蔑視紙帶，卻沒講紙帶對矽谷有恩。網路本身也是政府和大學創造出來的「紙產品」。斯里尼瓦森的前老闆安德烈森，便是在伊利諾州的贈地大學（land-grant university）[65]發明出第一個網路瀏覽器。賽吉・布林（Sergey Brin）和賴瑞・佩吉靠著美國國家科學基金會（National Science Foundation）的獎助金發明 Google，而這個機構本身也先打造出了網路的骨幹，才有後來

65 譯註：指由政府贈與土地而設立之大學。

一九九〇年代的網路私有化。

其次，他絕口不提資源的問題。沒有什麼東西可以憑空變出來。雲端要附著於蔓生的資料中心，資料中心很容易過熱，需要透過河流或是火力發電廠的電來冷卻。加密貨幣耗用的資源尤其大。到了二〇二〇年代初期，加密貨幣價值大增，人們把放置大量電腦的大型倉儲空間串在一起，日以繼夜解決可以挖到新幣的方程式，導致全球電網吃緊。愈多人想要解方程式，問題就愈困難；問題愈困難，就需要用上愈多電腦；需要用到的電腦愈多，電網就愈吃緊。伊朗二〇二一年開始禁止挖比特幣，就是因為之前挖比特幣導致停電，甚至一個核子反應爐可能因此停擺。全世界最大的比特幣生產國之一的中國也下了禁令，促使礦民把機械設備轉移陣地，到加拿大、南達科他與德州等地，後面這些地方通常開採傳統大宗商品。據估計，每年因為挖比特幣耗掉的電力，比瑞典一個國家的總耗電量都高。斯里尼瓦森討論雲端國家時不提能源消耗或氣候變遷，因應海平面上升、洪峰、大火與頻率加劇的極端天候等問題的擔子，想必是要由別人挑。

最讓人看不下去的是「裸地」（bare land）這個概念。斯里尼瓦森完全接受邊境神話（frontier myth）。他說自己屬於「《奧勒岡之旅》世代」（Oregon Trail generation），這指的是一九八〇年代很受歡迎的電玩遊戲，玩家可以扮演拓荒者，坐上篷頂馬車一路往西部去。在他的理解中，美國一八九〇年代之前的歷史特質是開放，「任何人都可以前往西部，找一片土地，開發出某種成果。」他認為十九世紀是「機會平等」的時代，但，有沒有機會，永遠取決你是誰。我記得從學校電腦教室裡《奧勒岡之旅》閃動的綠色畫面，但我也知道我的曾祖父（他是加拿大原住民梅蒂人〔Métis〕，混有歐洲先祖血統）和他的家人被當成非法擅自占地墾荒者，被驅逐出美國西部。他父親獵到的北美野牛群本想用來做交易與維生，但後來都死光了，像他這樣的家庭最後都落得只能撿拾獸骨，當成肥料來賣。邊境對他們來說並非自由之地。

斯里尼瓦森經常講到他自己的出身背景與需求，以吸引到夠多運氣沒那麼好、拿不到好護照的人，但，他設想的世界運作方式，根本和拓荒—殖民的幻想造成的苦難毫不相干。說到底，哪裡才是裸地呢？是杳無人跡的加拿大北方嗎？那裡的原住民社群抗爭了幾百年，仍無法順利爭取權利決定族人居住了千年的地方該是什麼模樣。是澳洲的西部嗎？以開礦為業的力拓集團

（Rio Tinto）二〇二〇年時為了開採鐵砂，炸掉了那裡的原住民聖地。是南太平洋的法屬玻里尼西亞（French Polynesia）嗎？一九九〇年代法國人在這裡進行核子試爆。還是斯里尼瓦森自己講起來讚譽有加的印尼？那裡的達雅族人（Dayak）自一九六〇年代以來就不斷反抗開採金礦的公司。這些黑暗空間在世界地圖上晚上會暗成一片，變成羅默這些新創城市大力支持者的無人地論據。這是很粗陋的世界住民地圖，是一張取代了理解的投影片。

斯里尼瓦森很樂於出人意表（或者，更好的說法是天馬行空）地想到真實世界的範例。他舉的成功範例之一很有說服力：以色列。這確實是一個逆向離散的例子，透過當時的媒體，利用新聞與文本創造出一個猶太人雲端故鄉。整件事的起點是一八九六年希奧多德．赫茨爾（Theodor Herzl）出版的《猶太國》（*Jewish State*），這套猶太復國計畫透過小規模的殖民行動慢慢變成扎扎實實的事實，最後獲得當時的帝國強權接受並給予合法地位。但來看看這個範例的後續結果。巴勒斯坦的土地不比世界上任何一個地方空裸，至今仍是因為各方力量基於歷史因素對這片領地主張權利而四分五裂。以色列解決人民組成和政治地緣問題的辦法，是打造出一套兩層的系統，把國家的主要猶太公民和地區的穆斯林住民區隔開來。這裡邊境設有圍籬，以攝影機、無人機和武裝士兵以及幾乎達到科技最尖端限制的熱感應技術警戒，連柏林圍牆的死亡帶（death strip）都要相形見絀。

斯里尼瓦森和他的科技同業投資人對於舊金山的各種問題深感挫折，此地充滿了明顯可見的不平等與未得到治療的心理疾病，這些都是幾百年前建立這座城市時強取土地所引發的種族貧窮、暴力與歧視性移民政策遺毒。顯然，有很多資源可用的斯里尼瓦森可以找到更好的地方，但就像他自承的，舊金山看來很像以色列：軍事化、偏執、目空一切，而且同樣也很投入科技。斯里尼瓦森一本講以色列的暢銷書讚譽有加，這本書說以色列是「新創國家」，這可不是無的放矢。以色列是一個範本：這是一個雲端國家，但邊境牆長達二十六碼（約二十四公尺）。

## 4

二〇二一年，斯里尼瓦森寫說「疏散點（evacuation point）是一種很有意思的思維，可以用來思考集體退出、主權集體，以及主權個人之後會是什麼。國家政體一失敗，請按下警鈴，叫你的社群到新的中心集合。」

二〇二〇年初新冠肺炎（COVID-19）疫情橫掃全球，斯里尼瓦森認定讓人移往雲端國家的誘發因素終於出現了。他很早就按下警鈴，指稱疫情會反撲，預告全世界的地圖會分成控制住病毒的「綠色安全區」（green zone）與遏制不了病毒的「紅色警戒區」（red zone）。這樣的區分方式最早應用在伊波拉（Ebola）疫情期間的西非，起初由公衛官員指定的區域別，後來看來成為了新政治經濟分區根據。馬來西亞、印尼、義大利北部和法國紛紛推出用顏色分區來控制新冠病毒，華府也考慮過這套策略。印度把十三億人分成綠色、黃色與紅色地區，每一區享有的自由度與要面對的限制各有不同。全球的投資人都注意到了。從事全球公民身分仲介業務的亨利合夥公司（Henley & Partners）預測，「簾幕一拉開，人們會設法從治理鬆散、整備不足的『紅色警戒區』移往『綠色安全區』或醫療照護品質比較好的地方。」

在美國各地，隨著維生呼吸器與防護設備的爭奪戰愈演愈烈，四處可見地區性的「協定」（compact）。社會氛圍是形成一種競爭性的封建主義

（competitive federalism），各州重組型態，變成獨立的經濟單位，在市場上競價。葛文・紐森州長（Governor Gavin Newsom）說加州是一個「國家政體」，馬里蘭（Maryland）州長承認把新冠肺炎篩劑放在不可說的地方，並有武裝人員看守，部分理由是防止被聯邦機關扣押。

「病毒突破了中央集權國家政體，我們正要進入分裂破碎的環境。」斯里尼瓦森在新創社會基金會（Startup Societies Foundation）二〇二〇年春季舉辦的病毒高峰會上如是說。病毒不會停在邊境，分裂的過程也不會。隨著各地為了防止感染而封閉，斯里尼瓦森觀察到：「你可以把獨立的層級下切到州的層級，甚至可以縮小到鄉鎮或郡的層級。」任何無法抑制病毒的州，都會在激烈的人才和資本爭奪戰中「遭遇叛逃」。他預測，等到疫情過去之後，「國家會變成高效的供應商企業家和行動力相對高的人可四處遊走，選地方申請加入。」一轉向遠距工作、仰賴快遞服務、面對面的交流消失，加上人愈來愈擔心城市裡的動盪與暴亂，這些因素都有助於雲端成為新的安居地沃土。

我們就來談談疫情期間興起的「科技出走」（techxodus）。隨著愈來愈多人因為可遠端工作而離開灣區，疫情讓很多矽谷菁英對於加州和他們眼中討人厭州政府統治階級的不滿，推到了沸點。「舊金山的陷落，將會觸發新創城市興起。」斯里尼瓦森二〇二〇年時在推特（Twitter）上發文如是說。「有些人會出走到遠郊或鄉村地區……有些人可能會圍繞著主題式新城市聚居。」他大力推銷他有投資的宏都拉斯繁榮城，以及馬斯克為了發射太空X公司（SpaceX）的火箭在加州買下的一片土地，馬斯克也把此地描繪成一個通勤接駁社區，未來往來於外太空墾殖地與地球之間。

到頭來，對斯里尼瓦森的同志們來說，最重要的目的地不是外太空的火星，而是著名海湖莊園（Mar-a-Lago）[66]坐落的火熱之地。邁阿密二〇二〇年展開雙臂歡迎科技業，此地成為《金融時報》吹捧的「美國最重要的城市」。提爾花了一千八百萬美元，在邁阿密海灘附近像杜拜那樣的人工島上買了兩棟房子。提爾創投公司的合夥人凱斯・拉博伊斯（Keith Rabois）在相同的島上買了一棟，耗資兩千九百萬美元。邁阿密看來就是陽光帶城市發展的老劇本：透過低稅率和寬鬆的規範吸引投資人。但斯里尼瓦森大力吹捧，說這是「第一座新式的國際性雲端首都與新創城市」。他宣傳說邁阿密是「拉丁美洲的新加坡」，然而，說此地是「拉丁美洲的杜拜」或許更適切：這是一片由炫富消費圍出來的飛地，是把拉丁美洲地區髒錢洗乾淨的洗衣店。新加坡以不容許貪污聞名，佛羅里達卻是美國境內貪污最嚴重的地方之一。

支持雲端國家的人一直在講要從無到有開始建造，他們多數人都期待會有個人願意跳出來提供必要的基礎建設：比方說軍隊的保護、廉價的能源、順從的工人、無邊際游泳池和海景套房。他們打的比方都很高遠，但現實看起來比較像是動物世界的場景：依附在國家政體這條大鯨鯊旁邊的小鯽魚。二〇一七年有一個時刻特別凸顯了現實，事情就發生在提爾為川普的新內閣人選任命提供建議時。斯里尼瓦森的推特突然刪光光，而他的姓名出現在新聞報導上：他成為下一任食品與藥物管理局（FDA）局長的候選人。看來，唯一比退出國家政體更好的事，就是去接管國家政體。

「全球自由階級的下一步該怎麼走？」斯里尼瓦森二〇二一年時這麼問。他自己選擇新加坡，這個權威主義下的城市國家完全沒有他抱怨連連的舊金

66 譯註：海湖莊園位於美國佛羅里達州棕櫚灘，目前的主人是美國總統唐納·川普。

山失序問題。他在新加坡推動一項更熱烈的雲端國家計畫，包括一系列的線上演講，還架了一個網站，用比特幣付錢，請大家解決未來在區塊鏈上打造城市可能會遭遇的問題。斯里尼瓦森繼續寫作，更新《主權個人》的論述，主張國家政體不重要，密碼學已經解決了政府的問題，網路也啟動了「數位亞特蘭提斯：這是漂浮在雲端的新大陸，在這裡，舊權力彼此競爭，新權力興起。」

而，疫情的發展路線並不如他預期。人們並沒有大舉叛逃，政府的中心穩住了，國家政體的能力對一般人來說愈來愈重要，而不是相反。加密貨幣並未改變金錢遊戲的本質，只是又多了一匹可以下注的馬。比特幣與其他數位貨幣成為投機資產，跟著股市大盤起起落落；這些金融時代的工藝品沒有流動性，只能用於承諾短期支付這種沒有生產力的用途。如果區塊鏈科技的目標是要消除信任因素，顯然很不明智。《柳葉刀》（*Lancet*）期刊上的一項研究指出，「對政府的信任度和人際之間的信任感」完全和國家能否盡量降低疫情傷亡人數息息相關。

想要在元宇宙中找退路的人，終將一無所獲。我們登入的平台，擁有者是私人，我們每一次的點選（還有，當我們戴上虛擬實境裝置，每一次的抽動、彎下與點頭）都持續不斷被人記錄、追蹤、分類、調整，然後出售給廣告主和其他開發商。矽谷最成功的公司之一優步，其運作透露了很多訊息：這家公司沒有任何供員工溜達閒逛、努力發展的實體設施，反之，如果你是該公司旗下的司機，公司是像牽著繫上牽繩的狗一樣拉著你，只要你有任何違反規定之處就處罰你，但同時維持你是一名自由工作者的假象。就像一位批評者敏銳觀察到的，元宇宙最了不起也只能想成辦公室小隔間而已。企業型私人政府除了複製支配地位之外，沒有太多揮灑空間，很難成為另一種集體。

一份直指核心的科技評論文講到，矽谷通常忘記自己的黑格爾（Hegel），風險得自負。這位德國哲學家教我們，主人永遠要仰賴奴隸。無論是島嶼還是雲端，沒有下層階級就無法存在。撇開靠著應用程式媒介而出現的大量零工勞動人口不講，備受吹捧的人工智慧程式要能運作，也要靠著技術性和非技術性勞工重複做著例行公事，勞心勞力。從宏都拉斯到杜拜，受薪階級最容易被空想的人遺忘，但沒了這些人，只會用腦子想的人也最難活下去。新冠肺炎疫情爆發之初，新加坡一開始認為他們可以把感染人數曲線拉平，直到住在大眾眼不見為淨的狹隘環境下的移工爆發一波感染潮，造成嚴重衝擊。這座城市的領導者似乎忘了這群人的存在。雲端可以漂浮，是因為下層階級撐著。時間會告訴我們，他們會不會在哪一天放下手臂，創造出新東西。

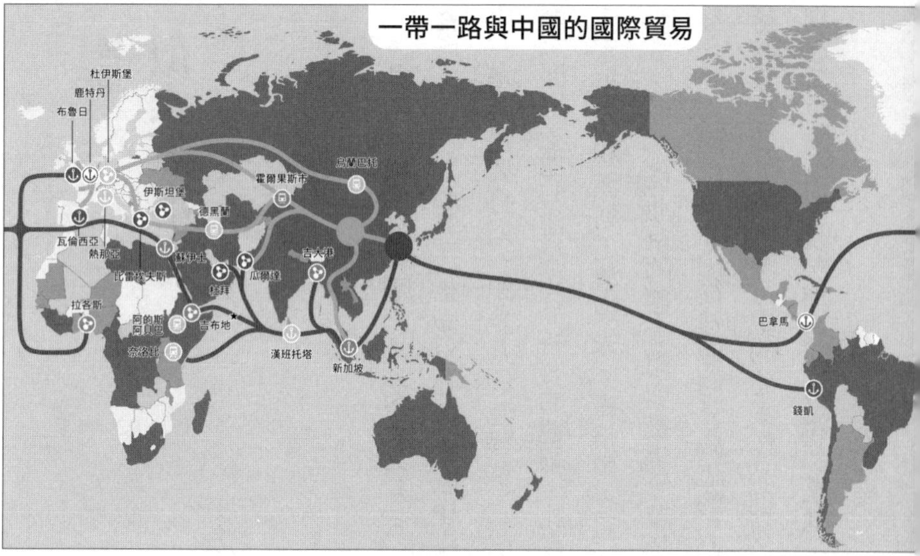


中國的一帶一路，約 2021 年

**中國在該國的貿易地位☆**

- 中國是第一大貿易國
- 中國是第二大貿易國
- 中國是第三大貿易國
- 中國非前三大貿易國
- 無資料

**走廊**

- 一帶一路主要陸路走廊
- 一帶一路主要水路走廊

**重要一帶一路中心**

- 港口
- 鐵路
- 多模式
- 中國大陸大股東
- 中國大陸小股東
- 中國大陸以其他方式介入
- 透過總部在香港的公司投資

★ 這是中國唯一的境外軍事基地。

☆ 根據為 2018 年國際貨幣基金貿易方向統計數據（IMF Direction of Trade Statistics 2018）：中國與各國的出口（離岸價格）+ 進口（運保費在內價格），並與其他國家相比。

一帶一路研究平台計畫屬於：
萊登亞洲中心（Leiden Asia Centre）與克林根達爾中國中心（Clingendael China Centre）

## 結語

# 似水無形

札哈・哈蒂建築事務所（Zaha Hadid Architects）是全球最著名的建築事務所之一，二〇二二年初，其所長派崔克・舒馬赫（Patrik Schumacher）發表一項計畫要打造一組非凡的建築群，示意圖裡有藝廊和禮堂、會議室和餐廳，展現了他的建築作品特有的連綿、扎實的線條，風格介於新藝術運動（art nouveau）和漢斯・魯道夫・吉格爾（H. R. Giger）的噴槍藝術（airbrushed art）之間。從北京的體育館與機場、萊比錫（Leipzig）的BMW工廠到杜拜一間看起來像冰山從裡面向外融化的飯店，世界各地偉大作品上都有舒馬赫的事務所名號，進行中的建案作品則包括深圳科技館、像太空船一樣的深圳OPPO總部以及深圳灣超級總部基地。在成都，則有一個名叫獨角獸島

（Unicorn Island）的複合園區案子正在進行；園區取這個名字，就是希望吸引到獨角獸公司：這指的是估值超過十億美元的新創公司。這個案子的廣告文案提到給投資人的誘因，並宣稱這裡「可以成為下一個矽谷」。

札哈．哈蒂建築事務所完成的多數案子都在亞洲，尤其是沒有民主的資本主義國家。舒馬赫說，那裡做事比較快。他說阿拉伯聯合大公國是事務所的「研發實驗室」：「我們第一次嘗試去做一直想做但又沒辦法做的事。」香港一直也是另一處這樣的「社會實驗室」。不久前，事務所才發表了新概念，要在香港市中心蓋出一座展現和緩扭轉的高樓，宣傳中說這裡是全世界最昂貴的建築工地。

雖然以上建案都登上了全球新聞版面，但只有最後這個案子才讓舒馬赫感受到貼近他的政治理念。年輕時他是社會主義者，二〇〇八年的全球金融危機讓他非常震驚，於是他轉向羅斯巴德和米塞斯等人的研究：他們宣稱，建構在法定貨幣之上的經濟體系終將失敗。舒馬赫認為，問題出在各國試著透過紓困和寬鬆貨幣政策阻止崩盤；應該要放手讓危機發揮作用。他在世界建築師大會（World Architectural Congress）上提出無政府資本主義願景，主張政府應該放棄所有社會住宅與平價住宅，廢除所有房屋建築標準，把所有街道、廣場、公共空間與公園私有化，讓建築界大為震驚。現況已經無望：「在有沒有希望，要看我們之後敢蓋什麼。」他提議的新城市是一個機會，「在先進社會裡點燃集體想像，成為替早就應該發生的政治革命引路向前的火炬。」烏托邦式的建築風格太常試著做出反自由市場與資本主義趨勢的作品，但他想要投身於趨勢當中。

舒馬赫的新城市只有一個問題：這座城市實際上並不存在，而是以位元和象素組成，只能用電腦介面進出，你也只能化身為一個白色的機器人在城市中遊走。裡面的人都是模擬出來的，天色也是黑的；這還比較像是一種電玩遊戲。這跟巴拉吉·斯里尼瓦森的版本一樣，是一處座標上確有其地的雲端城市：這裡是一處約兩平方英里（約五平方公里）的泥濘濕滑土地，就在塞爾維亞（Serbia）與克羅埃西亞之間的多瑙河（Danube）轉彎處。南斯拉夫一九九〇年代分裂之後此處就變成為無主地，二〇一五年時有一個很有冒險精神的捷克人象徵性地「宣告主權」，把此地重新命名為利伯蘭（Liberland）。利伯蘭有國旗和標幟，更具備新創國家的一切特色。這裡跟新加坡一樣，所有土地都屬於國家政體；一人一票的系統被取而代之，改用每個人擁有的財產當作權數，就像有門禁的社區一樣。這個國家有些部分挪出來作為商業之用，有些則作為休閒娛樂，還有一處完全不受任何規範的「野地區」。

克羅埃西亞的邊境守衛坐著快艇，防止任何想成為利伯蘭公民的人越雷池一步，更別說到那裡圍出飛地發展高科技了。這個案子成功的機率接近於零。那麼，為何全世界最高薪之一的建築師事務所所長會花這麼多時間精力，去做一個開墾泥地的案子？舒馬赫很坦率地解釋，他的動機來自於他想到了卡爾·馬克思。他說，馬克思講過，政治反映的是資本主義本質的變化，在一個以農業為基礎的世界裡，封建主義合情合理。世襲菁英擁有多數的土地，佃農只能負責耕種，沒有理由要他們幫忙做任何決策。在工業化時代，新的布爾喬亞階級開始用創意重新結合世界的資源與創新的科技，新的民主政治形態讓他們在管理國家政體上扮演一定角色，這很合理。接著，就是賦予勞動階級投票權，把他們和國家綁在一起。

舒馬赫說，然而，到了二十一世紀，情況又不一樣了。製造業自動化的程度愈來愈高，人工智慧的進步讓「人機共生」（man-machine symbiosis）指日可待，民主制度再無意義，變成了古時候的意識形態、過去的人工產物，這個時代在資本主義史上已經一去不回頭了；民主是世界地圖上沒什麼值得說的標籤，就只是把所有東西都分好類別，收進以顏色區別的箱子裡。到了二十一世紀，世界地圖上有意義的是像利伯蘭這種點：這些地方是空白的飛地，可以成為虛擬企業的定錨點、全球性菁英的逃脫路徑，或者成為新式的堡壘，容納金融服務、行銷、設計、軟體工程或其他除了電力以及穩定網路連線之外沒太多需求的工作。「當政治系統變成生產力道的障礙時，就會發生革命，」舒馬赫說，「現在我們就來到這個當口了。」

特區是適合二十一世紀資本主義的政治形態。柴契爾夫人和雷根總統都透過把公共資產私有化、打破工會與調降最高邊際稅率而有進展，但他們的改革太小心翼翼了，他們仍擁抱國家型態。改革的腳步必須加速。歐盟要打破，西班牙、德國和義大利也要裂解。舒馬赫認為分裂是一個進行中的專案。他說，「未來必會出現幾輪危機」，可能是像蘇格蘭這樣的地方會分裂，而且走向社會主義之路的行動失敗，這就是右翼自由意志主義者的切入時機，這些人「早就預測到會有這種事」。人們只需要有勇氣去想像崩潰之後應該是什麼。他說：「危機是刺激因素。」

## 1

像舒馬赫這些無政府資本主義者，徹底扭轉了冷戰後常見的敘事脈絡。他們不認為趨勢是發源於西方的民主資本主義向外傳播，看到的反而是一種不斷精益求精、更有效率的亞洲式無民主資本主義流向西方，讓「已經僵化的歐洲種族」重現生機。他們不把中國這些地方當成單一的龐然大物，而是看做由不同的法律系統、位階與出入限制建構出的拼貼，是一種「分散式威權主義」（fragmented authoritarianism）模式。

中國自一九七〇年代把經濟導向全球貿易以來，就開始用特區來劃分國家。到了二〇一〇年代，也在自家領土之外打造特區。二〇一三年中國推出一帶一路（Belt and Road Initiative），出錢在他國興建基礎建設，透過特區鏈把範疇拉到國境之外，延伸到土耳其、肯亞與更遠的地方。有一條高鐵路線穿過寮國和柬埔寨，直抵馬來半島進入新加坡。一帶一路計畫買下了位在希臘雅典的比雷埃夫斯港（Piraeus），並出資在倫敦碼頭區建立前哨基地。中國的公司從杜拜環球港務集團手上接掌吉布地港，並花費四十億美元興建鐵路，把吉布地和更大的鄰國衣索匹亞（Ethiopia）串聯起來，後者有一億人口。中國也在吉布地設置第一處海外軍事基地，和法國、日本與美國的基地並列。在斯里蘭卡（Sri Lanka），一家中國企業簽下一處深水港九十九年的租約，並投資接壤的「港城」，面積大如倫敦市中心。在薩爾瓦多，一家中國財團提議成立一系列特區，這牽涉到要租下該國領土的六分之一，租期為一百年。即便收益通常亂七八糟，不按計畫進行，但中國政府與企業仍在設立飛地，就像一百五十年前強加在他們身上的割讓領土一樣。

「你可以說，這些中國企業就像現代的英國東印度公司，」一位外交官在中國於索羅門群島（Solomon Islands）簽下一座港的長期租約後說，「他們是中國推進新市場與影響力新地域的先鋒。」一位當地居民問：「他們是要把索羅門群島變成殖民地嗎？」比較合理的說法是，他們要把這個國家變成一個特區。菲律賓群島上的經濟特區；巴布亞新幾內亞（Papua New Guinea）外租賃島的漁業特區；柬埔寨鐵道邊的經濟發展特區；建議透過尼加拉瓜開一條河到巴拿馬運河（Panama Canal）的提案；雖然大家都在講要「去全球化」（deglobalization）[67]，但中國持續在做的事，看來很多都是最近這半個世紀為人熟悉的作法，他們想的是要跨越國境，用廊道（海陸、高速陸路和鐵路）串聯資本主義的節點。

中國走的是老路子，重新打造十九世紀時撐起大英帝國的燃料補給站與自由港網絡。其他國家也應用了過去的治外法權前例。十六世紀以來，鄂圖曼帝國的蘇丹王就允許某些西方國家的公民免遵守當地法律，有權透過所謂的投降協定（capitulation）在自家法庭受審；西方國家認為這代表了鄂圖曼帝國的文明比較落後。二〇一七年，在一九二〇年代之前都由鄂圖曼帝國管轄的沙烏地阿拉伯，宣布在約旦與埃及邊境要設置一種讓人讚嘆的治外法權特區：這個名為新未來城的超大型專案耗資五千億美元，背後的金主是幾個全世界數一數二的投資人。新未來城從無到有開始規劃，打算涵蓋超過一萬

67 編註：指把全世界各國及地區因為全球化而導致的相互依賴及整合回退的一個過程。

平方英里（一萬平方英里約為兩萬六千平方公里）的沙漠地區和紅海海岸線，計畫包括一座「線性城市」（linear city），有兩座綿延幾十里的摩天大樓，號稱「人類有史以來最大型的建築物」。這項方案不僅是建築與工程上的大成就（當中還牽涉到買水，那更是變魔術式的思考了），更是做私人政府實驗的實驗室。經營管理此地的是股東，而不是沙國政府；這是「一個自治政府，特許投資人制定法律。」股份會在沙烏地阿拉伯證券交易所出售。新未來城董事唯一的責任，就是保護股東的投資。沙烏地阿拉伯的王儲穆罕默德·賓·沙爾曼（Mohammed bin Salman）說這是「第一個在公開市場交易的特區」，也是「全世界第一座資本主義者城市」。

「沙漠裡什麼都沒有。」小說《阿拉伯的勞倫斯》（*Lawrence of Arabia*）裡有一句話這麼說，但，即便在沙漠裡，土地也不是無人之境，必須把原本在這裡的兩萬名貝都因人（Bedouin）趕出去。有一個拒絕離開的人被槍殺身亡。截至二〇二二年，有一萬名工人開始從事營造工作，其中包括一座名為奧薩根（Oxagon）的飄浮自動港和物流中心。新未來城的推銷話術承諾，波斯灣苦惱已久的缺工問題終究會靠機器人迎刃而解。這個國家裡有三分之一的居民都是外國人，給予人形機器人沙烏地阿拉伯公民權這個話題引發了一場公關旋風；這是全世界第一次有機器合法獲得人的地位。機器人名叫蘇菲亞（Sophia），穿著氣場強大的套裝；她是禿頭，應該是遵循沙烏地阿拉伯女性不得公開露出頭髮的傳統規範。

在此同時，英國在脫離歐盟之後急於加入充滿活力的亞洲大車隊，於是在阿拉伯半島尋找夥伴。杜拜的形象特別突出；杜拜環球港務集團可是買下歷史上赫赫有名的鐵行輪船並打造了倫敦蓋特威港。杜拜環球港務集團英國分處的執行長，在英國脫歐之後成為英國貿易顧問團的一員。透過新的政府投資部門，英國成為杜拜環球港務集團開發三處非洲港口（包括一座索馬利蘭的港口）的初級合夥人。英國脫歐之後，杜拜環球港務集團成為倫敦打造「新加坡風格」自由港計畫的重要夥伴，投資本方案獲得總額五千萬英鎊的直接補助和持續的免稅，遭到嚴厲抨擊。一位經濟顧問堅稱，倫敦必須和中東類似特區提供的誘因相競爭。他說：「唯有把我們的自由港想成是境外小島，才有可能成功。」

二〇二〇年，用主權換銀子的風險開始明顯可見，當時所有權屬於杜拜環球港務集團的鐵行渡輪想要調降員工薪資，沒有任何事先通知，一天就開除全體八百名員工。執行長被問到為何不先試著和工會協商時，他說那是浪費時間，因為不會有工會接受他們的條件。公司歡迎員工回鍋，但時薪為五．一五英鎊，比英國基本薪資低了快一半。鐵行輪船公司怎麼能這麼做？透過特區的小花招。船從英國港口開出去，但他們掛的是百慕達、巴哈馬和塞浦路斯（Cyprus）的旗子，並根據這些國家的勞工法運作。船隻在英國水域，但不在英國。這類尷尬的場面，並未阻止其他人和杜拜打交道，大量解雇事件幾個星期之後，魁北克的公共退休基金宣布花二十五億美元投資杜拜環球港務集團，是這家國有企業第一次有重大的海外直接持股。魁北克是加拿大第二大省，現在這些退休金都要靠杜拜公國在全球追逐利潤了。

## 2

香港與新加坡、倫敦與列支敦斯登、索馬利亞與杜拜：我們看到的不是資本主義與民主聯盟，而是愈來愈明顯的分歧。二十一世紀初不同國家的相對表現，讓這一條故事線更清楚。沒有自由的資本主義是贏家品牌。自由意志主義者一直都對亞洲威權主義政府表達敬意。米塞斯研究院的院長和一位年輕的比特幣大師（此人不久之前為了躲避疫情封城，從澳洲移居杜拜）對話時，院長大讚聯合大公國與新加坡等地方效率奇高。他以疫情為例，指出任何地方的自由都是暫時性的，隨時可以收回。「新加坡，運作得很好。杜拜，運作得很好。」他說，「如果我們西方愈來愈向威權主義靠攏，可能出現兩種結果，一種是威權主義加成效不彰，一是威權主義加運作得很好。」

放眼全球，我們會看到，處處都是特區。疫情期間，中國繼續推動計畫，把海南島變成經濟特區，提供投資人免稅假期、購物免稅，並放寬製藥與醫療程序的規範。特區是非洲的發展策略，「順應著快速成長的趨勢，預期會在大多數國家開枝散葉」。取消種族隔離制度之後的南非，有各式各樣私人擁有與管理的飛地。一般都說印度總理納倫德拉・莫迪（Narendra Modi）治下的政府是很純粹的印度沙文主義，但也奮力追上經濟特區的潮流。「很多企業之所以轉向新加坡與杜拜，都是考量誘因。」一位相關事宜的政府負責人如是說。匈牙利的經濟發展轉向比較偏民族主義的角度，但在此同時，也為了迎接韓國的投資而開闢新的經濟特區。倫敦自治市回歸自身二十世紀的根，試著把自己定位成加密貨幣銀行業務的境外市場，加碼投入一件他們向來做得很好的事：靠著把錢搬來搬去替一小群富裕階級逐利，從中收取手續費。曼哈頓二〇二二年啟用的最高聳細長大樓，高度是寬度的二十四倍，一間公寓的價格是八百萬到六千六百萬美元。「這不是住宅，」一位社會學家指出，「這無法滿足任何社會需求。這是奢侈品，比較像綁在岸邊的遊艇。」杜拜的房地產因為疫情而大漲，賣出的房地產數量創下紀錄，新的屋主包括「阿富汗軍閥與來自奈及利亞、敘利亞和黎巴嫩（Lebanon）的政治菁英，這些人都在找個安全的地方存放自己的儲蓄。」

特區到處都有，但和大力鼓吹特區者不同調的是，特區看來並沒有創造出脫離國家政體的自由島嶼，反而是國家政體把特區當成達成自身目標的工具。新未來城市一個很有說服力的範例。沙烏地阿拉伯（這是一個由皇室握有所有權和經營權的經濟體）和中國企業華為簽訂契約，要把該公司在沙漠裡的據點打造成一座「智慧城」。一位顧問勉強承認，打造特區時靠的是政府允可的徵收行動，踐踏了自由主義者的財產權原則。舉例來說，在中國鄉下打造一處土地市場，估計會讓一・一億農民在二〇二三年前都沒了土地。特區並沒有把這個世界變成由千個動態競爭的私人政治架構組合而成的拼貼，反而強化了一小撮國家資本主義強權的地位。

彼得・提爾二〇二〇年替《主權個人》寫了新的推薦序，他說，中國崛起是這本書忽略的一大趨勢，但，他問，中國真有這麼不同嗎？雖然中國的執政黨實際上仍使用共產黨的名義，但對利用重分配來達成平等沒什麼興趣，反而樂於加入贏者全拿的資本主義與「司法管轄區競爭」賽局，讓投資人可以在不同的領土之間選出最適合自己的法律體系。提爾則反省自己對政府的厭惡。他支持川普總統並幫忙出主意，之後，他的帕蘭泰爾技術公司（Palantir）開始獲得美國移民和海關執法局（Immigration and Customs Enforcement）以及軍方的重大合約。二〇二二年，帕蘭泰爾技術公司進行討論，要開始管理號稱英國福利國制度裡王冠上的珠寶：全民健保服務（National Health Service）。科幻小說作家兼國際性律師柴納・米耶維（China Miéville）曾經主張，只有窩囊廢才會退出，出色的資本主義者明白，真正的賽局是要掌握現存的國家政體，而不是費盡苦心創造新的。提爾顯然同意，一個有千張政體新合約的世界，好過一個有千個國家的世界。

此外，美國自己向來也很像是特區。二〇二二年，美國擠下瑞士、新加坡和開曼群島，在一項金融保密度指數中拔得頭籌，成為全世界藏匿或清洗不合法資產的最佳地點。美國的民主地位也一直遭到質疑。美國曾被一個備受敬重的指數調降評等到所謂的無支配體制（anocracy），這講的是一種民主與專制統治混在一起的體制。美國人很快就不需要到別的地方實現完美的特區了，一位學者說的回力鏢效應（boomerang effect）將會把特區政策帶回美國。

## 3

可以讓分離主義者實現夢想的地方，通常瀰漫著恐慌的氣息。這有一部分是政治走極端對立導致的結果。在美國，對政治對手的深刻憎恨甚至恐懼，促使人們比過去更支持國家分裂。「與國家離異」（national divorce）變成一個尋常話題；二〇二一年底，五成投票給川普的選民與四成投票給拜登（Biden）的選民，都認同切分國家的想法。在英國，一九九〇年代曾經投票支持要提高自治程度的蘇格蘭，在英國脫歐之後，完全脫離英國的可能性看來愈來愈大了。在西班牙，由於馬德里中央政府壓制加泰隆尼亞分離主義的企圖，兩邊仍處於低度衝突。

渴望奔向安全，也會帶動分離主義。從疫情到氣候變遷，特區愈來愈像是避難所。自「海上家園」開始展開相關行動，十年來，他們也愈來愈慣於以氣候變遷為題來打造飛地的案子。這些看起來仍舊像是各種有門禁社區的案子，一夕之間的推銷重點變成永續性的模型、解決海平面上升的負責任解決方案與低碳生活方式的典範。比方說，新未來城的賣點就是此地為一座淨零碳排城市，承諾所有便利設施都安排在步行距離內，把沙漠的沙子變成用來生產太陽能板的矽。生態亞特蘭大（Eko Atlantic）是一位億萬富翁打造出來的豪華社區，可容納二十五萬人，地點就在奈及利亞拉格斯的一座人工島上，自建防洪設施。（這裡的主要住戶是價值五億美元的美國領事館。）用摧毀當地珊瑚礁與從遙遠的澳洲進口沙子建成的杜拜人工列島，如今放肆地自我宣傳成一個對氣候友善的環境。這裡最怪誕的特色是歐洲之心（Heart of Europe），地點就在人造世界列島中的德國島上與周圍。歐洲之心是過去在奧地利擔任警察、同時也是極右派自由黨（Far Right Freedom Party）高階黨員約瑟夫·克萊因丁斯特（Josef Kleindienst）的心血結晶，裡面包羅萬象，有慕尼黑啤酒節（Oktoberfest）、德國聖誕市集、瑞士小木屋、從西班牙安達魯西亞（Andalusia）進口的橄欖樹、模仿維京人長形船的別墅，還有一套機制可以製造下雨、甚至積雪的街道，這些被包裝成「全世界最符合永續標準的旅遊專案」。

另一種在氣候變遷討論中再現蹤跡的特區，是犧牲區（sacrifice zone）的概念，指的是放棄某些人類的居住地，任上升的海平面淹沒。全球各地的新形態不公不義愈來愈清晰，比較貧窮的社區被指定為犧牲區，要承受「受控的撤退」命運，比較富有的地方則開始規劃建海塘、護堤、堤防以及其他的圍堵裝置。海上家園研究院曾與南太平洋國家大溪地（Tahiti）有過很短暫的合作關係，其間，研究院的高階主管曾語焉不詳地講到，隨著海平面繼續上升，該院的飄浮建築架構可以成為大溪地居民的另一種居住選擇。顯而易見的是，不斷逼近的極端氣候形態很可能毀了這些建築體，除此之外，也鮮少有人去討論當地人如何融入新的水上世界。他們能享有完整的海上家園成員資格，還是永遠都是底層階級？

這一種被當成救生艇的特區，或者說，更適切的講法是被當成遊輪。支持新創社會的人常常講到遊輪，比喻非常生動：這些漂浮的度假村是種族階級小宇宙，從全世界的法律系統中精挑細選，盡可能削減勞工的力量。有一位支持新創社會的人寫道，超級豪華遊輪世界號（The World）是未來海上家園或私人城市的典範。這艘郵輪不是把客艙租給度假的人，船上的空間都有長期業主，這些人可以在船航行全世界時進進出出。然而，疫情爆發時，這些逃離主義下的船隻成為病毒的培養皿。世界號持續在海上航行了十八年，到了二〇二〇年三月，這艘船疏散了所有乘客，在開曼群島進入了休航期。逃離國家的大夢揭了自己的底：原來這仍以讓人不安的方式栓在現有的國家世界裡。

## 4

不管講的再好聽，事實是特區是國家政體的工具，而不是退出國家政體的管道。不管退出的講法多迷人，特區還是不能從地球上退出。第三項關於特區的事實很可能最陳腐，但也最重要：特區裡有住民。沒有空白之地這種事。

回顧香港的城市特區，就可以清楚看到這一點。我在本書開頭時就寫到米爾頓・傅利曼深情地看著香港的天際線，他想像這裡是容納資本主義操作的完美容器，少了民主選舉，決策完全不會受到干擾。二〇一七年，我把這一章的早期版本拿到香港大學（University of Hong Kong）發表，一位法學院的教授笑了。此時是香港史上最狂暴的期間之一，人民一再地走上街頭要求政治上的自決權，米爾頓・傅利曼講香港是一座寧靜安詳的城市政體，放到此時來看近乎可笑。我發表演說前的幾個月，兩位剛當選的議員被禁止取得議員身分，因為他們在宣誓時表達了香港民族主義並咒罵中國。幾年後，占領中環運動阻斷了香港主要幹道的交通，時間長達七十九天。

後來我才明白，我演講的那一年深具指標性。那是回歸之後的二十年，距離計畫中一國兩制結束、香港完全重新融入中國的時間點，還剩三十年。我搭上公車走遍香港，途經香港理工大學（Hong Kong Polytechnic University），孩子們穿著飛織運動鞋，塑膠小飾品在他們的後背包上撞來撞去，一點都看不出來兩年後，當中有很多人會在這同一座校園裡成為戰場上的鬥士。二〇一九年九月，理工大學幾乎成為中世紀圍城的場景，抗議人士使用彈弓和發射器，從裡面對著警察投擲磚塊，催淚瓦斯和裝有藍色催淚水劑的水管從外面攻擊他們。香港運動人士想要把深埋在〈基本法〉裡的民主承諾挖出來實現，但遭到否決，被扼殺了。

北京愈來愈憂心香港橡皮圖章政府內支持民主的人聲勢漸高，二〇二〇年時中國大陸強加國安法，規定分離的訴求為違法。批判性的報社關門大吉，一度開放的批評北京政府聲音也沉寂下來。與支持民主運動有牽連的政治人物、教授、律師和新聞記者紛紛遭到逮捕，他們之前在社交媒體上的貼文和發言現在都被追溯，變成起訴的依據。支持民主的運動人士嘗試逃往台灣，快艇遭到攔截。新自由主義者一度盛讚的「亞當・斯密的另一座島」，變成了某種新的東柏林，但是很奇特的那一種，國際資本在此地仍享有完全的流動自由。

香港的處境一向如某一本書的名言所說，是一種消失的政治（politics of disappearance）。香港的渺小為此地帶來了極大的成就，同時也帶來讓人一想到就會發抖的逼近滅絕感。在一九九四年的動畫系列《虛界之魔獸》（*Genocyber*）裡，香港這座城市在第一集結尾時就被摧毀了，插卡字幕上面寫著：「那一天，香港神秘地爆炸了，消失在地球表面。」香港在政治上被迫接受苛政，基礎建設逐步融入中國，現在看起來好像真的可能發生這種事。中國目前正在推動各項計畫，準備把香港融入包括深圳、廣州和澳門的單一超大型叢集地大灣區（Greater Bay Are）。香港在金融與購物上的領先地位，正一點一點消失。上海證券交易所（Shanghai Stock Exchange）竄起，成為首次公開發行（ＩＰＯ）的替代地點。二〇一二年，香港是全世界第三大貨櫃港，僅次於上海和新加坡，到了二〇二〇年，香港已經滑到第八，被中國四個港口超越，再加上一個南韓釜山港（Busan, South Korea）。同年，美國撤銷香港的個別關稅領土（eparate customs territory）地位，「香港製造」從此就成為「中國製造」。新自由主義者也失去了信心。二〇二一年公布新版的傳統基金會經濟自由度指數，上面已經看不到香港。對他們來說，香港也已經消失，成為中國大陸的一部分。

然而，就像一個土生土長的香港孩子寫的，香港「是一座拒絕死亡的城市」。香港如何活？一項很受歡迎的建議是以現代帝國早期的風格來設想這座城市國家，在中國聯邦裡享有中央下放的權力與高度的自治。有些人要求香港要完全獨立，有些人則主張，如果中國走向民主，則重回中國。有些流亡中的人則想像一個重新制憲的香港。大亨高廣垣（Ivan Ko）在顧問（就是繁榮城背後出主意的那批人）建議之下，探索有沒有可能替香港流亡者建造逃生艙，在愛爾蘭海邊植入一座特許城市。

二〇一九年時，要求民主與自決的香港人士遭遇警方愈來愈強力的鎮壓，他們找到方法，透過快速變動的抗議模式來和權威以及這個城市交手。他們借用了這座城市的偶像之一李小龍的名言，他們說要「似水無形」，挺過了一萬六千發的催淚瓦斯彈。我們可能要看著香港會變成什麼模樣，才會知道這有什麼意義。

由於全書註解繁多，
完整註解請參照網站

# 致謝

我滿心感謝在我寫作本書多年間給我支持、為我提供想法和友誼的人們。感謝阿托薩・阿拉西亞・阿布拉哈米安（Atossa Araxia Abrahamian）、哈吉・巴卡拉（Hadji Bakara）、提姆・巴克（Tim Barker）、格蕾絲・布萊克利（Grace Blakeley）、馬克・布萊思（Mark Blyth）、威廉・卡里森（William Callison）、威爾・戴維斯（Will Davies）、丹尼爾・丹維（Daniel Denvir）、克麗斯廷・費比（Kristin Fabbe）、卡崔娜・佛瑞斯特（Katrina Forrester）、海因里希・蓋澤爾伯格（Heinrich Geiselberger）、萊恩・傑佛瑞（Ryan S. Jeffery）、安娜・伊莎貝爾・凱爾森（Ana Isabel Keilson）、亞歷山大・肯提寇蘭尼斯（Alexander Kentikelenis）、阿隆・克納爾（Aaron Kerner）、克若・科拉姆（Kojo Koram）、馬修・勞倫斯（Mathew Lawrence）、潔美・

馬丁（Jamie Martin）、湯瑪斯・明尼（Thomas Meaney）、迪耶特・普列威（Dieter Plehwe）、賈斯汀・雷諾茲（Justin Reynolds）、西亞・李歐法蘭西科斯（Thea Riofrancos）、帕夫洛斯・魯福斯（Pavlos Roufos）、史都華・施拉德（Stuart Schrader）、漢克・希爾佛（Hank Silver）、班・塔爾諾夫（Ben Tarnoff）、克莉絲蒂・桑頓（Christy Thornton）、阿爾貝托・托斯卡諾（Alberto Toscano）、伊莎貝拉・韋伯（Isabella Weber）、莫伊拉・韋格爾（Moira Weigel）、克絲汀・韋爾德（Kirsten Weld），並特別感謝柏茲・列文（Boaz Levin）讀完了本書的早期版本。感謝梅爾・福拉許曼（Mel Flashman），謝謝你在想法上和我有志一同並大力支持我；感謝莎拉・柏許特（Sara Bershtel）和格瑞格利・托比斯（Grigory Tovbis），謝謝兩位幫忙重新打造這本宛若迷失在海上、不知所云的書，並帶領本書入港。感謝瑪麗恩・卡迪（Marion Kadi）繪製地圖；在出版社與媒體部分，感謝亨利・霍爾特出版社（Henry Holt and Company）的提姆・道岡（Tim Duggan）、安妮塔・謝赫（Anita Sheih）與克拉麗莎・朗（Clarissa Long），感謝企鵝出版社（Penguin）的湯瑪斯・彭恩（Thomas Penn）、馬修・霍金森（Matthew Hutchison）、伊娃・霍奇金（Eva Hodgkin）和茱莉・沃恩（Julie Woon）。感謝《外交政策》（*Foreign Policy*）雜誌的卡麥隆・阿巴迪（Cameron Abadi）、《衛報》（*Guardia*）的海蒂・奧布萊恩（Hettie O'Brien）和喬納森・謝寧（Jonathan Shainin）、《新政治家》（*New Statesman*）雜誌的加文・賈可布森（Gavin Jacobson）以及《紐約時報》的約翰・吉達（John Guida）和黃水仁（Suein Hwang），感謝各位幫忙我公開測試論述的各個部分。感謝哈佛書店（Harvard Book Store）、孟若書店（Munro's）和渡鴉書店（Raven）為我提供很多寫作本書所需的書籍，NTS電台則提供了很多音樂。感謝我的雙親、手足和家族親戚給我的共親共融核心，疫情這幾年是如此，一直以來也都是如此。還有，最重要的，無盡感謝我的摯愛和旅伴蜜雪兒（Michelle）和我們的兒子亞恩（Yann），我實在太幸運，才能在每一個幸福的早晨與他們在同一個家中醒來。

國家圖書館出版品預行編目資料

黑暗資本：自由經濟，是如何變成民主社會最迫切的威脅？/ 昆恩．史洛伯迪安(Quinn Slobodian) 著；吳書榆 譯. -- 初版. -- 臺北市：平安文化有限公司, 2025.6
面；公分. -- (平安叢書；第849種)(我思；29)
譯自：Crack-Up Capitalism: Market Radicals and the Dream of a World Without Democracy

ISBN 978-626-7650-50-9 (平裝)

1.CST: 國際政治經濟學 2.CST: 資本主義 3.CST: 民主政治

552.1　　114006500

平安叢書第849種

**我思 29**

# 黑暗資本

**自由經濟，是如何變成民主社會最迫切的威脅？**

Crack-Up Capitalism: Market Radicals and the Dream of a World Without Democracy



作　　者—昆恩．史洛伯迪安
譯　　者—吳書榆
發 行 人—平　雲
出版發行—平安文化有限公司
臺北市敦化北路120巷50號
電話◎02-27168888
郵撥帳號◎18420815號
皇冠出版社(香港)有限公司
香港銅鑼灣道180號百樂商業中心
19字樓1903室
電話◎2529-1778　傳真◎2527-0904
總 編 輯—許婷婷
副總編輯—平　靜
責任編輯—陳思宇
美術設計—張巖、李偉涵
行銷企劃—鄭雅方
著作完成日期—2023年
初版一刷日期—2025年6月

法律顧問—王惠光律師

讀者服務傳真專線◎02-27150507
電腦編號◎576029
ISBN◎978-626-7650-50-9
Printed in Taiwan
本書定價◎新臺幣520元/港幣173元